福建省科技厅创新战略研究联合项目"福建储能产业可持续发展模式与保障机制研究"（编号：2022R0156）

福建省社会科学基金项目"数字经济时代福建省城乡产业融合发展问题与对策研究"（编号：FJ2023BF121）

福建工程学院科研启动基金项目"'一带一路'倡议下我国电池产业对外合作路径研究"（编号：GY-Z20011）

福建省高新技术创业服务中心认定横向课题"新能源汽车动力电池产业发展趋势与配套政策研究"（编号：GY-H-24136）

薛海波 高文群◎著

中国新能源电池产业技术创新研究

中国财经出版传媒集团

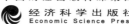
经济科学出版社
Economic Science Press

·北 京·

图书在版编目（CIP）数据

中国新能源电池产业技术创新研究／薛海波，高文群著 . -- 北京 ： 经济科学出版社，2024.7. -- ISBN 978 - 7 - 5218 - 6109 - 9

Ⅰ . F426. 61

中国国家版本馆 CIP 数据核字第 202420EL65 号

责任编辑：周国强
责任校对：杨　海
责任印制：张佳裕

中国新能源电池产业技术创新研究

ZHONGGUO XINNENGYUAN DIANCHI CHANYE JISHU CHUANGXIN YANJIU

薛海波　高文群　著

经济科学出版社出版、发行　新华书店经销

社址：北京市海淀区阜成路甲 28 号　邮编：100142

总编部电话：010 - 88191217　发行部电话：010 - 88191522

网址：www. esp. com. cn

电子邮箱：esp@ esp. com. cn

天猫网店：经济科学出版社旗舰店

网址：http：//jjkxcbs. tmall. com

固安华明印业有限公司印装

710 × 1000　16 开　16 印张　270000 字

2024 年 7 月第 1 版　2024 年 7 月第 1 次印刷

ISBN 978 - 7 - 5218 - 6109 - 9　定价：96. 00 元

（图书出现印装问题，本社负责调换。电话：010 - 88191545）

（版权所有　侵权必究　打击盗版　举报热线：010 - 88191661

QQ：2242791300　营销中心电话：010 - 88191537

电子邮箱：dbts@ esp. com. cn）

前　　言

　　能源保障和安全事关国计民生，是须臾不可忽视的"国之大者"。当前，全球传统化石能源有限性矛盾日益突出、环境问题日益凸显，能源保障和安全迫切需要大力发展新能源。为了顺应发展大势、把握能源转型变革历史主动，党的二十大报告中明确提出，要"加快规划建设新型能源体系"。推动新能源电池产业技术创新，大力发展新能源电池产业是加快建设新型能源体系的题中应有之义，其有利于减少对传统化石能源的依赖、有利于提升能源利用效率、有利于应对全球气候变化、有利于推动经济高质量发展。在此背景下，围绕新能源电池产业技术创新展开研究，对加快建设新时代能源电力强国、促进"双碳"目标的达成、助力经济高质量发展具有重大理论与现实意义。

　　本书以马克思主义技术创新理论为根本指导，围绕新能源电池产业技术创新这一现实问题展开研究。首先，界定了新能源电池产业技术创新的相关概念，梳理了马克思主义技术创新理论的主要内容，并厘清了西方经济学技术创新理论对中国新能源技术创新的借鉴意义，为本书奠定了理论基础。在此基础上，本书梳理了中国新能源电池产业创新发展的历程、成效与存在问题，并对中国新能源电池产业技术创新的机制进行理论分析。在实证研究方面，根据新能源电池产业技术创新的特征，构建出中国新能源电池产业技术创新效率评价指标体系，进而利用前沿数据对中国新能源电池产业技术创新效率进行评价，并实证检验了中国新能源电池产业技术创新效率的影响因素。其次，选取宁德时代作为典型案例进行分析，总结宁德时代对中国新能源电池产业技术创新的经验启示。最后，在前文研究基础上，提出推进中国新能源电池产业技术创新的对策建议。

　　本书借鉴了大量的参考文献，大部分都在书中一一列出，由于多方面的原因，可能会有个别参考资料和文献遗漏未列出，在此对那些已经引用了其观点和资料的作者表示敬意与感谢！

　　此外，本书的出版得到了福建理工大学科研处与互联网经贸学院领导们的支持，也得到了经济科学出版社的大力支持，在此一并致谢！

薛海波

2024 年 3 月

目　　录

第一章

绪　　论

第一节　研究背景与意义

一、研究背景

能源是人类生存和发展的重要物质基础，能源安全既是保障国内能源供应的经济问题，也是国家战略问题和国际战略问题。能源电力是经济发展的基础，关乎国计民生、关乎国家安全。推动新能源电池产业技术创新，大力发展新能源电池产业是加快建设新时代能源电力强国的必然举措，而加快实现新能源电池领域内的科技自立自强，推动新能源电池产业技术创新则是大力发展新能源电池产业的关键所在。在中国式现代化新征程上，依托新能源电池产业技术创新推动新能源电池产业发展迈上新台阶，这是降低对传统化石能源的依赖、加速能源转型的必然举措，更是实现"双碳"目标的必由之路。

实施创新驱动发展战略，是加快转变经济发

展方式、提高我国综合国力和国际竞争力的必然要求和战略举措。能源技术创新是新一轮科技革命和产业革命的突破口，能够为全面建成社会主义现代化强国提供新的动力支撑。当前，新能源电池已成为世界各国重点关注的新兴产业，并在以新能源汽车电池为代表的产业实践中取得了突出成就，成为引领全球经济发展的重要增长极。新能源汽车动力电池作为新能源汽车的动力载体，深刻影响着新能源汽车的续航里程、购置成本等，可谓是新能源汽车产业的核心所在。世界各大汽车强国为抢占新能源汽车这一产业发展新赛道，纷纷出台系列政策大力支持新能源电池产业技术创新。例如，以美国、日本为代表的老牌汽车强国已率先展开新能源电池前沿技术的储备研究，美国政府将新能源电池技术列为美国能源部重点研究对象，韩国政府也出台了"2020 电池计划"，提出通过加大对新能源电池技术的资金投入促进新能源电池产业的发展。此外，像挪威、爱尔兰、荷兰、斯洛文尼亚、苏格兰、法国、英国等一些欧洲国家还出台了停止销售或注册传统燃油汽车的时间表，也推动了新能源电池产业的发展。

中国作为全球新能源汽车占有率最大的市场，同样高度重视新能源电池产业。自 2009 年启动"十城千辆节能与新能源汽车示范推广应用工程"以来，我国陆续出台了一系列政策大力支持新能源汽车与新能源电池产业的发展。2012 年 6 月，国务院出台《节能与新能源汽车产业发展规划（2012—2020 年）》，明确将纯电驱动作为国内新能源汽车发展和汽车工业转型的主要战略取向。2013 年 9 月，财政部等四部门发布了《关于继续开展新能源汽车推广应用工作的通知》，正式推出了新能源汽车推广应用补贴政策。2017 年，工信部等部门进一步印发《促进汽车动力电池产业发展行动方案》，明确强调要促进动力电池的技术创新，提出新能源动力电池相关产品的推陈出新将有利于提高产品的质量，进而提升新能源动力电池产业的竞争能力。新能源动力电池企业积极进行技术变革和创新，对全面贯彻落实《中国制造 2025》、加快形成具有国际竞争力的电池产业体系具有重大意义。2018 年，相关部门推出了双积分政策和促进续航里程提升的补贴标准，实现了动力电池产品高续航里程化的技术突破。2020 年，国务院办公厅印发《新能源汽车产业发展规划（2021—2035 年）》，明确提出"到 2025 年实现新能源汽车新车销售量达到汽车销售总量的 25% 左右，保证到 2035 年国内全面完成公共领域用车电动化"这一中国未来新能源汽车的发展目标。可见，新能源电池产业已成为我国重点支持的新兴领域，推动新能源电池产业技术创新也成了我国秉持新发展理念、加快构建双循环新发展格局的必然要求。

从"薪柴时代"到"煤炭时代"，再到"油气时代"，人类社会的发展一直伴随着能源的更替转型。如今，基于气候治理和环境治理的需要，人类对能源的利用已逐步从传统能源转向新能源，人类社会也逐步迈向新能源时代。在新能源时代，尽管我国新能源电池产业发展已经取得了显著成效，但由于中国新能源电池产业仍存在核心技术研发缺乏动力、产品关键部件高度依赖国外进口、优秀科技人才匮乏、产业自主创新能力偏弱等问题，严重阻碍新能源电产业进一步发展壮大。由此，新能源电池产业技术创新问题逐渐成为学术界关注的焦点问题。截至目前，国内外关于新能源电池产业的研究主要聚焦于对新能源电池产业技术创新的能力或效率进行定量评价，而依据马克思主义的科学理论对中国新能源电池产业技术创新进行理论研究的成果则相对缺乏。

基于大力发展新能源电池产业的必要性与紧迫性，本书对中国新能源电池产业技术创新问题进行研究，以马克思主义技术创新理论为根本指导，充分借鉴西方技术创新的经验，梳理中国新能源电池产业创新发展的历程、成效与存在问题，对我国新能源电池产业技术创新的机制进行分析，评价其技术创新的效果。此外，本书选取了宁德时代作为中国新能源电池产业技术创新的典型案例进行分析，总结其对目前新能源电池产业技术创新的启示，为促进新能源电池产业技术创新、推动中国新能源电池产业可持续发展提供参考。

二、研究意义

针对新能源电池产业技术创新展开深入研究，无论是对于加快建设新时代能源电力强国，助力经济高质量发展，还是促进"双碳"目标的达成均具有重大理论与现实意义。

（一）理论意义

本研究在理论上的意义主要表现在以下三个方面：

第一，有助于从行业层面丰富技术创新理论的内容。技术创新是推动人类经济社会发展的核心驱动力，历来是经济学领域研究的重点问题。从现有研究成果来看，尽管学界在技术创新问题上已取得丰硕成果，但针对新能源电池产业技术创新的理论研究还相对薄弱。基于此，本研究立足于中国新能源电池产业技术创新实践，以马克思主义为指导，充分借鉴西方技术创新理论的有益部分，对新能源电池产业技术创新问题展开理论分析，进而形成对技术创新问题的系列认识，这有助于从行业层面丰富技术创新理论的内容。

第二，有助于厘清西方技术创新理论的演变逻辑及其局限性。围绕新能源电池产业技术创新问题，本书对西方技术创新理论的经济学说史进行了系统梳理，厘清了西方技术创新理论的演变逻辑。在此基础上，本研究一方面分析了西方技术创新理论的局限性，揭示了西方技术创新理论难以指导我国新能源电池产业技术创新的根源。另一方面，本研究也充分肯定西方技术创新理论具有合理性，能够为促进我国新能源电池产业技术创新提供理论借鉴。这有利于辩证地认识西方技术创新理论对我国新能源电池产业技术创新的理论借鉴作用，并明确马克思主义技术创新理论适用于中国国情实际，能够为我国新能源电池产业技术创新提供科学的理论指导。

第三，为推动新能源电池产业技术创新的研究提供了新的思路。推进中国新能源电池产业技术创新首先必须立足于国情实际，从理论上回答"中国新能源电池产业技术创新的机制是什么""中国新能源电池产业技术创新存在的问题""如何促进中国新能源电池产业技术创新"等一系列问题。基于此，本研究以马克思主义技术创新理论为指导，充分借鉴西方技术创新理论的合理部分，以问题为导向对中国新能源电池产业技术创新问题进行了有益的探索，为新能源电池产业技术创新这一重要理论问题的研究工作作出了一定的新贡献。

（二）现实意义

本研究在实践方面的意义主要表现为以下三个方面：

第一，有利于准确把握现阶段我国新能源电池产业技术创新的现状。本研究在明确新能源电池产业技术创新概念的基础上，运用翔实的数据从多角度剖析了中国新能源电池产业的发展现状，较为全面地反映了中国新能源电池产业技术创新的发展现状与取得的重大成效，并剖析出制约中国新能源产业技术创新存在的问题，这有利于准确把握现阶段我国新能源电池产业技术创新的现状，能够为促进中国新能源电池产业技术创新提供基础研究支撑。

第二，有助于新能源电池相关企业优化和调整发展方向。本研究在构建中国新能源电池产业技术创新的基础上，选取国内新能源电池产业龙头企业宁德时代作为典型案例，利用一手资料对宁德时代推进新能源电池产业技术创新的成功实践展开具体分析，进而凝练总结出可供推广的经验启示。这有助于新能源电池产业链上相关企业找出自身发展的优势与不足，促使相关企业主动创新求变，优化和调整发展方向，加速推进新能源电池产业发展壮大与技术创新。

第三，为推进中国新能源电池产业技术创新提供有益建议。本研究明确了推进中国新能源电池产业技术创新的指导理论，考察了中国新能源电池产业技术创新的发展现状，剖析了促进中国新能源电池产业技术创新的理论机制，并总结了国内外新能源电池产业技术创新的经验教训，在此基础上从不同层面提出了促进中国新能源电池产业技术创新的对策建议，相关对策具有一定的可操作性和实践意义。

第二节　文献综述

一、国外研究进展

（一）关于技术创新的研究

1. 技术创新能力研究

从技术创新能力的内涵来看，技术创新能力作为一种重要的经验基础和创新基础，能够将企业积累性资源储备作为预设目标进行规划，从而保障企业创新活动的稳定进行（陈锦其，2023）。从技术创新能力的评价来看，项目选择、项目管理、技术策略和技术转移能力等是评价企业技术创新能力所需要考虑的重要因素（Steels，2018）。有学者对技术创新能力进行了研究后发现，社会、经济和政治均能够对技术创新能力产生一定的影响（Ahlgren et al.，2017）。从提升技术创新能力的影响因素来看，明确的目标和高效的沟通决定了研发团队的技术创新能力，由于知识的外溢性，团队组织内部的知识转移使知识能够进行共享，从而有效促进了技术创新（Sun et al.，2018）。高效协作的团队组织对于技术创新具有显著的正向作用，而且信息人才在团队组织中的贡献最大，其能够通过知识的转移和转化驱动团队组织进行技术创新；此外，团队组织的技术创新能力是受个人以及整个团队的共同影响，如果团队的管理者进行过多的干预，也可能会对技术创新能力产生方向性影响（Aad et al.，2017）。

2. 技术创新效率研究

技术创新效率的相关研究最早起源于国外，经过数十年的积极探索，已产出了大批的研究成果，其主要可被归结为企业、产业和区域三个层次。从企业层面来看，中小型企业的技术创新行为往往具有高度外源性的特点，即高度依赖外部"创新源"带来的推动力。例如，有学者通过对比利时的制造业企业进行取样研究，发现企业技术创新是否依赖外部创新在很大程度上由其自身的技术条件决定，具备自主研发条件的大型企业倾向于内部自主创新，而不具备自主研发条件的中小型企业则倾向于依赖外部创新（Veugelers and Cassiman，2019）。也有学者利用荷兰制造业企业的样本进行研究进一步理清了企业技术创新行为规律，即企业的创新行为不是固定不变的，而是随着时间的推移呈现出动态演变特征，中小型企业不仅依赖外部创新，而且企业的技术引进规模随着时间的推移将会呈现出更为明显的正相关关系（Mol，2005）。

从产业层面来看，西方国家的产业和科技创新发展中，信息技术设备发挥着重要的作用，有学者以高技术产业三大部门为主要研究对象，采用投入产出模型对其效率进行了定量测定与细致分析后发现，先进的信息技术设备在推动产业发展和科技创新方面起着积极作用（Nasierowski and Arcelus，2013）。也有学者为了探究信息技术设备对生产效率的作用情况以及所带来的经济绩效，以美国制造业为研究对象，运用绩效测量法证明信息技术设备对制造业生产效率以及经济效益具有显著的正向影响（Catherine，2017）。

从区域层面来看，回顾欧洲部分国家的区域创新效率演进过程发现，欧洲地区间的创新效率存在明显的差异，像德国、英国、法国、荷兰等传统的经济强国在创新效率方面明显强于其他大多数欧洲国家。同时，在技术创新效率方面，技术创新规模的大小和资源配置的合理程度都能显著影响技术创新系统的生产率（Li，Su and Liu，2017）。针对亚洲国家的区域创新效率，有学者运用数理模型对亚洲各国的技术创新效率进行实证检验，实证结果显示新加坡的技术创新效率位居亚洲各国首位，日本则是在专利的创新效率上具有突出的优势，包括中国在内的其他发展中国家则在技术创新上还未达到前沿水平，有的国家甚至处于技术无效的状态（Lee，2018）。

3. 技术创新对企业绩效影响的研究

关于技术创新对企业绩效的影响，国外学者进行了相关研究，一些代表性的成果值得关注，例如，技术创新能够有效促进企业的生产能力和经营能力，从而提升企业的整体业绩；社会企业通过提高技术创新方面的投入以及增加专利成果数量能够为企业提升自身价值提供强大的动力；在内部治理机制完善的企业中，如果企业增加科技创新的投入水平，企业在资本市场上往往会产生显著的正向反应（Su，2013）；技术创新能够驱动企业的技术水平不断同前沿水平对标，从而提高产品性能、提升市场份额、推动企业绩效不断提升（Cohen，2010）等。此外，不少学者通过实证研究指出，技术创新的能力水平对于企业在市场竞争中的生存能力具有决定性作用，技术创新与企业绩效存在显著的正向关系（Bresser，2018）。

（二）关于新能源电池产业的研究

随着全球气候变化和环境问题的日益严重，越来越多的国家开始采取措施来促进新能源产业的发展。新能源产业已成为一个非常庞大的产业，涵盖了太阳能、风能、水能、地热能等多个类型，也涉及储能、电池、电站等领域。储能电池对于新能源产业的可持续发展具有重要意义，而新能源电池形成产业规模经济可以间接减少碳足迹，在未来会有广阔的发展空间（Placke et al.，2017）。

通过对动力电池产业的发展历程进行梳理，当前对于新能源电池产业而言，锂、钴等金属是电池产业上游的重要原材料，其稳定的供应是新能源电池产业可持续发展的关键所在（Casals，2019）。同时，有学者基于博弈论观点分析，新能源电池市场中存在信息不对称，知识产权保护政策不完善等问题，所以政府应出台政策，加强对动力电池产业的保护（Li，Qi and Liu，2018）。此外，针对新能源电池产业发展问题方面，有学者基于经济、社会、环境、技术和业务等五个维度进行了研究，运用德尔菲法（Delphi method）和最优最差法（BWM）对其进行综合排序得出，锂材料成本高、电池回收和再利用低效、充电桩不足、电池处置不合理、电池容量技术待优化等问题，是影响新能源电池产业可持续发展的主要挑战（Kumar，2021；Ali，Khan and Pecht，2021）。

基于影响新能源电池产业发展因素的研究，政府的介入对新能源电池产业的发展具有较好的引导作用，例如，从新能源汽车电池生产的全生命周期入手，通过动力电池的二次使用、资源回收，可缓解全球锂资源的循环应用与供需，进而能推动电池产业和新能源汽车的可持续性发展（Ziemann et al.，2018；Bobba，Mathieus and Blengini，2019）。围绕电池成本、动力电池回收再利用问题，有学者结合当下新能源电池市场，基于循环经济理论，探索了废旧电池二次利用的商业模式、驱动力、障碍和利益相关者等，以增大再利用的商业价值（Wralsen，Prieto-Sandoval and Mejia-Villa，2021）。

（三）关于新能源电池产业技术创新的研究

围绕新能源电池产业的技术创新，西方国家学者结合产业链的特点从不同的视角开展了有针对性的研究，例如，有学者基于企业发展的角度，总结了锂离子电池产业的技术演化逻辑，并对锂离子电池产业价值链中技术应用的演化过程进行了探索，锂金属和替代型可充电电池技术需要持续性优化，才能使新能源企业保持强劲的核心竞争力（Placke et al.，2017；Sick，Broring and Figgemeier，2018）。再比如，有学者基于对新能源汽车动力电池的安全性、成本和能量密度等问题的考虑，综述了新能源汽车电池产业的技术研发、使用、回收利用和环境效益等全生命周期使用环节问题，这些方面的技术创新需持续性关注（Wang，Sahadeo and Rubloff，2018）；也有学者利用专利检索技术，对新型锂离子电池的技术发展轨迹进行了追踪，并从全球创新体系视角出发，利用专利分析对纯电池技术扩散进行研究，碳酸锂、氢氧化锂等电池级原材料也需持续性创新（Aaldering and Song，2019）。

二、国内研究进展

（一）关于技术创新的研究

1. 技术创新能力的研究

从技术创新能力的内涵来看，技术创新能力可视为在创新过程中逐步形成的一种稳定特质，是对创新资源经过投入产出过程实现创新资源到创新成果的转化（孟霏、鲁志国、高鄞彤，2023）。从过程和结果两个方面对技术创新能力进行概念界定，从过程来看可以观察到技术创新过程对于投入要素的利用率，从结果来看则可以观察到技术创新最终产出的情况（彭树远，2021）。从技术创新能力的评价来看，不同省份之间在科技创新方面存在一定差异，以绿色技术创新能力为研究对象，从绿色支撑能力、绿色科技投入能力和绿色科技产出能力三个维度构建区域绿色技术创新能力评价指标体系，对我国省际绿色技术创新能力进行评价，研究发现我国区域绿色技术创新能力呈现东高西低的梯状格局，区域差异显著（许晓冬、秦续天、刘金晶，2022）。从技术创新能力的影响因素来看，有学者以高技术企业的技术创新能力为研究对象，构建了高技术企业技术创新能力影响因素指标体系，实证结果显示，科研投入、组织能力、制造水平、决策能力和营销能力对高技术企业技术创新能力具有显著影响，且影响力依次减小，比如汽车产业，技术创新能力的影响往往起到明显的作用（郑霞，2017；李煜华、荣爽、胡兴宾，2017）。

2. 技术创新效率研究

与国外相比，国内对技术创新效率的研究起步较晚，从企业层面的研究成果来看，有学者基于我国大中型工业企业的面板数据，对不同类型的大中型工业企业技术创新效率进行了比较研究，其研究结果显示我国大中型企业的综合技术效率均呈现不断提高的趋势，其不同类型企业间的差距呈现出不断缩小趋势（陈元志、陈劲、吉超，2018）；也有学者利用中国智能制造上市企业的相关数据，运用 DEA 测度了样本企业的技术创新效率，并由此得出我国智能制造上市企业之间技术创新效率差距较大且整体效率偏低的结论（楼旭明、徐聪聪，2020）。从产业层面的研究成果来看，有学者在构建技术创新效率评价指标体系的基础上，运用 DEA 分析法测度了我国省域的工业企业技术创新效率，指出我国技术创新效率存在区域差异明显、投入资源利用效率低下和科研成果转化率偏低等问题，并由此提出相应的对策建议（何田、胡笑寒，2018）；此外，也有业内研究者运用 DEA 评价方法，实证测度了我国高新技术产业的创新效率态势，研究发现我国高新技术产业的创新效率总体上处于较低水平，且不同高新技术产业的创新效率存在一定差距（孙研、李涛，2020）。从区域层面的研究成果来看，我国不同区域内的科技创新效率与水平存在一定差异，例如，有学者运用因子分析定权法实证测度了 2007～2017 年上海的技术创新效率，研究发现随着经济的快速发展，上海技术创新投入和产出水平均有所增加，而技术创新效率却相对降低，应在增加技术创新投入的同时，进一步增强其技术创新的产出能力（解学梅、赵杨，2018）；有学者基于 DEA 对抗型交叉评价模型和差异驱动方法的动态评价模型，利用环渤海、长三角地区的面板数据对区域技术创新效率进行了评价，通过研究发现区域内科技创新效率与水平存在一定差异（杜先进等，2019）。也有学者利用面板数据测算了我国 2010～2019 年省际工业企业技术创新效率的演进情况，研究发现，我国工业企业技术创新水平整体呈现上升趋势，但创新效率整体偏低（张雪琳、贺正楚、任宇新，2022）。

3. 技术创新对企业绩效影响的研究

技术创新是企业发展第一推动力的论断，得到了大多数专家和学者的认同，比如，有学者基于中国工业企业数据库资料，运用 CDM 模型实证检验了国有企业与民营企业技术创新对企业绩效的影响后指出，无论企业的所有制类型，技术创新对企业绩效都具有显著的正向影响（刘和旺、郑世林、王宇锋，2015）；有学者探究了具有技术背景的企业家对于企业技术创新与企业绩效的影响，实证研究结果显示，具有技术背景的首席执行官（CEO）能够有效促进企业研发投入与专利产出的增加，技术创新对企业绩效的提升效应显著（张琴，2018）；也有学者基于战略柔性视角，对创业板上市企业 3 年的面板数据实证检验了技术创新对企业绩效的影响，实证结果显示，企业研发投入对企业绩效具有显著的正向影响（贾振全，2021）。此外，为了探究技术创新持续性对企业绩效的影响，一些经济学领域的学者指出，创新投入的持续性对创新产出的持续性有正向影响，且技术创新的持续性对于企业绩效具有显著的正向作用，随着企业国际化程度与规模的扩大，技术创新对企业绩效的促进作用将进一步强化（何郁冰、张思，2017；周贻、张伟，2022）。

（二）关于新能源电池产业的研究

由于动力电池储能具有一定的经济性，新能源电池具有良好的商业价值，新能源电池产业具有良好的发展前景。未来，随着电池成本下降、额定容量增加、峰谷电价差、国家补贴等因素的变化，中国储能产业中动力电池梯次利用的商业价值将会更加显著（张雷等，2018）。锂离子电池因具备循环寿命长、无污染等优势，已成为当前综合性能最好的电池体系，被广泛运用于信息产业、航天等领域，在国家锂电池材料及研发方面占据重要地位（陈吉清等，2019）。

在新能源电池产业发展存在的问题方面，我国锂离子动力电池技术与国外先进水平差距不大，但电池面向应用的研究与开发工作相对薄弱，电池集成技术水平不高，产业技术创新能力不足，产品标准化工作应进一步加强（肖成伟、汪继强，2016；吴菲菲等，2017）。此外，也有一些学者指出，我国动力电池产业也面临其他几个方面挑战：第一，动力电池企业利润骤减，行业洗牌持续加速；第二，欧盟国家电池法规限制我国动力电池出口，跨国公司控制了全球动力电池产业技术专利；第三，动力电池产业严重产能过剩；第四，动力电池回收利用难问题日益突出（张厚明，2018；梁锐，2023）。

影响我国动力电池产业健康发展的主要因素有：动力电池生产企业受到产业链上下游的双向夹击，利润大幅减少；产业核心技术和专利缺失，企业研发实力亟待提升；新能源汽车整车产量迅猛增长，导致动力电池过剩产能快速积累；缺乏健全的回收利用体系，导致废旧动力电池回收难（张厚明，2018）。动力电池低碳化发展是贯彻我国"双碳"政策的必然选择，围绕防范和化解产能过剩危机、增强企业研发实力、降低企业生产成本、加强合作与人才培养等四个方面，有学者提出了一些促进我国动力电池产业健康发展的建议：加强企业在动力电池产业各个环节技术链的协同发展；调整企业专利布局，构建完整产业链，逐步形成具有我国特色的产业技术链；加强与发达国家优势企业的研发合作；加强核心技术重点突破，依靠自主创新提高我国企业在产业领域中的专利布局（张丹宁、宋雪峰，2022）。此外，在新发展格局背景下，我国的新能源电池产业率先以产业链形态进入全球市场，其作为中国产业链现代化的典型，对于推动其他产业的产业链现代化发展具有重要借鉴意义。而构建产业链生态、"锻长板"、"补短板"、打造区域产业集群和加强政策联动是当前提升中国新能源电池产业链现代化水平的主要发展路径（杨俊峰、潘寻，2021）。

（三）关于新能源电池产业技术创新的研究

1. 新能源电池产业技术现状的研究

我国目前的锂离子等新型动力电池关键技术、关键材料和产品研究均取得了重大进展，但由于充电、放电和维护管理等成组应用技术研究严重滞后于电池技术的发展，导致动力电池领域出现过充电、过放电、超温等问题，像"极端单体电池充放电控制技术"和"动力蓄电池综合管理系统"的提出，为锂离子动力电池的安全应用奠定了技术基础（刘彦龙，2019；徐文洪等，2016）。有学者基于动力电池产业链，探究了锂离子动力电池的正负极材料、隔膜及电解液的发展趋势，进而提出发展正极材料是大幅提升动力电池比能量的首选，并指出发展硅基负极材料（兰凤崇等，2019）。此外，专利技术在行业发展中具有导向作用，专利申请治理决定了行业发展的高度，而国内申请专利技术水平有待提高、关键技术专利申请量不足、专利成果转化效率低、没有形成良好的产学研相结合机制，也是目前新能源电池产业技术的发展现状（王相宇，2022）。

2. 新能源电池产业技术创新能力与效率的研究

新能源动力电池企业技术创新过程有其特点，对于新能源电池产业技术创新的能力与效率问题的研究，有学者基于我国 360 个城市的风能和太阳能专利申请数据，运用基尼系数、空间计量模型等方法对我国新能源产业技术创新能力进行了探究，发现中国新能源技术创新能力存在明显的区域分异特征，经济发展基础、人力资本和环境规制等是影响新能源产业技术创新能力的主要因素（谢聪、王强，2022）。也有学者运用 DEA-RAM 模型测度了我国 78 家新能源企业的技术创新效率，研究表明我国新能源企业的技术创新效率水平不高，而且区域之间存在明显的差异，进而提出提升新能源企业技术创新效率实际增长率的建议（苏屹等，2022）。此外，业内学者以宁德时代为案例研究对象，运用灰色关联分析法对政府补助下宁德时代的创新绩效进行指标选取并测算灰色关联度值，从创新投入和创新产出两个维度出发具体分析了政府补助下宁德时代的创新绩效情况（周蓉，2023）。

3. 新能源电池技术的国际发展研究

回顾韩国动力电池产业技术的演进路线，该国政府高层先后设定了电池单体、正负极材料、电解液及隔膜等相关技术目标，与中国动力电池标准的执行方式不同的是，韩国执行了企业自我检测制度，在 10 多个动力电池相关标准中，除电动客车用电池标准外，其他均参考了国际相关标准（郭苑等，2020）。日本的动力电池产业技术也经历了一个不断演化的过程，该国为了大力发展可再生电池产业，不仅出台了若干扶持政策，也参考国际标准制定了新能源产业的技术路线。对比近年来我国电池领域的国家政策、技术和产业发展特色，韩国、日本电池领域的新战略举措对我国电池技术和产业发展有一定借鉴建议（史冬梅、王晶，2023）。此外，有学者通过对欧美发达国家电池供应链部署政策的文本挖掘与分析发现，欧美主要通过制定发展蓝图、原材料供应、研发攻关、产业生态及海外扩张等措施，试图利用本土化、阵营化、政治化举措对中国的新能源电池产业进行打压和限制，对此，我国的新能源电池产业和技术创新在借鉴国外实践经验的同时，也要注意防范国外市场的风险（李岚春等，2023）。

三、国内外研究评述

国内外学者围绕新能源电池产业技术创新问题已取得了丰硕成果，这些成果对于本文的研究具有非常重要的参考价值。具体而言，西方学者在对新能源产业的发展现状和技术创新等相关研究基础上，逐渐聚焦于新能源电池产业的技术创新问题。其基本观点是：技术创新是新能源电池产业发展的根本动力，政府、企业等创新主体增加科研投入水平能够推动新能源电池企业在资本市场上产生显著的正向反应。与西方国家相比，我国关于新能源电池产业技术创新的研究起步较晚，以 2008 年新能源汽车的大规模发展为界，国内对动力电池产业发展的研究主要分为两个阶段：2008 年以前，国内主要是电池产业相关从业人员才较为关注新能源电池产业的发展；2008 年以后，新能源汽车产业的巨大发展潜力和重要战略地位，迅速带动了新能源电池产业发展壮大，相关研究由此引起了社会各界的关注。当前，学者们对中国新能源电池产业进行了多视角研究，如产业现状、政策布局等，其中新能源电池产业的技术创新问题是研究的侧重点，已产出了一大批有益成果，这为进一步深入分析和科学提升奠定了基础。

尽管当前国内外学者在新能源电池产业技术创新的相关研究上取得了一些有借鉴意义的成果，但仍存在以下不足之处：第一，学界关于新能源电池产业技术创新的理论研究相对薄弱，多是通过构建指标体系对新能源电池产业技术创新的能力或效率进行评价。以马克思主义技术创新理论为指导，针对新能源电池产业技术创新展开理论分析的研究较为欠缺。第二，学界关于新能源电池产业技术创新的国际比较相对薄弱，而开放交流能够极大推动技术创新和技术进步，因此，研究新能源电池产业技术创新问题有必要将其置于国际视野，而现有研究中以中国为中心展开新能源技术创新的分析相对欠缺，难以为中国新能源电池产业技术创新提供有益启发。

基于此，本书以马克思主义技术创新理论为根本指导，借鉴西方经济学相关理论，以中国新能源电池产业技术创新问题为研究对象，对中国新能源电池产业技术创新问题进行现实考察，对新能源电池产业技术创新进行理论分析，并对中国新能源电池产业技术创新效率进行实证研究。以此为基础，结合国外新能源电池产业技术创新的经验教训，为推进中国新能源电池产业技术创新提供有益的政策建议。

第三节　研究思路、内容与方法

一、研究思路

本研究从中国新能源电池产业技术创新这一现实问题出发，以马克思主义技术创新理论为根本指导，系统梳理了技术创新理论、制度创新理论、产业协同创新理论和创新生态系统理论，由此理清西方经济学中技术创新理论对中国新能源技术创新的借鉴意义。在此基础上，本书梳理了中国新能源电池产业创新发展的历程、成效与存在问题，对中国新能源电池产业技术创新的机制进行理论分析。在实证研究方面，根据新能源电池产业技术创新的特征，构建出中国新能源电池产业技术创新评价指标体系，并利用前沿调研数据对中国新能源电池产业技术创新进行效率评价。与此同时，本研究选取宁德时代作为中国新能源电池产业技术创新的典型案例进行分析，总结其中的成效与不足，以及其对中国新能源电池产业技术创新的启示。最后，在前文研究基础上，提出推进中国新能源电池产业技术创新的对策建议。本研究具体技术路线如图 1-1 所示。

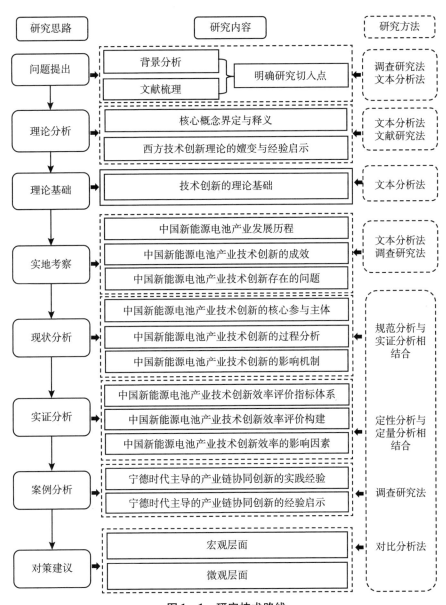

图 1-1　研究技术路线

二、研究内容

具体而言，本书共分为九章：

第一章，绪论。绪论部分主要介绍了本书的研究背景、研究意义、研究思路、研究内容、研究方法以及创新点、不足之处。此外，梳理了国内外关于新能源电池产业技术创新的研究动态，从而明确下一步的研究方向。

第二章，概念界定与理论基础。本章首先对新能源电池、技术创新和新能源电池产业技术创新进行概念界定。其次，梳理西方技术创新理论的演变，在此基础上理清西方技术创新理论的借鉴意义。最后，对技术创新理论、制度创新理论、产业协同创新理论和创新生态系统理论进行系统梳理，由此奠定了本书新能源电池产业技术创新的理论研究基础。

第三章，中国新能源电池产业技术创新的分析框架。本章以马克思主义为思想指导，以技术创新理论为理论基础，对中国新能源电池产业技术创新的机制展开理论分析。通过对中国新能源电池产业技术创新的核心参与主体进行剖析，在此基础上进一步分析了中国新能源电池产业技术创新的动力机制、激励机制和约束机制。

第四章，中国新能源电池产业技术创新的现实考察。本章首先分三个阶段梳理了我国新能源电池产业的发展脉络。其次，从技术创新、人才集聚和市场规模等五个方面呈现出中国新能源电池产业取得的发展成效。最后，分析了中国新能源电池产业创新发展存在的问题。

第五章，中国新能源电池产业技术创新的效率评价。本章立足于新能源电池产业技术创新两阶段过程，从技术研发阶段的投入、产出和成果转换阶段的中间投入、最终产出等层面构建新能源电池产业技术创新效率的评价指标体系，进而运用前沿数据对中国新能源电池产业技术创新效率进行客观评价。

第六章，中国新能源电池产业技术创新效率的影响因素分析。本章选取5个关键影响因素作为自变量，构建了面板 Tobit 回归模型来对我国新能源电池产业技术创新效率的影响因素进行实证检验。

第七章，中国新能源电池产业技术创新的典型案例及经验启示。本章选取宁德时代作为中国新能源电池产业技术创新的典型案例进行分析，在介绍宁德时代主导的产业链协同创新过程和产业链协同创新成效的基础上，归纳总结出产业链协同创新成效与存在的问题。

第八章，推进中国新能源电池产业创新发展的建议。本章基于前文的研究成果，从宏观、中观和微观三个层面提出了推进中国新能源电池产业创新发展的建议。

第九章，研究结论。本章对全书进行了总结，得出了中国新能源电池产业技术创新问题的相关结论，并对研究中的不足进行了展望。

三、研究方法

本书以历史唯物主义与辩证唯物主义为根本方法，综合运用了文本分析法、规范分析法与实证分析法相结合、定性分析与定量分析相结合等研究方法对我国新能源电池产业技术创新问题进行了研究。

第一，文本分析法。文本分析法是根据研究需要，对相关文本进行比较、分析综合，从中提炼出评述性的说明。本研究收集分析了大量相关资料，系统梳理马克思主义经典作家、西方经济学家关于新能源电池产业技术创新的相关理论，在借鉴、吸收相关理论研究成果的基础上，形成了本书的理论基础。

第二，规范分析法与实证分析法相结合。本书在研究过程中以马克思主义经典作家的技术创新理论为指导，借鉴了西方经济学中的有益部分，以此为基础系统剖析了新能源电池产业技术创新的机制机理。同时，通过构建新能源电池产业技术创新能力评价指标体系，利用新能源电池企业数据实证测度了我国新能源电池产业技术创新能力。

第三，定性分析与定量分析相结合。本书采取定性分析与定量分析相结合的方法，对我国新能源电池产业创新的发展状况、机制机理等方面进行定性分析的同时，运用大量统计数据、图表、模型等定量分析工具，使定性分析得出的结论更加科学、准确。

第四节 创新点与不足之处

一、创新点

本书的创新点主要有以下三点：

第一，构建出中国新能源电池产业技术创新的理论分析框架。当前，国内关于新能源电池产业技术创新的研究较为缺乏。为弥补这方面的不足，本书针对中国新能源电池产业技术创新问题，以马克思主义技术创新理论为指导，充分借鉴西方技术创新理论的合理部分，从动力机制、激励机制和约束机制三个方面构建出中国新能源电池产业技术创新的理论分析框架，为推动中国新能源电池产业技术创新问题的研究提供了有益探索。

第二，采用两阶段 DEA 方法，对新能源电池产业技术创新的实证分析作出新的尝试。当前，关于新能源电池产业技术创新问题的实证分析主要是基于传统 DEA 模型，本研究为弥补传统模型的缺陷，立足于新能源电池产业技术研发和成果转化两个阶段来对创新效率水平进行分析，能够更加科学地分析出我国新能源电池产业技术创新效率情况。鉴于此，本书还运用 Malmquist 指数模型来对我国新能源电池产业技术创新效率指数进行分解，进一步使用 Tobit 模型来分析其影响因素。

第三，为推进新时代中国新能源电池产业技术创新进行了有益探索。本书通过对中国新能源电池产业技术创新理论与实践的系统分析，厘清了中国新能源电池产业技术创新的前进动力与现阶段迫切需要解决的问题。在此基础上，本书从不同层面提出了推进新时代中国新能源电池产业技术创新的相关举措，其对策具有一定的实践意义。

二、不足之处

本书的不足之处主要有两点：

第一，尽管本书力求通过对西方技术创新理论进行分析，揭示其存在的理论局限性及其合理部分对促进中国新能源电池产业技术创新的借鉴意义，但由于笔者理论功底有限，难以展开全面、深入的分析，致使文章的分析论证可能仍存在一定缺憾。

　　第二，国外数据资料获取存在难度。国外关于新能源电池产业技术创新的宏观数据获取难度较高，致使本研究在实证分析方面存在样本不够、深度不足等问题，这可能在一定程度上对研究结论的准确性与可靠性产生影响。

第二章

概念界定与理论基础

　　新能源电池产业技术创新是本书的核心问题，对新能源电池产业技术创新的相关概念进行界定、理论基础进行梳理是全书研究的逻辑起点和基础。本章首先从概念界定出发，明确新能源电池产业、技术创新以及新能源电池产业技术创新的内涵。其次，对马克思主义技术创新的主要内容进行梳理，明确本研究的指导思想。最后，对技术创新的理论基础进行梳理，为研究新能源电池产业技术创新问题做好基础性工作。

第一节　核心概念界定

一、新能源电池产业

（一）新能源电池定义

　　目前，学术界对新能源电池还没有统一清晰的定义，过往一些学者对新能源电池产业的研究往往回避对新能源电池的定义，或者简单地把新能源电池等同于某一应用领域的电池或某种化学体系的电池，这些认知显然不够科学严谨，新能源电池概念含糊不清，被泛用、错用现象明显。例如，有学者认为新能源电池就是配套新能源汽车的动力电池，该认识显然过于狭隘（董玉辉，2016；邱华良，2021）；也有学者认为新能源电池是锂离子电池、铅酸电池、锌锰/碱锰电池、镍氢电池、镍镉电池的集合（郑欣，2023），该认识又过于笼统；也有学者认为新能源电池是包含锂电池、太阳能电池、燃料电池等通过将相对清洁能源转换为电能储蓄的电池，该定义存在明显偏差，因为新能源电池只是电能的储存载体并非转换载体（龚姣，2022）。

要准确定义新能源电池，必须从新能源的视角和电池这一能量存储载体两个维度进行分析。联合国1980年召开的"联合国新能源和可再生能源会议"将新能源定义为：以新技术和新材料为基础，使传统的可再生能源得到现代化的开发和利用，用取之不尽周而复始的可再生能源取代资源有限、对环境有污染的化石能源，重点开发太阳能、风能、生物质能、潮汐能、地热能、氢能和核能（原子能）。换言之，新能源是在新技术和材料基础上加以开发利用的可再生能源。相对于煤炭、石油等传统化石能源，新能源具有可再生、分布广、零碳或低碳排等优点，但也存在能量密度低、间歇性供应的缺点。正是因为太阳能、风能等可再生能源发电无法按照人们的实际需求灵活调度，常被称作"垃圾电"。因此，正如联合国新能源和可再生能源会议对新能源的定义，要开发利用新能源就必须依托新技术和新材料，而电池就是所指的关键新技术和新材料。电池作为电能的存储载体，在电源侧可以解决新能源发电能量密度低、间歇性供应等问题，在电网侧可以为电网提供输配电和调峰调频支持，在用户侧可以广泛应用于新能源交通工具、工程机械、备用电源等领域，是新能源开发利用的关键技术支撑。

基于上述分析，结合一些学者的研究，以及国家发展改革委、科技部、工信部、商务部、知识产权局发布的《当前优先发展的高技术产业化重点领域指南（2011年度）》中关于动力和储能电池的范畴界定，本研究认为：新能源电池是指利用电化学反应的可逆性构建可逆充放电电池（二次电池），并配套应用于新能源开发利用的电能存储装置，以电能调节和提供动力为主要应用形式，包括但不限于锂离子电池、镍氢电池、氢燃料电池、钠硫电池、全钒液流电池、钠离子电池等各种电池技术路线。

（二）新能源电池产业范畴

根据以上对新能源电池的定义，新能源电池产业属于电池产业范畴。在《国民经济行业分类》（GB/T4754—2017）中，电池制造业隶属于电气机械和器材制造业，主要包括锂离子电池制造、镍氢电池制造和其他电池制造三个细分行业。按照不同的分类标准，可以对新能源电池产业范畴做以下梳理划分：

1. 按用途划分

新能源电池配套应用于新能源的开发利用，根据不同的用途和应用场景，大体可以划分为储能电池和动力电池两大类。

（1）储能电池。主要用于电能调节，可广泛应用在电源侧、电网侧和用户侧。在电源侧，配套风力、太阳能等可再生能源发电，解决间歇性发电和"弃风""弃光"问题；在电网侧，通过提供电力辅助服务、输配电基础设施服务、调峰调频服务等提高电网的可靠性和电力质量；在用户侧，可用于工商业储能、家庭储能、备用电源等方面，满足个性化的用能需求。

（2）动力电池。主要用于提供动力，可广泛应用于新能源汽车、电动船舶等各类新能源交通工具，以及挖掘、起重、凿岩、铲土运输等各类工程机械。

2. 按技术路线划分

虽然储能电池和动力电池在应用上存在较大差异，对电池性能要求各异，但就理论而言二者并不排斥任何一种电池技术路线。按技术路线可以将新能源电池划分为锂离子电池、镍氢电池、氢燃料电池、钠硫电池、全钒液流电池、钠离子电池等，不同的技术路线其产业链构成各异。

在当前技术条件下，因锂离子电池的性能、成本、规模化生产能力等均显著优于其他电池，因而在市场应用中占据主导地位，且中长期可能仍是储能电池和动力电池的主流技术路线（甄文媛，2018）。2022年，全球新型储能（包括锂离子电池、钠硫电池、液硫电池、飞轮储能、压缩空气储能等）累计规模为45.7GW，其中锂离子电池占据绝对主导地位，市场份额达94.4%；2022年，全球动力电池累计装机规模为517.9GWh，其中锂离子电池同样占据95%以上的绝对主导地位。[①]

---

① 根据《储能产业研究白皮书2023》资料整理。

现阶段，储能电池和动力电池主要使用锂离子电池，而锂离子电池也主要应用在储能电池和动力电池领域（见图2-1）。根据工信部发布的全国锂离子电池行业运行情况数据，我国储能电池和动力电池占锂电池总出货量的比例逐年攀升，2019年占比64.8%，2022年则攀升至86%。因此，现阶段锂离子电池产业的技术创新在相当程度上代表了我国新能源电池产业的技术创新，出于行业数据的可得性等客观因素考虑，为便于开展实证分析，下文将主要采用锂离子电池的相关数据进行分析研究。

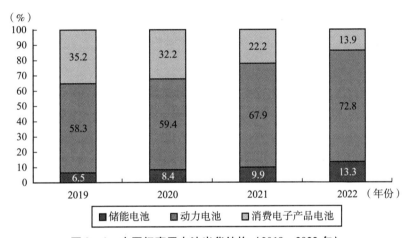

图2-1 中国锂离子电池出货结构（2019~2022年）

资料来源：根据工信部网站公布的数据整理。

3. 新能源电池产业构成

综上分析，新能源电池产业是指国民经济活动中与新能源电池生产、流通和使用相关联的所有企业和组织的集合，涵盖了新能源电池从原材料到最终产品及其使用的全部过程。根据生产活动的类型、性质及所处地位，可以将新能源电池产业构成划分为三个层次（见图2-2）：一是核心层，即最重要的产业部分，一般指新能源电池制造业；二是支撑层，即与核心层存在上下游关联关系，包括新能源电池原材料和零部件、生产设备、生产服务等供应商；三是关联层，即与新能源电池产业相关联的主体，包括监管机构、行业组织、科研院所等（徐松，2017）。

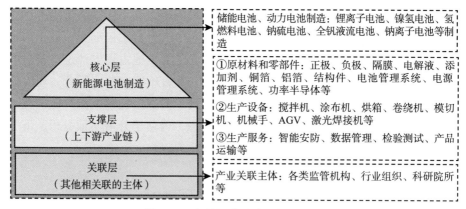

图2-2 新能源电池产业构成示意

资料来源：根据调研资料整理。

二、技术创新

技术创新是个较为宽泛的概念，涉及经济学、管理学、社会学等多个学科，对此学界对其概念的界定并未形成统一定论，既有从学科领域出发、有侧重点的阐释，又有学者将这一概念进行综合系统定义。具体表现在以下几个方面：

（一）熊彼特对技术创新的定义

熊彼特早在《经济发展理论》一文中对技术创新就有着独特的定义和观点，他指出技术创新是经济发展的主要推动力量之一，"创新"就是一种新的生产函数的建立，即实现生产要素和生产条件的一种从未有过的新结合。并将其引入生产体系。创新一般包含几个方面的内容：一是制造新的产品，制造出尚未为消费者所知晓的新产品；二是采用新的生产方法，采用在该产业部门实际上尚未知晓的生产方法；三是开拓新的市场，开拓国家和那些特定的产业部门尚未进入过的市场；四是获得新的供应商，获得原材料或半成品的新的供应来源；五是形成新的组织形式，创造或者打破原有垄断的组织形式。最后，再次指出创新并不仅仅是某项单纯的技术或工艺发明，而是一种不停运转的机制。只有引入生产实际中的发现与发明，并对原有生产体系产生震荡效应的技术才是创新。

（二）美国工业协会对技术创新的定义

美国工业协会（American Industrial Association）并没有对技术创新作出准确的定义。然而，技术创新通常被定义为通过应用新的科学、工程和技术知识，以开发新产品、服务或流程，并为社会带来经济增长、社会变革和改善人们生活质量的过程。技术创新可以涉及从基础科学研究到应用开发的各个阶段，包括对新材料、新工艺、新技术和新市场的探索。创新者可能会尝试新的想法、方法和概念，通过实验和试验将其转化为实际的应用。技术创新通常是跨学科和跨领域的，需要合作和知识交流。对于工业界而言，技术创新是推动行业发展和竞争力的关键。它可以提高生产效率、降低成本、改进产品和服务质量，开拓新市场和创造新的商业机会。技术创新也可以帮助企业增强可持续竞争优势，并应对不断变化的市场需求和新的挑战。总而言之，技术创新是在科学和工程知识的基础上，通过开发新的产品、服务或流程，为社会带来经济和社会效益的过程。

（三）经济与合作发展组织（OECD）对技术创新的定义

经济与合作发展组织（OECD）在《奥斯陆手册》中指出，技术创新指的是在产品、生产过程和组织形式方面引入新的或显著改进的技术，以提高生产效率、产品质量、市场竞争力以及满足社会和环境需求。根据 OECD 的定义，技术创新不仅包括新的技术发明和发现，还包括对现有技术的改进和应用，涵盖了产品创新和工艺创新两个方面，也涉及新的科学发现的商业应用，以及通过改进现有技术或组织形式来提高效率和质量。OECD 将技术创新视为经济增长和社会进步的重要推动力，它可以促进企业的竞争力，提高劳动生产率，创造新的就业机会，并满足人们不断变化的需求。技术创新还可以推动可持续发展和应对环境挑战，例如减少能源消耗、降低碳排放和改善资源利用效率等方面。综上所述，OECD 对技术创新的定义强调了引入新的或改进的技术以实现经济和社会发展的目标，并将其视为推动产业发展、增强竞争力和应对社会和环境挑战的重要推动力。

（四）中国学者对技术创新的定义

我国学者对技术创新的定义，与外国学者的定义并无太大差异。例如，技术创新通常是企业家抓住市场的潜在盈利机会，以商业盈利为目的，在经济活动中引入新的产品或工艺，实现生产要素的重新组合，以达到提高效率、降低成本、改进品质、增加竞争力等目标的过程（孙梁，2020）。国内学术界对技术创新的定义主要集中在以下三个方面：

其一，基础研究和应用研究的结合。技术创新既包括基础研究的突破，也包括将科学成果应用于实际生产和服务的过程。通过重视基础研究和应用研究的有机结合，推动科学理论与实践应用的紧密联系。

其二，实践和产业化的导向。技术创新要具备实践应用的导向性，通常以提高生产力、推动经济发展、满足社会需求为目标。强调从理论到实践，将创新成果转化为具有市场竞争力的产品和服务。

其三，多方合作和创新体系的构建。鼓励学术界、企业界、政府和社会各界的合作，构建创新生态系统，推动技术创新的全面发展。重视创新主体的联盟合作，提升创新的综合效益。总体看，中国学者对技术创新的定义强调实践、产业化、综合效益以及创新体系的构建，并强调技术创新对经济社会发展的重要性。

三、新能源电池产业技术创新

一个国家经济发展水平与产业结构水平是密不可分的，经济实现高速增长，不仅表现为经济规模扩大，实现量的增长与质的提升，更重要的是产业结构的转型升级。现代经济发展不仅要注重自然资源的优化配置，而且还需要通过技术创新实现资源利用方法上的改进和不断创造出新资源。新能源产业是我国经济实现可持续发展的重要产业，而新能源电池作为新能源产业的重要组成部分，具有巨大发展潜力。对此，本研究在熊彼特技术创新理论基础之上，进一步对新能源电池产业技术创新从五个方面来进行分析：

其一，制造新的产品。通过引入新的电池化学反应机制、开发新材料并应用于电池制造，创造出以前消费者未曾了解的新型电池产品。这些新产品可以具有更高的能量密度、更快的充电速度、更长的循环寿命等创新特点。

其二，采用新的生产方法。在新能源电池制造过程中，采用以前该产业部门尚未知晓的生产方法，如新型的电极制备技术、电池组装工艺的改进等。这些新方法可以提高生产效率、降低成本，并提高电池的性能和质量。

其三，开拓新的市场。针对国家和特定产业部门尚未涉足的市场，创新出适应新能源电池应用的解决方案。例如，与传统能源不相容的领域，如电动汽车、储能系统、可再生能源等，可以开辟新的市场需求，并拓展新能源电池的应用领域。

其四，获得新的供应商。通过寻找新的供应来源，获得新型原材料或半成品，以满足新能源电池制造的需求。这可以促进材料领域的创新，提高电池性能和可靠性，并增加供应链的多样性和可靠性。

其五，形成新的组织形式。创新电池产业中的组织形式，打破原有的垄断结构，促进竞争和合作，并推动产业发展。例如，建立研发联盟、技术转移平台或产业园区，以促进技术共享、知识交流和产业协同创新。总而言之，新能源电池产业技术创新是以市场为导向，以技术创新为基础，以提高产业竞争力为目标，以技术创新推动新能源电池产业领域的应用，不断引入新思路、新方法和新材料，以改进和提升电池的性能、可靠性、安全性和成本效益等方面的技术进步。这种创新可以包括新的电池化学反应机制、新材料的开发和应用、新电解质的设计、新结构的设计和制造工艺等方面的突破。

第二节　西方技术创新理论的嬗变与经验启示

技术创新理论是西方经济学的重要组成部分。同西方经济学主流一样，其随着时代的变迁与经济社会的发展，呈现出不断发展趋向成熟完善的过程。

一、西方技术创新理论的产生

（一）西方创新思想的萌芽

从经济思想史的角度来看，从亚当·斯密开始就对技术进步给予了高度关注。亚当·斯密在其著作《国富论》中阐述国家如何富裕时就蕴含了技术创新的思想，他认为国家富裕的重要原因就在于分工，而分工则有助于机械的发明和应用，机械的发明和应用则有利于减少劳动投入，提高劳动生产率（刘征汇，2021）。亚当·斯密提到的"机械的发明"应该说包含着日后经济学家所阐述的"技术进步"含义。马克思则在亚当·斯密的基础上进一步阐述了技术进步对社会生产力发展的作用和意义以及技术进步的动力,虽然马克思未曾直接使用过"技术创新"一词,但马克思的理论体系却是西方创新理论的重要渊源之一(刘佳,2024)。

（二）熊彼特的创新理论

学术界公认技术创新理论起源于学者熊彼特的创新理论。熊彼特是美籍奥地利经济学家,出生于 1883 年,是 20 世纪上半叶最重要的经济学家之一。1912 年,熊彼特在《经济发展理论》一书中提出了"创新理论",并在之后的《经济周期》和《资本主义、社会主义与民主》中系统阐述并加以运用和完善,形成了系统的理论体系,轰动西方经济学界,并因之享有盛誉(张旭,2023)。

1. 创新的内涵

熊彼特是经济思想史上首次对"创新"进行深刻阐释的经济学家,他认为创新就是建立新的"生产函数",即企业对生产要素的新组合,而这种新组合包括五种类型:一是引入一种新产品或产品的新质量;二是采用一种无须建立在新发现科学的新发现基础之上的新的生产方法;三是开辟一个新市场;四是获得原材料或半成品的新来源地;五是实现一种新工业组织方式或打破一种垄断(陈正其,2023)。与此同时,熊彼特提出了创新是一种创造性破坏的过程,即创新是"不断破坏旧的结构—创造新的结构……",是一个循环往复的过程(刘志迎、朱清钰,2022)。

2. 创新的动机

熊彼特认为引起创新的原因主要有两个:一是获取创新利润的强烈渴望,创新之所以发生,根本原因就在于创新利润的存在,当企业家发现创新会带来利润时,就会开展创新活动,获取创新利润。创新利润通常是短暂的、非剥削的和垄断的。二是创新主体企业家具有创新精神,企业家和投机商不同,企业家虽然进行创新活动的直接原因是追求利润,但追求利润并不是他进行创新活动的唯一动机(韩金起,2021)。

3. 创新的主体

熊彼特认为创新的主体是具有冒险精神的企业家,而企业家是真正的、唯一的创新执行者。企业家的功能是"通过利用一种新发明,或者更一般地利用一种未经试验的技术可能性，来生产新商品或者用新方法生产老产品；通过开辟原料供应新来源或产品新销路；和通过改组工业结构等手段来改良和彻底改革生产模式"（邱新华，2020）。

4. 创新的制度条件

针对创新工作，资本与高度发达的信用制度是企业家成功进行创新活动的前提条件，资本是企业家支付的手段，是联系企业家和商品的纽带；信用对企业来说是必要的，信用能使企业家在自身积累不足的条件下也能够获得足够的资本。总之，资本市场的建立和良好运转是企业家进行创新活动的前提。

5. 创新的模式

创新的两种模式可分为广度模式与深度模式，熊彼特在《经济发展理论》中对广度模式进行了阐述，企业家将新企业引入市场，银行家对新企业的商业行为进行投资，创新了降低进入门槛，使得小规模的新企业在这种环境中发挥重要的作用（张子睿，2020）。在《资本主义、社会主义与民主》一书中，熊彼特探讨了行业研发实验室与技术创新的相关性，并分析了大公司在创新中的关键作用，他认为大公司会利用"创造积累"建立创新壁垒，阻止小企业的创新活动，而这种模式的创新集聚程度更高，创新者拥有的经济规模也更大，被称为创新的深度模式（赵卢雷，2020）。

6. 创新的影响

首先，创新与经济发展。他指出经济发展得益于创新的出现。而创新一经出现，社会上的各个企业必将进行模仿，而模仿活动将进一步引起创新浪潮，经济将走向高涨。当大多数企业完成模仿之后，创新浪潮将随之停滞，经济发展亦会进入停止期。此时，经济要进一步发展，就必须有新的创新出现，引起新一轮的模仿，出现新一轮的创新潮。只有不断创新，经济发展才不会停滞。

其次，创新与经济周期。熊彼特以创新理论为依据，提出了经济周期理论，并以技术创新详细阐释了经济周期：一方面，经济周期形成的根源在于技术创新，由于技术创新不稳定，时高时低，时而群聚、时而稀疏，因而产生了经济周期；另一方面，经济周期具有多层次性，即经济周期的长短不一，这也来源于技术创新，因为技术创新是千差万别的，对经济发展的影响也是不同的，由此形成了经济周期的长短不一（徐则荣，2021）。

最后，创新与资本主义、社会主义。熊彼特曾运用创新理论来赞扬资本主义，也指明了资本主义的前途和命运。在资本主义条件下，企业家具有敏锐洞察力，能预见市场需求的变化、能发现市场潜在利益，并且有胆略、有能力进行创新，满足市场需求，获取潜在利益；资本主义的本质特征就是创新，离开了创新，资本主义就不能获得发展（王长刚、罗卫东，2021）。虽然熊彼特高度赞扬了资本主义，但他也认识到了资本主义必然灭亡，他认为当资本主义发展到一定阶段时，企业家的创新职能将日益削弱，创新将无法继续，资本主义将无法继续存在下去。这时，社会主义将从资本主义中自动长出来（刘云，2021）。

二、西方技术创新理论的演变

（一）新古典学派

20 世纪 50 年代以来，兴起了以微电子技术为代表的新一轮技术革命，以美国为首的西方国家开始了长达 20 年的经济增长期，传统的资本、劳动力等要素已经不足以阐释这一经济现象了。对此，以索洛、阿罗等为代表的新古典经济学家试图将技术创新纳入主流经济学的范畴中，企图以技术创新来阐释经济增长。

1. 技术创新对经济增长的贡献率

学者索洛是第一位运用规范计量经济学来计算技术创新对经济增长贡献率的新古典经济学家，且其采用的计量方法为后世经济学家所广泛应用。1957 年，索洛发表的《技术变化与总生产函数》一文，以柯布－道格拉斯生产函数为基础，提出了计算技术进步对经济增长贡献率的新方法，并据此推算出 1909～1949 年美国制造业总产出有 88％应归功于技术进步（李金城、王林辉，2023）。

2. 技术创新内生化

尽管学者索洛构建了技术进步对经济增长贡献率的新方法，但他依然将技术创新视为经济增长的外生变量，这不利于进行进一步的经济分析。为了克服这一缺陷，学者阿罗和罗默分别进行了如何将技术创新与经济增长进一步紧密结合，实现技术创新内生的探索（高勇、李秀森，2014）。

1962 年，学者阿罗发表了《从干中学的经济含义》，这篇论文构建了"干中学"模型，该模型被视为技术创新内生化的理论先导，在此文中，阿罗进一步指出投资是衡量生产实践多寡的合适变量，因而，也可以用累积总投资来表述生产实践活动，将技术创新视为累积总投资的自然产物（刘志广、史旭斌，2022）。阿罗的"干中学"模型虽然开启了技术创新内生化的先河，但该模型也带来了一个问题，总投资的增加是否必然意味着技术的进步？

为了解决这一问题，学者罗默进行了新的尝试，建立了新的模型——内生技术增长模型。该模型基于三个前提：第一，技术创新是经济增长的核心；第二，技术创新是内生的；第三，技术创新与其他商品生产不同，这是"罗默模型"得以建立的关键（吴艳霞、陈步宇、姜锟，2020）。此外，罗默论证了技术创新与其他商品生产的不同，他认为技术创新有两个重要特征：一是非竞争性，即某种新技术可以由多个主体使用，即技术的复制成本为零；二是部分排他性，在某种程度上技术创新又具有排他性，即能够排除他人使用，这是保证了其他企业可以从技术创新中受益，但不是所有的技术创新都具有排他性，因为新技术一旦公布，就难以排除他人使用，除非该技术可以通过技术加密实施管制乃至申请专利（乔晓楠、李欣，2021）。

经济增长率取决于研究部门的技术水平、制造部门的总资本收益率、消费者偏好和经济规模。一个国家的经济规模越大，则经济增长率越高。如何确认一个国家的经济规模？以人力资本存量来反映一个国家经济规模大小是合理的。人力资本存量越高的国家，其经济增长率越高。

3. 政府干预与技术创新

新古典经济学将市场失灵作为其分析技术创新问题的基本前提。根据新古典经济学家的研究，技术创新过程中的市场失灵主要包括以下几个方面：

首先，公共产品。学者阿罗认为研究开发就是生产技术性知识或信息的过程，而信息具有公共商品的性质，其生产者不能独占生产信息所带来的利益，这将导致生产信息投入的减少（杨艳丽、马红坤、王晓君，2019）。因此，在这方面政府应该承担或资助相应研究开发活动费用的支出。

其次，收益独占问题。新古典经济学家们认为知识创新具有很强的外溢效应，这将造成研究开发者获得的私人收益远远低于社会收益，进一步导致越来越多的企业在技术发展方面采取模仿战略，长此以往，技术创新将越来越少，市场失灵问题也将进一步恶化（王瑞，2022）。因此，政府应当采取措施支持基础研究的开展，提供科技教育与推广普及服务，并制定知识产权法保护创新者的收益。

再次，外部性问题。技术创新往往带来外部性问题，如烈性农药的使用带来严重的生态环境问题等，此类情况中的市场失灵主要是投资过多，简单来说，就是在某一技术领域中的供应与需求失衡，技术供应超过了市场需求。因此，应该加强政府对技术创新活动的干预，引导技术创新的方向，使其适应社会需求，降低技术创新的负外部性。

最后，规模和风险问题。有些技术创新包含着极大的成本规模和风险，这些技术创新活动是私人部分所无法独立承担的。此时，就需要政府来出台政策、给予补贴以及制定标准等活动来对技术创新的方向、规模和速度进行干预和影响。

总而言之，新古典经济学家认为，单纯依靠市场无法有效促进技术创新，政府必须采取一系列诸如金融、税收、法律以及调控等手段对技术创新活动进行干预，从而促进技术创新（龙斧、薛菲，2022）。

（二）"新熊彼特学派"

"新熊彼特学派"高度重视技术创新对经济增长的重要作用，主要研究了技术创新与模仿、技术创新与市场结构、技术创新与企业规模等内容。

1. 技术创新与模仿

学者曼斯菲尔德着重研究了技术创新与模仿的关系。所谓"模仿"，即一个企业采用了新技术以后，其他企业相继采用该技术，曼斯菲尔德研究了一项新技术推广的速度及其影响因素，并构建了新技术推广模式（韩前广、罗伯特·特纳，2017）。这种新技术推广模式建立在四个假定之上：一是在完全竞争市场中，新技术可以被任何企业自由选择和使用；二是专利权的制约作用较小，任何企业都可以模仿一项新技术；三是在新技术推广过程中，该项技术不会被改进，从而不影响该技术的推广速率；四是企业规模的差别不至于影响新技术的应用。在此四项假定下，曼斯菲尔德指出，新技术推广速度与模仿比例、模仿相对盈利率成正比，即模仿比例越高、推广速度越快，相对盈利率越高、推广速度越快；与投资额成反比，即模仿一项新技术所要求的投资额越高，其模仿难度越大，推广速度越慢（岳文侠、杜家凤，

2024）。

2. 技术创新与市场结构

20 世纪 70 年代，卡曼、施瓦茨等学者从垄断的角度研究了技术创新的过程，并从竞争强度、企业规模、垄断强度等方面探讨了技术创新与市场结构的关系，提出了有利于促进技术创新的市场结构，即：其一，竞争越激烈，创新动力就越强；其二，企业规模越大，在技术上的创新所能开拓的市场将越大；其三，垄断强度越高，新技术在短期内便越难模仿，技术创新便越持久（徐亮，2019）。

同时，学者卡曼、施瓦茨提出，最有利于促进技术创新的市场结构是"中等程度竞争的市场结构"（谭静、张伟，2022），在完全竞争的市场中，企业规模一般较小，缺少保障持续创新收益的垄断力量，难以筹集进行技术创新的资金，难以开辟技术创新所需要的广大市场，因此，难以产生重大技术创新；而在完全垄断市场中，缺乏竞争对手的威胁，创新的动力不足，也不利于引发重大技术创新。

综上来看，在介于竞争和垄断之间的市场结构，既避免了上述两类市场结构的缺点，又实现了上述两类市场结构的优势互补，是最有利于技术创新的。

3. 技术创新与企业规模

技术创新与企业规模的关系一直是学术界和实业界关心的重要问题。20 世纪 60 年代，学者谢勒尔的实证研究表明，技术创新与企业规模的增长并不成正比，不同规模的企业在技术创新方面均有较好的表现，只不过不同时期、不同产业的企业会因企业自身特点不同，而形成适合于技术创新的不同企业规模（鹿娜，2023）。进入 80 年代后，国外学术界提出了知识技术密集型的新型小企业是最有利于促进技术创新的，因为知识技术密集型的新型小企业只从事第一阶段的产品生产，一旦进入成熟期就会立刻转让技术产品，然后再进行新的产品研发，这样无须担心别人模仿，又易于激发个人的才能和特长，同时有利于与大企业达成协作（陈晓斌、冯雅萱，2023）。

（三）制度创新学派

以学者戴维斯、诺思等为代表的制度创新学派在熊彼特创新理论的基础上，将创新与制度结合起来进行了研究，并围绕制度创新的内涵、制度创新的动因、制度创新的主体、制度创新的形式、制度创新的过程、制度创新的作用等方面进行了探索，强调了制度安排和制度环境在技术进步、经济增长中的重要作用（袁方成、王丹，2021）。

将制度作为经济学的研究对象是新制度经济学对传统经济理论的一场革命，制度创新是由于在现存制度下出现了潜在获利机会，这些潜在利益是由于市场规模的扩大，生产技术的发展或人们对现存制度下的成本和收益之比的看法有了改变等因素引起的。但是，又由于对规模经济的要求，将外部性内在化的困难、厌恶风险、市场失败与政治压力等原因，使这些潜在的利润无法在现有的制度安排内实现。这样，在原有制度下总会有某些人为了获取潜在利润而率先来克服这些障碍，当潜在利润大于这些障碍所造成的成本时，一项新制度安排就会出现。个人的制度创新活动并不需要支付组织成本，也不需要支付强制成本。团体创新活动需要支付组织成本，但没有强制成本。政府的创新活动则既要支付组织成本，也要支付强制成本（郭韬、丁小洲、任雪娇，2019）。

经济理论的三大传统柱石是天赋要素、技术和偏好。随着经济研究的深入，人们越来越认识到仅有这三大柱石是不够的。新制度经济学家以强有力的证据向人们表明，制度是经济理论的第四大柱石，制度至关重要。土地、劳动和资本这些要素，有了制度才得以发挥功能。根据制度创新学派代表人物诺斯和新制度经济学代表人物科斯的观点，制度是指"一系列被制定出来的规则、服从程序和道德、伦理的行为规范"（姚凯、李晓琳，2022）。制度促进可预见性，并防止混乱和任意行为，从而维持并巩固复杂的人际交往关系网。制度的存在，规范了人们的行为，从而一方面使各种生产过程和交易活动变得有序和具有可预见性；另一方面也增强了人们之间的信任。实际上，人们之间的交往，包括经济生活中的相互交往，都基于某种信任。由于信任是以某种秩序为基础的，因而要维护这种秩序，就要依靠规则、规范等制度来禁止或约束各种不可预见的行为和机会主义行为（陈劲、朱子钦、杨硕，2023）。

（四）国家创新系统学派

20 世纪 80 年，弗里曼、伦德瓦等学者出于对新古典经济学的不满，在李斯特、熊彼特等人提出的国家生产系统的基础上，提出了国家创新系统，并逐步形成了国家创新系统学派（Watkins et al., 2015）。国家创新系统学派主要包括宏观学派、微观学派和综合学派。

1. 宏观学派

宏观学派的主要代表是弗里曼和纳尔逊。其中，学者弗里曼于1987年在其著作《技术和经济运行：来自日本的经验教训》一书中首次提出了国家创新系统这一概念，日本只用了几十年时间就从一个技术较为落后的国家发展成为一个工业化大国，正是由于日本实现了技术创新和政府职能的结合，形成了国家创新系统（黄晨，2019）。学者弗里曼的研究说明，一个后发国家完全可以依靠充分发挥政府职能，推动产业和技术的变革。纳尔逊在《国家创新系统》一书中则进一步阐明了国家创新系统中的各种制度因素、技术行为因素以及组织因素，说明了技术变革的过程充满了不确定性，国家创新系统应充分满足这种不确定性，设置具有弹性的制度安排和制定具有灵活性和适应性的发展战略（潘冬晓、吴杨，2019）。

2. 微观学派

学者伦德瓦尔是微观学派的主要代表，他从国家创新系统的微观组成部分出发，研究了用户与厂商之间的关系。从狭义角度来看，国家创新系统的组成要素包括高校、研究开发部门以及与研究、发展密切相关的机构和制度安排；从广义角度来看，国家创新系统的组成要素包括一切可以影响学习、研究、创新的经济结构和经济制度（班恒，2023）。伦德瓦尔认为，技术创新是一个生产者和用户之间相互学习的过程，国家创新体系实质上就是一个社会体系，其中，学习是创新体系中的中心活动，研究创新体系的关键就在于探索学习在经济系统中是如何展开、完成并最终产生经济效益的（范斗南，2023）。

3. 综合学派

学者波特的研究实现了国家创新系统理论的宏观学派和微观学派的结合，构建了国家竞争优势理论，是综合学派的重要代表。波特提出了国家竞争优势的概念，认为一个国家的竞争力，取决于该国家的生产效率的高低，而国家创新系统的根本目的就在于提高国家或地区的生产效率，从而提高国家竞争力（柳玉梅、陈灵芝、孙玉涛，2024）。波特提出影响一个国家竞争力的主要因素有以下两个方面：一是政策，这些政策可能影响到生产要素条件、资本市场、教育、相关辅助性产业以及公司的战略和竞争结构等；另一方面是市场需求，可能因产品和工艺标准变化而变化（刘庆乐、谌文杰，2019）。每一个国家都应该根据本国的基本情况，制定适合本国的政策环境，构建适合本国（地区）的国家创新系统。

三、西方技术创新理论的经验与启示

（一）重视企业家主体的创新精神

企业家是西方技术创新理论中的重要范畴，其在技术创新过程中的作用受到了高度重视。在西方技术创新理论中，企业家在技术创新和经济增长中的作用包括促进知识的溢出和转化、机会的识别与实现以及产品和服务的多样化等（周大鹏，2020）。改革开放以来，中国经济社会发展的历史亦充分证明了企业家的重要作用。在中国经济进入"转变发展方式、优化经济结构、转换增长动力的攻关期"的今天，尤其应该注重发挥企业家的作用，充分尊重企业家的首创精神（丁绒、罗军，2022）。

一是完善产权保护制度，严格的产权保护制度是激励企业家进行创新的前提条件。我国产权保护依然存在一些薄弱环节，例如：国有产权由于所有者和代理人关系不够清晰，存在内部人控制、关联交易等导致国有资产流失问题；利用公权力侵害私有产权、违法查封扣押冻结民营企业财产等现象时有发生等，严重干扰市场秩序，也不利于企业家精神的发挥。

二是建立合理的报酬机制，优化企业家精神配置。美国经济学家鲍莫尔强调了建立合理报酬、优化企业家精神配置的重要性，他指出合理的报酬激励着企业家将时间和精力充分投入到市场活动和财富生产中去；反之，不合理的报酬将迫使企业家将时间和精力投入到寻租性活动（如游说）甚至是犯罪性活动中去。

三是加强市场营商环境建设，营造有利于培育创新的企业家精神。政府应该强化政策支持，保持政策的稳定性与连续性，消除制度因素对企业家精神造成的束缚，不断优化营商环境，激发企业家的技术创新扩散的积极性。与此同时，还应该营造一个允许失败、宽容失败、鼓励试错的文化氛围，允许企业家在实践中不断积累经验，通过"干中学"提高创新创业的成功率。

（二）关注市场需求与技术创新的相互作用

早在 20 世纪七八十年代，西方创新经济学家就注意到了技术与市场的交互作用，认识到了技术创新是基础研究和市场需求有机结合的结果。在新一轮科技革命和未来产业的发展中，技术推动和市场需求的相互作用将体现得更为明显，技术进步产生市场需求，市场需求支撑起技术进步，由此形成技术与市场的共轭演进，两者共同推动了新一轮科技革命和未来产业的发展（李晓华，2022）。但直到今天中国许多研究开发机构的研发流程依然为"串行"模式，该模式以研发人员为起点和核心，走的是"研发—生产—反馈—完善"的路子。这种片面注重研发，忽视市场需求导向的模式，使市场、技术、政策、供应商之间的配合充满了不确定性，任何一个环节出现问题，都容易造成前期研发投入的浪费。另外，该模式存在研发周期长、售后服务工作量大、综合成本高以及用户满意度不高等缺陷，研发成果往往是中低端的，高端成果较少。因此，必须建立新的科研管理机制，推动中国研究开发机构转型，使其在研究开发时更加注重潜在的市场需求，以市场需求为导向，以技术创新和应用为支撑，从而进一步提高研发成果与市场需求的匹配度，促进产业转型升级。

（三）注重技术创新和制度创新相互协同

西方技术创新理论中关于技术创新与制度创新关系的研究经历了"技术创新决定论""制度创新决定论""技术创新与制度创新互动关系论"三个阶段，可以说，对技术创新与制度创新互动关系的研究是西方技术创新理论的一大进步。在各国实践中，一些经济学家也逐渐认识到了技术创新和制度创新协同互动的重要性，如美国硅谷风险投资制度的创新，其充分发挥了市场筛选功能、产业培育功能、风险分散功能、政府导向功能、资金放大器功能、要素集成功能、激励创新功能、降低交易成本功能、创新观念更新功能以及增值服务功能，实现了技术创新与制度创新的良性互动，成就了硅谷经济的迅猛发展（赵卢雷，2020）。在经济增长动力转换之际，中国必须坚定创新驱动发展的信念、坚持走中国特色自主创新道路，进一步深化科技制度改革，形成有益于科技创新的科技管理和运行机制。

（四）用激励政策引导技术创新

政策也是西方技术创新理论中的重要范畴。在西方技术创新理论中，关于政策对技术创新的激励效应主要有三类观点：一是挤入效应（crowding-in effect），这一观点认为，政府通过激励政策可以促进新能源电池产业技术创新的发展。政府提供研发资金、减税措施、市场准入优惠等激励措施，可以增加企业和个人投入该行业的积极性，从而推动技术创新的形成和应用，这样的政策创造了产业发展的良好环境，吸引了更多的投资和人才（燕安，2018）。二是挤出效应（crowding-out effect），政府过度干预可能会削弱市场的发展动力，从而限制了新能源电池产业技术创新的潜力，过多的政府干预可能会导致资源配置效率低下，限制了私人企业对技术创新的投入。此外，政府的政策可能导致市场扭曲，使得创新者更加依赖政府资源而不是市场机制。三是中性效应（neutral effect），政府的激励政策对新能源电池产业技术创新的影响相对有限。根据这一观点，政府的激励措施可能对某些企业或项目产生积极影响，但同时也可能对其他企业或项目产生负面影响，导致整体效果相对中性（倪一宁、孟宁、马野青，2024）。

第三节　新能源电池产业技术创新的理论基础

一、技术创新理论

技术创新理论是西方经济学说中一个非常重要的分支，在西方经济学说中占有非常重要的地位。技术创新理论起源于亚当·斯密，形成于熊彼特，发展于熊彼特的追随者，内容极其丰富，为本书的研究提供了极为有益的借鉴。

（一）技术创新的类型

根据创新过程中的技术突破强度的差异，技术创新有根本性创新（radical innovation）和渐进性创新（incremental innovation）之分（Veetil，2021）。

所谓根本性创新是指技术有重大突破，颠覆了既往的技术范式；而渐进性技术创新是指对现有技术进行局部的、连续的改进（裴开兵，2021）。一般而言，这两类技术创新是交替出现的，当根本性创新成为行业主导技术之后，就会对此技术进行一系列改进即渐进性创新。根据技术创新中创新对象的差异，技术创新又分为产品创新（product innovation）和过程创新（process innovation）；所谓产品创新是指技术上有变化的产品的商业化，有重大产品创新与渐进产品创新之别。在技术原理和用途上发生根本变化的、对人类生产生活产生了重大影响的产品创新，如半导体晶体管、集成电路、电子计算机、喷气式发动机、人工智能等产品创新称之为重大产品创新；而技术原理和用途没有发生根本变化的，如智能手机的代际更新等，一般称之为渐进性产品创新。所谓过程创新，又称之为工艺创新，是指产品的生产技术的创新，包括工艺、设备以及组织管理方式的创新。一般来说，过程创新有利于提高生产效率、降低生产成本和提高产品质量，过程创新亦有重大创新和渐进创新之别。除此之外，技术创新还有简单创新、复杂创新、基本创新、转型创新以及一般创新等分类方法。

（二）技术创新的主体

熊彼特在《经济发展理论》一书中，将企业视为实现生产要素的"新组合"——创新就是将生产要素的"新组合"引入生产体系——将职能是实现新组合的人称为企业家（熊彼特，2012）；换言之，企业和企业家是技术创新的两大重要主体（田秀娟，2022）。在《资本主义、社会主义和民主》一书中，熊彼特（2017）考察了垄断企业在技术创新中的重要作用。熊彼特之后，彼德·德鲁克（2023）进一步考察了企业和企业家在技术创新中的重要作用，他认为富有企业家精神的企业家是技术创新的主体，拥有此类企业家的企业才能进行技术创新。学者麦迪克进一步分析了企业中的不同角色在技术创新过程中的作用，他指出，企业家中最高管理阶层的成功参与是实现根本技术创新的必要条件，而中间层次的创业者在综合公司中的作用殊为重要（卡莱斯·朱马，2019）。此外，有学者将技术创新的主体归结于"内企业家"，所谓"内企业家"是指在大公司内工作的富有想象力的行为者组成的独立小组，"内企业家"在技术创新中的作用远远超过企业家，没有"内企业家"，企业就会出现创新缺口（秦甄、谢璐华、郭娟娟，2021）。

（三）技术创新的过程

20 世纪 60 年代以来，随着对技术创新理论研究的深入，学术界演化出了五代关于技术创新过程的模型。

其一，技术推动的创新过程模型。早期学者对技术创新来源的认识较为简单，认为研究开发或科学发现是技术创新的主要来源，认为技术创新是先有科学发现，随后将科学发现应用于生产和销售过程，将技术产品引入市场的过程（李俊久、姜美旭，2023）。

其二，需求拉动的创新模型。20 世纪 60 年代中期，随着资本主义世界的经济发展进入调整增长期，营销成为企业成功的关键因素，市场需求的拉动力日趋明显。同时，技术创新理论的研究也日趋深入，技术创新不仅仅是技术推动的过程，也是市场需求拉动的结果，在技术创新过程中市场需求起到关键性作用。

其三，技术与市场交互作用的创新过程模型。20 世纪 70 年代到 80 年代初期，主要资本主义国家进入"滞胀"时期，供过于求，成为买方市场，技术创新成为各国企业生存的关键，技术在企业竞争力中的作用越来越突出。同时，随着研究的深入，一些学者提出了新一代的技术创新模型——技术与市场交互作用的创新过程模型，该模型认为，技术创新是基础研究和市场需求有机结合的结果（张帆、李娜，2021）。具体来说，技术创新在技术和市场的交互作用下启动；技术创新和市场需求在产品生命周期及创新过程中的不同阶段起着不同作用；单纯的技术推动和需求拉动只是技术创新的特例，技术创新的关键在于科学、技术、市场的有机结合（陈蕊、王宏伟，2023）。

其四，一体化创新模型。20 世纪 80 年代，全球经济竞争日趋激烈，市场风云变幻莫测，要求企业在瞬息万变的市场环境中快速做出决策。基于此，学者们提出了第四代创新模型——一体化创新模型，该一体化创新模型摒弃了过去的线性思维，引入了集成和并行工程观，将创新过程看成创新构思、基础研究、市场营销并行的过程，它强化了企业内外部之间的联系和互动（王增栩、李金惠，2023）。在企业内部，强调基础研究部门、设计生产部门以及市场营销部门等诸部门之间的耦合集成；在企业外部，强调加强上下游企业之间的协作与联系，尤其重视上游企业与用户之间的联系。

其五，系统集成网络模型。进入 20 世纪 90 年代，有学者在一体化创新模型的基础上发展出了新一代创新模型——系统集成网络创新模型，该系统集成了网络创新模型，在用户处于战略首位的前提下，要求利用网络、专家系统、仿真模型技术充分集成，形成完全一体化并行开发，在全球范围内配置创新资源，实现企业内外多样化的动态结盟，以达成充分合作、充分集成，最终实现协同创新（贾淑品、伍奕桐，2023）。其最为突出的特征就是强调更加密切的战略合作、更加借助专家系统、更加注重电子化和信息化，实现全过程创新。

（四）技术创新的作用

学者熊彼特将创新视为经济发展的重要源泉，他强调技术创新是企业家对生产要素的重新组合，是经济发展过程中打破旧均衡实现新均衡的重要内生力量（孙洪哲、魏岚、贾冀南，2023）。熊彼特之后，学者索洛曾提出了阐释技术创新对经济增长的经济模型，该模型认为技术创新是经济增长的基本要素，经济长期的增长率是由人口增长率和技术进步率所决定的（王笑璿，2016）。索洛的经济增长模型虽得到了二战后工业国经济发展的验证，但依然有明显缺陷，例如，将模型进行了大量简化，且将技术创新视为经济增长的外生常量（武志，2019）。对此，学者阿罗提出了新的模型，即"干中学"模型（learning by doing），试图将技术创新内生化，在此模型中，阿罗假设单个企业的投资不仅可以提高本企业的生产率，而且能够提高全部企业的生产率，换言之，阿罗将技术进步视为了投资的副产品，是经济系统内生的变量，然而，阿罗的这一模型却不能够阐释技术进步对经济增长的推动作用（黄浩权、戴天仕、沈军，2024）。为了将技术创新内生于经济增长的同时阐释好技术创新对经济增长的推动作用，罗默和卢卡斯分别提出了他们自己的"内生增长模型"，将知识产生和技术进步视为人力资本投资的结果（纪尧，2021）。

二、制度创新理论

学者兰斯·戴维斯和道格拉斯·诺思在熊彼特思考的基础上，进一步研究了制度在经济活动中的重要作用，提出了制度创新理论（兰斯·戴维斯，2019）。

（一）制度创新的内涵

关于制度创新的内涵，戴维斯和诺思提出，所谓制度创新是指经济主体为了获得追加利益而变革现存制度，包括制度的发明、模仿与演进，而制度创新是经济主体在面对盈利机会时自发倡导、组织和实施的变革现存制度的行为，主要包括某特定组织行为的变化，组织与周围环境关系的变化，组织中各行为主体的活动及其相互关系规则的变化等内容（兰斯·戴维斯，2019）。

（二）制度创新的动因

新制度学派提出制度创新的主要动因就是获取追加利益，只有在预期纯收益高于预期成本的情况下制度创新才能实现（何彩云、王及斐，2019）。促进制度创新通常有几个重要因素，即：首先，规模经济方面，随着市场规模的不断扩大，商品交易额亦随之增加，在保存原有制度的情况下，经营管理成本将大大增加，不利于获得更多经济利益。因此，在市场规模扩大的条件下，为了降低经营管理成本，获得更多经济利益，必须促进制度变革。其次，技术经济性方面，在生产技术和工业化发展的条件下，企业规模会随之扩大，这促使企业主动变革制度，以期获得更多的潜在利益。最后，在预期收益刚性方面，社会经济主体为了防止预期收益的下降，也会采取必要的变革制度的行动（曹威伟，2023）。

（三）制度创新的主体

学者道格拉斯·诺思认为制度创新的主体一般包括个人、团体或者政府三个层次，这三个层次的制度创新主体本质上都是追求利润最大化的企业家。根据不同主体的职能和目的不同，可将制度创新主体分为"两级行动团体"，即"初级行动团体"和"次级行动团体"（王怡靓，2018）。制度创新的决策是由"初级行动团体"做出的，这是因为"初级行动团体"往往能够察觉到市场中有某项潜在收益，而这项潜在收益是在现存制度下不能获得的。只要变革现存制度，这项收益就可以从潜在收益变为现实收益。一般而言，这个"初级行动团体"既可以是个人，也可以是合作集团或者政府。"次级行动团体"则是在新制度安排下成立的，他们的主要职能是在制度创新的过程中帮助"初级行动团体"获得相应的收益。除此之外，政府机构在制度创新过程中也会起到一定作用，因为政府管理机构既可以影响制度创新的形式，也可以自行进行制度创新。

（四）制度创新的形式

新制度经济学家关于制度创新形式的划分是多种多样的，其中比较著名的划分是诱致性制度变迁和强制性制度变迁（李松龄，2022）。所谓诱致性制度变迁，是指制度创新是由个人或集团在响应获利机会时自发倡导、组织和实行的。诱致性变迁是否能够发生，关键在于个人或者集团的对于预期收益和预期成本的比较，如果预期收益大于预期成本，能够获得预期纯收益，那么诱致性变迁就会发生；反之，则不会发生。可以说诱致性变迁具有盈利性、渐进性、自发性等特征。而强制性变迁则是由政府强制推行的制度变迁。与诱致性变迁发生原因略有区别，强制性变迁不仅可以因预期收益的获得而进行，也可以因为不同利益集团的收入分配问题而发生。强制性变迁在规模经济、制度实施及其组织成本等方面具有优势。与此同时，强制性变迁也受统治者的偏好和有限理性、意识形态刚性、官僚政治、集团利益冲突和社会科学知识等方面因素的制约。除此之外，关于制度创新的形式还有渐进式变迁与激进式变迁、主动式变迁与被动式变迁以及局部变迁与整体变迁之分。

（五）制度创新的过程

新制度学派认为制度创新不能一蹴而就，需要一个相当长的过程，有学者将制度创新的过程划分为五个阶段：第一，形成一个能发现制度变革潜在预期纯收益的第一行动集团；第二，第一行动集团做出制度创新的方案；第三，按照利益最大化的原则对方案进行评估和选择；第四，形成帮助第一行动集团进行制度创新并获得预期收益的第二行动集团；第五，两个集团共同努力，实施制度创新并对所获得的收益进行再分配（尚妤，2020）。制度创新成功以后，就进入了制度均衡的状态，即无论如何变革制度，都不能带来更多的追加收益，此时制度创新就暂时停止了。然而，由于外界条件的变化，制度均衡的状态就会被打破，此时就会进行新一轮的制度创新。总而言之，制度创新就是"制度非均衡—制度均衡—制度非均衡—……"这样一个循环往复的过程。

（六）制度创新的作用

道格拉斯·诺思（1999）高度重视制度创新对技术进步的决定作用，在《西方世界的兴起》一书中，他曾指出，有效率的经济组织是经济增长的关键，一个有效率的经济组织在西欧的发展正是西方兴起的原因所在。此外，许多大型机器都是在专利制度的保护和激励下发明出来的，制度变革在经济发展中起着决定作用（林大祥，2018）。

三、协同创新理论

当今世界，市场结构变动迅速，技术创新模式日益复杂，这要求技术、组织制度与组织文化创造性整合，从而优化创新资源配置，快速推出适应市场需求的具有较强竞争力的产品。可以说，协同创新是未来推进产业创新的根本路径。

（一）协同创新的内涵

学者安索夫（2019）在其《新公司战略》中首次提出了"协同"思想，他认为所谓协同效应就是系统的联合效应，通过企业各部门之间的合作从而使企业的总体收益大于各部门独立运行时的收益之和。简单来说，协同效应就是放大效应，就是通常说的"1＋1＞2"，协同创新就是要实现各个创新要素、创新资源的有效整合以及在产业内部和产业之间的充分流动（彭泗清，2023），就是在创新过程中充分整合企业、高校、科研院所、政府、教育部门、中介服务机构、供应商以及用户等各主体之间的资源，实现各主体之间的优势互补，从而加速推进技术创新和技术推广应用（毕淑荣，2024）。综上，协同创新的内涵本质就是企业、高校、科研院所、政府、教育部门、中介服务机构、供应商以及用户之间为了实现重大科技创新而进行系统性合作的一种创新组织模式。

（二）协同创新的特征

协同创新的主要特点有三点：一是开放性。开放是协同创新的前提条件，没有创新主体与外部环境的充分交流以及各创新主体之间的充分交流，包括物质、能量、信息等方面的充分交流，就不可能实现协同，也就无所谓协同创新。二是整体性。协同创新的生态系统不是各个组成要素的简单相加，而是各个组成要素之间的有机协调和整合。三是动态性。协同创新的系统是不断调整的，系统内部某一种组成要素的微小变化通过协同效应会迅速放大，要求其他相关要素进行相应的调整，以维持协同创新系统的有序状态。

（三）协同创新的结构

协同创新可以从宏观和微观两个层面来分析。从宏观层面来看，应该实现四个创新子系统集成，包括以独立科研机构以及高校为代表的知识创新系统、以企业为代表的技术创新系统、以教育培训机构为代表的知识传播系统和以用户与企业等为代表的知识应用系统，这四个子系统在创新过程中应该达到协同。值得强调的是，由于协同创新进程中的各个主体的利益诉求和出发点是不一样的，如果缺乏国家的引导，则会由此而导致零和博弈。因此，应该充分发挥国家的作用，为促成协同创新营造一个良好的制度、体制以及文化环境。在微观层面，协同创新是产学研深度结合的过程，是多元化主体交互作用的过程。在这个过程中企业与其他创新主体如政府、科研机构、高校、教育机构、中介机构进行沟通、协调、合作、协同，从而实现资金、人才、技术、知识等各类创新资源的优化配置。

四、创新生态系统理论

随着新兴技术的不断涌现，科技、经济、社会的深度融合使得创新呈现出不确定性、多主体共生性及业态交叉融合性等特征，传统的封闭、线性的创新管理方式已经不再适应技术创新的需要。在此背景下，"生态系统"作为一种范式日益受到重视，被引入到了创新理论和实践的研究中，形成了创新生态系统理论（珍妮弗·米勒，2019）。

（一）创新生态系统的内涵

创新生态系统可看作是一种协同机制，这种协同机制能够优化整合焦点企业和上下游企业投入的创新资源与创新成果，共同为消费者提供解决方案（张德华，2023）。创新生态系统促进了企业之间的联系，通过系统内各创新主体的协同，创造出单个企业无法创造的成果。此后，国内外学者们从要素视角、结构视角和功能视角对创新生态系统的内涵进行了解读。从要素视角来看，学者们认为创新生态系统是由创新物种、创新种群、创新群落组成的相互作用的系统，从而推进创新生态系统的整体演化；从结构视角看，学者们提出创新生态系统是一种由相互联系和相互作用的不同要素组成的多层次网络化结构；从功能视角看，学者们提出创新生态系统是一种能够实现自我调控和价值创造的系统（罗泰晔，2022）。

（二）创新生态系统的动力主体

创新生态系统动力主体主要由具有创新能力的组织和人构成，包括核心主体和辅助主体两个部分，核心主体包括企业、大学和科研机构、用户等，辅助主体包括政府、中介机构、金融机构、孵化器与科技园等。其中，企业又可分为核心企业和非核心企业，是创新生态系统中最重要的创新者之一，其能够通过优化配置各类生产要素实现创新；大学和科研机构是原始创新主体和人才培养主体，能够为创新生态系统提供人才、技术等，是创新生态系统的灵魂；用户是创新应用主体，其能够为创新生态系统提供需求拉动力、信息反馈等作用；政府是创新生态系统中的制度创新者，能够为其他创新主体营造良好的制度环境和政策环境，为创新主体发挥作用提供保障和支持；中介机构是创新生态系统中的服务提供者，能够帮助其他创新主体更好地沟通、融入环境，加强创新资源集聚，促进创新成果转化；金融机构是创新生态系统中的投入主体，可以为各类创新主体提供资金支持，降低创新风险；孵化器与科技园是创新生态系统中的重要硬件，能够有效帮助各类创新企业的成长和高新技术的发展。

（三）创新生态系统的类型

学术界通常将创新生态系统分为四种类型：一是企业层面的创新生态系统。所谓企业层面的创新生态系统是指由众多企业协同一致而形成的创新系统。此类创新生态系统强调核心企业在创新生态系统中的领导者地位，认为一个企业创新成功与否取决于它的规模以及在创新生态系统中与焦点企业的关系。二是产业层面的创新生态系统。所谓产业层面的创新生态系统是指创新者能够有效利用起支撑性作用的产业基础性技术、服务及产品的集合体，为自己的企业开发生产与自身企业相配套的服务以及产品的系统。三是区域层面的创新生态系统。所谓区域层面的创新生态系统是指由技术创新环境和技术创新组织共同构成的区域，这个区域的构成主体会构建一个能够有效协同从而实现创新信息的沟通和创新资源的优化配置的有机系统。四是国家层面的创新生态系统。所谓国家创新生态系统是指一个国家内部的创新主体与创新环境之间，通过物质流、能量流、信息流的联结传导，形成共生竞合、动态演化的开放复杂系统（费艳颖、凌莉，2019）。

（四）创新生态系统的特征

关于创新生态系统的特征，主要体现在五个方面：

一是整体性。创新生态系统作为一个"系统"，首先具有整体性，它不是各个组成部分的简单叠加，而是各个组成部分相互联系、相互作用、相互制约的有机整体。作为整体，它具备各个组成部分孤立状态下所不具备的功能。

二是共生性。创新生态系统的各个组成部分都有它独特的功能，系统内部没有多余的组成部分，各组成部分之间相互依靠、共存共生、共同进步。由于创新生态系统具有共生性，其创新绩效往往较高（张省，2018）。

三是增值性。创新生态系统具有较高的增值能力，这种增值能力能够有效提高企业的盈利能力，是系统内各组成部分共生共存、共同进步的重要条件。

四是生态性。创新生态系统具有同生态系统类似的特性，如共生演化性、多样性和栖息性等。共生演化性是指，创新生态系统各组成部分之间相互联系、相互影响，并不断演化、不断成长，可以说共生演化是创新生态系统的核心特征；多样性即创新生态系统中物种和环境复杂多样；栖息性是指创新生态系统中各创新要素的有机聚集（罗泰晔，2022）。

五是开放性。创新生态系统是一个开放的系统，其与外界环境之间存在相互交流、交换的关系。

第三章

中国新能源电池产业技术创新的分析框架

加快推进新能源电池产业技术创新首先应在理论上厘清新能源电池产业技术创新的参与主体与运行机制，从而明确中国新能源电池产业技术创新的主要发力点。

本章对中国新能源电池产业技术创新的核心参与主体进行剖析，并在此基础上对中国新能源电池产业技术创新的动力机制、激励机制和约束机制展开具体分析。

第一节　技术创新的核心参与主体

新能源电池产业技术创新系统是指在区域内由政府、企业等核心要素和高校、研发机构、中介机构、金融机构等环境要素构成的综合系统，目的是通过技术创新和制度创新对电池产业、产业链、产业群实施创新活动，实现产业组织、产业结构、产业布局的优化。而新能源电池产业创新系统是指为实现新能源电池技术产业自主创新能力的增强和新能源电池产业组织、产业结构和产业布局的优化，由产业创新系统的核心要素和环境要素构成的综合系统。国内外的经验表明，新能源电池产业的发展与电池产业创新系统中的政府、企业、社会组织等多方面的系统要素紧密相关。在新能源电池产业创新活动中新的生产函数的引入不仅是单个或某几个企业仅仅依靠自身的力量就能实现的，而是需要政府的支持、社会组织的积极参与，它是由多要素参与的一项大系统工程。

从系统研究的角度来看，新能源电池产业创新发展是在创新系统中进行的。新能源电池产业创新系统是国家或区域创新系统的有机组成部分。在新能源电池产业创新系统中，政府、企业、高校及科研机构是核心构成要素，相互间存在着密切的作用关系，如图3-1所示。根据政府、企业、高校和科研院所的职能，可以得出这样的结论：在新能源电池产业系统中，政府是企业、高校及科研院所等主体创新发展的政策引导、激励和规范者；高校及科研机构是产业系统中人才培养、知识创造的供给者和使用者。企业、高校及科研机构呈现出动态、开放、相互影响、相互依赖的关系。知识在企业、高校及科研机构之间循环流动，信息流在政府、企业、高校和科研院所之间循环流动，中介机构的作用是促进知识在企业、高校和科研机构中间流动；政府与企业、高校和科研院所的这种动态开放、相互依存的关系是产学研合作创新发展的基础。

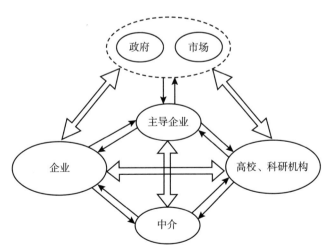

图3-1　新能源电池产业技术创新核心主体

一、政府

新古典经济学认为市场经济的缺陷是不完全竞争性、公共性和外部性，往往会导致市场失灵，其外在表现就是生产或消费的非效率，因此，政府在治理市场失灵时能发挥重要作用，也就是说市场和政府是配置资源的互替制度安排（曾世宏、钟纯、刘迎娣，2022）。在转轨经济过程中，政府应该承担更多的职能，理由是：一方面市场经济作为一种制度安排，它的运行规则不会在自发的交易中产生；另一方面在市场机制尚未完全建立以前，市场上的信息并不是充分的，在某种程度上由政府来"撮合"企业间进行合并、重组能起到节约搜寻成本、降低交易费用的作用。学者波特则认为，如果能为高新技术的发展提供良好的支持环境和制度安排，并寻求最佳的方式在全球发挥这种竞争优势，那么这个国家（地区）就能获得经济发展（易文，2022）。由于高技术的高风险性特点决定了高技术产业在发展过程中存在着诸多的不确定性，如技术本身的不确定性、市场的不确定性、政策环境的不确定性、经济效益的不确定性等。因此，就需要政府承担相应的职能，通过制定相应的政策、法律法规等对高新技术产业的发展进行引导和规范管理。同时，如何使政府的公共服务职能在促进新能源电池产业发展方面得到最有效的发挥，这也取决于政府的政策和制度环境。因此，政府在新能源电池产业发展过程中应具有战略决策性、组织协调性、法律制度规范性、引导激励性、公共服务性和资源整合性等基本职能。

（一）战略决策性

知识经济时代，经济全球化导致了资源在全球范围内优化配置，竞争空前激烈，同时产业技术的生命周期不断缩短，一国（地区）的发展，就必须依靠正确的战略决策，制定优先发展的关键技术和产业战略，促进本国（地区）新能源电池产业的创新发展，增强本国（地区）的竞争实力。例如，我国政府部门曾制定了国家重点基础研究发展计划（973计划），其主要任务为：一是紧紧围绕农业、能源、信息、资源环境、人口与健康、材料等领域国民经济、社会发展和科技自身发展的重大科学问题，开展多学科综合性研究，提供解决问题的理论依据和科学基础；二是部署相关的、重要的、探索性强的前沿基础研究；三是培养和造就适应 21 世纪发展需要的高科学素质、有创新能力的优秀人才；四是重点建设一批高水平、能承担国家重点科技任务的科学研究基地，并形成若干跨学科的综合科学研究中心（饶子和，2017）。

（二）组织协调性

新能源电池产业往往由多学科交叉综合而成，它的复杂性决定了需要跨部门甚至跨地区的合作。西方许多发达国家成立了高级别的科技领导机构，加强对新能源电池产业发展的协调。这既有助于提高政府对新能源电池产业技术创新活动的宏观调控能力，也有助于提高政府在新能源电池产业技术发展中的长期战略制定水平、大型项目的行政协调能力和有限资源的调拨能力。

（三）法律制度规范性

完善的法律法规制度不仅能够调整和规范新能源电池产业创新发展中的社会利益，强化政府规范保障的作用，还能促进企业在电池产业发展中的创新活动。例如，我国改革开放以来，相继颁布修订实施了《专利法》《商标法》《反不正当竞争法》等法规，为促进高新技术及其产业化发展发挥了重要作用。在日本，为促进电子工业的发展，自 1957 年起日本政府连续颁布了《电子工业振兴临时措施法》《特定电子工业和特定机械工业振兴临时措施法》《特定机械信息产业振兴临时措施法》，三项法律的实施加快了日本向电子工业强国迈进的步伐（谢丹丹、祖林，2020）。

（四）引导激励性

由于新能源电池产业的高智力、知识密集、高风险、高投入等特性，因此，新能源电池产业发展的首要前提是政府要营造一个鼓励创新、吸引人才和资金投入的软硬环境。以美国为代表的西方发达国家把税收优惠作为政府推动新能源电池产业发展和创新的基本激励手段。实践证明，税收优惠是促进高技术发展的有效工具。比如，美国 1978 年资本利得税从 49% 降到 28%，当年的风险投资额就由 1977 年的 0.39 亿美元猛增至 57 亿美元，一年增加了 14 倍（冯小川、梁海剑、李浠平，2022）。再比如，中国台湾新竹科学工业园允许科技人员以高达 25% 的比例，用其专利权或专利技术作为股份投资，园区的这一优惠政策对于激励科技人员，尤其是以科技见长的海外人员来园创业的积极性具有重大意义（王春元，2019）。

（五）公共服务性

政府在新能源电池产业发展中承担着提供公共服务的功能。主要包括孵化器和信息两方面。随着当代经济、科技竞争日趋激烈和国际经济一体化加快，孵化器的创新功能进一步加强，国家和地区之间的竞争转化为孵化器间的竞争。同时，孵化器的网络化加强了企业、大学、研究机构间的联合合作，使他们之间的界限变得越来越模糊，孵化器正在向信息园、知识园、知识城市、知识社会过渡，因此企业孵化器的好坏直接决定着高科技产业整体水平的高低。而信息在高技术产业发展中的地位也日益重要，有效的信息有利于避免重复研究，提高科研起点，加快科研进度。世界知识产权组织有关资料表明，政府部门在专利文献查阅、信息影响力、谈判条件等方面，比单个企业行为更具优势。日本高新科技产业之所以成功，与日本发达的科技情报化程度是分不开的，日本官方现有多个国立科技情报机构，如"日本科技情报中心""专利情报中心""科技情报交流服务中心"等，并在国外建有科技经济情报网，广泛利用各种渠道收集情报，促进科技情报的流通与传播（陈海彬，2022）。

（六）资源整合性

政府要通过整合各种新能源电池产业创新发展的要素资源（如金融资源、土地资源、高端人才资源、中介服务等），营造良好的发展环境。如积极完善为新能源电池企业服务的融资环境、科学规划产业空间布局，促进各种创新要素的聚集、加快相关配套基础设施建设、制定高端人才的引进、激励措施、完善中介服务体系等相关措施。

二、企业

由于新能源电池产业的创新主体是高新技术企业，而高技术企业则是高新技术产业创新系统的核心要素。企业家是企业的实际指挥者和领导者，是企业的特殊人力资源，在企业生产经营中起着极为重要的作用。因此，企业家可看作是"创新"、生产要素"新组合"以及"经济发展"的主要组织者和推动者。富有创新精神的企业家集聚在特定的行业或领域进行创新和创业，才能使得该领域的企业茁壮成长。

企业是国民经济的"细胞"、国民经济和社会再生产的基本环节，也是国家创新系统中的重要主体。根据国家统计局发布的《2022年全国科技经费投入统计公报》，在2022年，全国共投入研究与试验发展（R&D）经费为30782.9亿元，其中，企业、政府所属研究机构、高等学校经费所占比重分别为77.6%、12.4%和7.8%；在研发人员投入方面，企业的研发人员占68.4%，研发机构占14.7%，高等院校占14.6%；在发明专利方面，我国企业申请量占68.6%，授权量占52.5%（郭铁成，2024）。这三组数据充分说明，企业已成为我国创新的主体。企业职能是指企业为了实现一定的发展目标，实行有效管理所必须具有的职责和功能。由于高新技术产业的成长过程需要经历种子期、初创期、成长期、扩展期和成熟期等五个阶段，因此高新技术企业需要具备以下基本职能：一是具有创新创业精神的企业家；二是市场需求的技术或服务；三是资金的融通管理；四是能感知市场变化的灵敏性。

三、高校、科研院所

高校的三大职能是人才培养、科学研究和服务社会。知识经济时代，社会经济的飞速发展，对具有各类知识技能的人才需求越来越大。各国（地区）的竞争，主要体现在对高端人才的竞争上。高校既是人才培养的重要基地，也是从事科学研究、创造新知识新文化的摇篮。而服务社会正是高校人才培养和科学研究的重要职能和目标。目前，高校已成为我国原创性科技和理论的重要发源地、成为我国高新技术的生长点与辐射源、成为造就与凝聚创新人才的重要基地。

我国科研院所的主要职能是承担各级政府下达的科研计划任务。随着我国改革开放和科研院所的改制，科研院所越来越多地承担起企事业委托的科研开发生产任务。一些科研院所拥有研究生院，也是我国培养研究生的一个重要基地。一些科研院所还拥有国家工程研究中心、质量检测中心、行业标准中心等。由于科研院所长期从事研发，又是各种国家级技术中心所在地，拥有大批技术人才、设备、检测手段等资源。因此，科研院所是我国新能源电池产业创新发展的一支主力军。

四、中介机构

第三方中介机构在新能源电池产业技术创新中发挥重要作用，主要包括以下五个方面：第一，技术咨询和评估。中介机构可以提供专业的技术咨询和评估服务，帮助企业了解和评估新能源电池技术的发展趋势、市场需求和竞争状况。通过中介机构的专业意见和建议，企业可以更好地制定技术创新战略和研发方向。第二，资源整合和合作。中介机构可以促进新能源电池产业内外部资源的整合和合作。对于技术创新而言，资源整合非常重要。中介机构可以协调不同企业、研究机构和政府部门之间的合作，促进知识、技术、资金等资源的共享和交流，加速技术创新的进程。第三，研发资金支持。中介机构可以提供研发资金支持，帮助企业开展新能源电池技术的研发工作。通过资金支持，企业可以加大技术创新的投入，推动新能源电池技术的突破和进步。中介机构可以提供专业评估、申请指导等服务，帮助企业获得相关研发资金。第四，技术转移和孵化服务。中介机构可以促进新能源电池技术的转移和孵化。他们可以帮助技术创新企业与市场接轨，推动技术成果的转化和商业化。中介机构可以提供技术转移服务、孵化器支持等，帮助企业将创新技术转化为实际产品和服务。第五，政策咨询和支持。中介机构可以提供政策咨询和支持，帮助企业了解政府相关政策和规定，获取政策支持和资金补贴。中介机构可以为企业提供政策解读、申请办理等服务，帮助企业更好地利用政策红利，推动新能源电池技术的创新和应用。总之，中介机构在新能源电池产业技术创新中扮演着关键角色，通过技术咨询评估、资源整合合作、研发资金支持、技术转移孵化服务以及政策咨询支持等方面的工作（见表3-1），推动新能源电池技术的创新和推广应用，促进产业的协同发展。

表3-1　　　　　　新能源电池产业技术创新核心主体职能

核心主体	基本职能
政府	战略决策、组织协调、引导激励
高校、科研机构	人才培育、科学研究

续表

核心主体	基本职能
企业	提高市场需求与服务
第三方中介	技术咨询评估、资源整合合作、研发资金支持、技术转移孵化服务

资料来源：根据调研资料整理。

第二节　中国新能源电池产业技术创新的过程分析

新能源电池产业技术创新过程主要是由技术研发阶段和成果转换阶段两个方面构成（如图 3–2 所示），技术研发阶段和成果转化阶段相辅相成，相互促进。技术研发阶段提供了创新的基础，为成果转化阶段提供了新的技术和产品；而成果转化阶段则验证了技术的实用性和商业化潜力，为后续的研发提供了实践基础和市场反馈。这两个阶段的有机结合是推动新能源电池产业技术创新的关键。

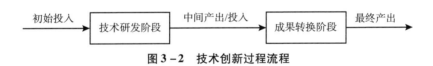

图 3–2　技术创新过程流程

一、技术研发阶段

新能源电池产业技术研发是实现技术创新的基础，加快新能源电池的研发力度，提高技术创新能力是新能源电池产业链企业增强竞争优势的关键。新能源电池产业技术创新的第一步是需要投入大量资金，且具备充足的科研人员来进行技术研发，以保证技术研发阶段顺利开展。其中，新能源电池产业的创新研究包括电池原材料、电池结构、电池制造工艺及电池管理系统等方面的开发。同时还涉及对新材料、新技术、新工艺的引进、吸收和消化等，以此来推动新技术、新发明、新成果的形成，进而转化成新的技术专利，为第二阶段的成果转换奠定基础。因此，在对新能源电池产业技术研发阶段的效率进行测度时，应着重从投入与产出两个方面进行评估，以研发经费投入、研发人员强度作为投入指标，发明专利作为产出指标。这些指标有助于了解技术研发的效益和商业价值，并促进技术研发投入和创新策略的调整。

二、成果转换阶段

成果转换阶段既是技术研发阶段的后续工作，又是新能源电池产业技术创新能否真正发挥商业价值的关键阶段。在这个阶段，新能源电池企业需要关注市场需求、产品竞争力、商业化生产能力以及市场推广和应用等方面的要素，以确保技术创新能够真正发挥商业价值，也就是将技术研发实现的创新成果转化为实际的产品，以满足市场需求，进而为新能源电池企业创造更多经济效益。在完成技术研发阶段后，企业需要建立相应的生产线和提高生产能力，进行商业化规模化生产，主要包括制定生产工艺、优化生产流程、保证产品质量和稳定供应等。此外，成果转换阶段还需要进行产业链整合和投入新的专利、技术人员等，与相关产业链环节开展合作，形成完整的产业链，以提高整体竞争力。同时，定期进行技术改进和优化，根据市场需求和竞争态势，不断提高产品性能和降低成本，以保持竞争力。因此，在对新能源电池产业技术创新成果转换阶段的效率进行测度时，也应综合考虑投入和产出两个方面的指标，并以技术研发阶段的产出指标作为成果转换阶段的追加投入指标，而商业化的产品作为该阶段的产出指标。

通过对以上两个阶段的分析，可以全面了解我国新能源电池产业技术创新的过程和关键因素，为进一步推动新能源电池产业技术创新提供指导和借鉴。

第三节　中国新能源电池产业技术创新的影响机制

一、技术创新的动力机制

（一）内在动力

1. 企业利润分配

产业技术创新多以企业为单位进行展开，企业作为理性的"经济人"，盈利是企业的根本属性，利益最大化是其生存发展的基本前提和重要保障，企业通过生产、销售产品、提供服务等一系列经营活动来维持企业的正常运转。企业为获取更多的利润，通过采取新技术、开发新产品、提高产品质量、改善产品工艺等途径进行技术创新。利润驱动是企业发展的原动力，而追求利润创新是企业进行技术创新互动的重要驱动力。企业进行技术创新的过程，就是企业根据特定的市场环境对市场上可能存在的利润和机会进行判断，若技术创新收益预期大于潜在的风险时，技术创新预期就会转变为企业技术创新的动力。

2. 企业主体创新意识

作为技术创新的主体，企业也是一个独立的个体，由企业家、管理层和基层员工等不同利益群体组成，只有当不同利益群体均以企业利润最大化为根本目标时，企业的整体利益才能实现最大化，企业创新利益也是如此。企业内部所有个体的创新意识和创新偏好都是企业进行技术创新的内部动力，只有所有个体的创新力量形成协同效应，才能最大限度地发挥企业的技术创新活力。第一，对于企业家而言，企业家作为企业技术创新活动的决策者，企业家的创新意识是企业进行技术创新的首要驱动力。企业家精神是企业家基于企业长远利益战略性地组织企业进行技术创新活动，企业家的创新偏好会引导企业的创新行为，企业家的新思想、新观点会推动新产品、新文化的产生，促使企业开展技术创新活动。第二，就企业管理层而言，企业管理层是企业技术创新活动的执行者，作为企业中承上启下的中间环节，富有创新精神的企业管理层具有变革精神，根据企业家制定的创新战略制定企业创新政策、创新计划。为充分调动企业员工的积极性、激发企业员工的创新潜能、肯定企业员工的创新成果，管理层会制定一系列的组织行为规范和奖惩制度等创新激励措施，企业内部有效的创新激励制度为企业的技术创新活动保驾护航。第三，对企业基层员工而言，企业基层员工作为产品生产、产品销售的最直接执行者，也是最接近了解市场信息的主体，对产品优劣势和对市场需求的精准把控使其能够提供最基本的产品创新信息。

3. 企业创新能力

企业创新能力是以企业拥有的创新资源为前提，创新资源包括企业顺利开展技术创新活动的人力、物力以及财力等，也包括企业可以从外部市场获得的资金支出、技术支持等。企业拥有的创新资源丰富可以保障企业技术创新活动的顺利实施，降低因创新资源不足而导致技术创新活动失败的概率。足够的创新资源会使得企业拥有较强的创新能力，企业创新能力包括处理信息能力、资金运用能力、创新技术能力以及创新管理能力等。企业创新能力的强弱直接关系到企业创新活动的实施、创新成果转化以及收益能力。企业创新能力包括创新资源、创新投入、创新产出、创新绩效、创新强度、创新风险预判及处理能力、创新运作能力以及创新可持续性等方面，通过不断提高企业创新能力，突破创新效率和创新绩效。

4. 企业创新文化

企业创新文化是以鼓励企业员工创新为核心价值观，通过制定激励创新的制度体系和行为准则，以激发员工创造力、促进创新行为发生为目标的一种企业文化。创新文化具有先进性、渐进性、实践性、相对稳定性和可传播性等特征，创新文化对企业创新活动具有重要的支撑作用，它能够为企业员工提供强大的精神动力。创新文化的终极目标在于通过推动企业的进步发展以实现企业利润最大化，加强创新文化的建设是企业进行创新活动的价值观引领，充分发挥价值观的导向作用，并通过行为准则约束和精神、物质等方面的激励措施鼓励组织创新行为的发生。在企业创新文化的驱动下，企业技术创新活动能够得到企业员工的鼎力支持，获得更多的创新资源，以顺利推进创新活动的实施。

（二）外在动力

1. 科学技术推动力

技术创新是一个不断发展的过程，技术推动模型认为，技术创新呈现出"基础研究—应用研究—开发研究—技术创新"的链式发展模式，技术创新的每个环节都是内外部动力因素相互作用的结果，通过新旧技术的不断更新，实现企业生产技术及产品的更新换代。科学技术是第一生产力，技术创新发展根源于科学技术进步。马克思认为"劳动生产力是随着科学和技术的不断进步而不断发展的"[①]。科学技术是推动现代生产力发展中的重要因素和重要力量，人类历史上历次技术进步都会衍生出企业大规模的创新活动。

---

① 《马克思恩格斯全集》（第23卷），人民出版社1972年版，第664页。

新的技术出现不仅会释放潜在的市场需求，也会降低技术的市场价格，降低技术创新的成本和风险，进一步提高技术创新的利润。当新的技术发明出现时，企业为追求市场利润将技术发明进行商业化并进行市场推广，形成生产和应用的产业化，创造巨大的利润空间，促进技术创新的进一步发展。当该项技术发明大量普及生产时，超额利润减少时，企业就会在此基础上进行二次创新，以获取更多的商业利润。以此形成良性循环，促进社会技术创新整体水平的提升。假设"从 0 到 1"是科学技术的初始突破，那么企业将科技成果转化为产业化，则构成了"从 1 到无穷"的路径演化过程。提升科技成果转化效率，是实现科技与产业结合、实现新一轮生产力转换的"关口"。目前，新能源动力电池技术正在朝更高能量密度、更长寿命、更好热稳定性方向发展。

2. 市场需求拉动力

需求拉动理论认为，技术创新的成功多源于特定需要的响应，且新能源电池产业技术创新是企业对市场的一种本能回应。经济活动中的创新顺序通常表现为"需求感知—产品开发—产品规模化生产—产品销售"，当企业意识到市场需求出现时，就会想方设法去满足市场需求，由此派生出对技术进行创新的需求。技术创新源于市场需求并依靠市场来实现，新产品、新流程多是由熟悉科学和技术知识的群体在精准识别需求的基础上进行研发而产生的。在世界各国政策的引导以及全球车企停售燃油车计划的推动下，动力电池企业的营收预期迅速膨胀。全球新能源汽车市场高速发展，必然对动力电池市场产生强大的拉动效能。据高工产业研究院（GGII）预测，2030 年我国新能源电池市场总需求约为 2200GWh，欧洲和美国新能源电池市场规模将分别达 1200GWh 和 1300GWh，巨大的市场需求将对新能源电池技术创新带来巨大拉动效应（温宏炎、匡中付、丁铭奕，2020）。

市场需求与新能源电池产业技术创新的相关关系表现为：一方面，市场需求是新能源电池产业创新的必要前提。获得市场接受和认可是前沿技术研发成功到转化为产品大规模生产的关键环节，技术创新在满足需求的同时又会引发新的需求，故早期新产品需求的出现和后期产品需求规模的扩大均为实现技术产业化的重要前提。另一方面，市场需求能够有效验证创新技术广泛推广的商业可行性。新产品拥有过硬的创新技术只有经过广大消费者的亲身体验并给出使用评价和反馈后，产品研发经过进一步的改进和完善，最终获得性价比高的口碑，才能在市场上顺利销售，直到新产品进入规模化生产、大规模投放市场的阶段，新产品技术才算真正融入市场。

市场需求对新能源电池产业技术创新产生拉动作用的可能原因在于：第一，市场需求具有层次性和变化性。居民收入水平不同导致消费需求存在差异，社会各层次消费群体的需求对企业而言都有利润空间，企业只有不断创新产品来满足社会各层次需求才能获取更多的市场利润。此外，市场需求是随国内外经济环境发展变化而不断变化的，随着居民收入水平和生活水平的提高，居民需求向更高层次转移，进而衍生出新的市场需求和市场机会，影响企业生产导向和产品销售及利润情况，为企业发展提供新的思路和路径。第二，市场需求会对供给主体进行选择，市场需求对新能源电池产业技术创新的需要会使得生产要素、创新资源向技术创新能力较强的企业集中，进而出现技术创新能力强的企业发展得更好，而技术创新能力较弱的企业无法适应市场需求、无法生存，若技术创新能力较弱的企业不勇于进行创新以求得生存和发展，将面临退出市场的威胁。

3. 市场竞争压力

竞争与市场相伴而生，市场竞争不仅是企业间经济关系的集中表现，也是企业所面临的现实生存环境的真实反映。自我国进行市场化改革以来，国内外市场联系日趋紧密，激烈的市场竞争成为企业经营活动的常态化，竞争作为一个"零和博弈"的过程，讲究的是优胜劣汰、适者生存。归根结底，企业间的竞争本质上是高新技术和高科技人才之间的竞争，新能源电池企业若想在激烈的市场竞争中生存下来，就需要通过技术创新来培育自身的竞争优势，从加强生产技术研发、提高劳动生产率、降低劳动成本、开发新技术等途径着手，只有实现技术和产品质量上的遥遥领先，才能抢夺市场先机，率先获得技术创新的企业会打破市场原有的竞争格局和企业利益分配关系，成为市场竞争活动中的垄断者。事实上，企业进行技术活动多可能是在迫于市场竞争的压力下被动进行技术创新活动，具体表现为竞争对手推出新产品时，对企业的产品形成替代作用，企业间为争夺市场份额所产生的竞争压力会越来越大，迫使企业寻求新的市场机会，开创新的技术创新活动。企业须有"居安思危"的企业精神，时刻保持警惕和竞争意识，只有企业间不断保持竞争关系并进行创新，企业整体创新水平才能显著提高。

从中国境内动力电池供给情况看，国内从事动力电池及储能产品生产的企业数量众多，涵盖各行各业，其社会化、多元化竞争特征异常明显，企业经营成本和技术创新压力陡增，充分的市场竞争与生产的高速扩张已令业内企业自由现金流能力出现分化，企业利润正在快速两极结构分化。在产业技术创新发展竞争赛点中，率先取得电池核心技术、锂矿资源和规模化生产成本优势新突破的企业，才能在高质量发展的赛道上取得领先优势。我国新能源电池企业数量不断增加，包括宁德时代、比亚迪、中创新航、国轩高科等龙头企业，也存在河南锂动、中科科技等中小型新能源电池企业。为了抢抓市场竞争优势，我国各新能源电池企业在科研投入方面各显其能。2022 年，宁德时代和比亚迪投入研发经费分别为 155.1 亿元和 186.54 亿元，分别占各自营业收入的 4.72% 和 4.4%，龙头企业科研投入规模遥遥领先（李九斤、叶楠、葛松，2024）。而市场占有率排在宁德时代和比亚迪后面的企业研发投入金额虽远落后于龙头企业，但也正在加大研发强度，例如，国轩高科研发费用与营业收入的比值为 7.2%，亿纬锂能研发费用与营业收入的比值为 5.9%，孚能科技研发费用与营业收入的比值为 5.37%，欣旺达研发费用与营业收入的比值为 5.18%（卢志平、刘婷、李武军，2023）。新能源电池产业各企业在技术创新研发中均加大投入力度以期获得竞争优势。

4. 政府行为引导力

政府作为技术创新活动参与者的同时也承担着新能源电池产业技术创新活动管理者的职责，市场需求和市场竞争虽然在很大程度上会推动新能源电池产业技术创新活动，但是在某些时间或某些领域会出现市场失灵等问题，为促使技术创新稳步推进，需要政府对技术创新相关主体进行规制和引导。在碳达峰碳中和的时代背景下，在各国政府的大力扶持下，全球动力电池及储能产业已初步具备市场化运行的基本条件。政府行为对技术创新的引导具体表现为：一方面，为营造良好的技术创新环境，政府会制定有利于技术创新活动实施的政策，如产业政策、金融政策以及财税政策等，为鼓励企业积极进行技术创新活动提供优质的政策软环境。另一方面，政府不仅为技术创新活动提供政策支持，还为技术创新活动提供平台、资金、技术以及人才等支持。政府对新能源电池产业技术创新的行为支持能够有效降低企业进行研发活动的风险，并提高企业进行技术创新活动的积极性。

二、技术创新的激励机制

(一) 市场激励机制

市场激励机制主要是常通过价格机制实现信息交流、技术激励和收入分配等功能，是一种费用较低、效率较高的激励制度。市场激励机制对技术创新存在正、负两个方面的影响，正向激励表现为市场能有效促进新能源电池企业进行创新研发活动，并取得超额预期收益；负向激励则表现为抑制企业的创新研发活动，不利于企业可持续发展。市场激励对技术创新的影响主要包括以下四个方面。

1. 市场体系

技术创新的重要参与主体均会受到市场体系的约束，市场体系又分为生产要素市场体系和产品市场体系两个部分。一方面，就生产要素市场体系而言，企业的生存及发展需要生产要素作为支撑，企业通过生产要素市场获取资本、劳动力、知识等维系企业日常生产经营活动。生产要素的供需变化会引起其价格变动，进而影响到企业的生产经营成本和利润。尽管企业可以通过改善管理制度、严格控制费用开支等途径降低生产经营成本，但通过技术创新带来的技术革新、工艺更新、生产能力再扩大等途径对缩减生产经营成本的效果更加明显。另一方面，就产品市场体系而言，如果产品市场出现新的产品需求或面临产品质量革新，而新产品存在大量的创新需求，且现有的技术手段不足以支撑该新产品的技术需求，那么产品市场体系会做出相应的调整，企业为加入该新型产品市场、拓宽企业业务，主动选择引进新技术以跨越市场门槛。此外，当某一产品或某一类产品市场规模扩大时，企业现有技术不能满足市场需求，企业为获取更多利润会选择更新生产能力、提高生产效率，以进行企业生产技术创新。

2. 市场竞争

市场竞争是推动新能源电池技术进步的重要源泉，企业只有不断创新，提高自身竞争能力，才能在激烈的市场竞争中维持市场份额和拓宽市场规模。首先，在激烈的市场竞争环境中，企业时刻面临被淘汰的风险，为提高更多的市场利润、保持市场竞争优势，企业会通过更新产品、技术以及工艺，更加积极地主动进行技术创新研发活动，以实现产品的差异化创新；竞争对手的不断创新也会"倒逼"企业加大研发资金的投入，更加积极地参与技术创新研发活动，创造更有价值的产品以获取更大的竞争优势。其次，市场竞争也是技术创新扩散的重要力量，营造良性的市场竞争环境，促进技术创新知识交流、发展和传播，加强企业间的创新合作机制，推动技术创新知识进一步外溢。市场整体技术创新水平的提高就会形成行业标杆效应，企业之间通过互相学习，以行业标杆的技术创新水平为参照，对本企业的技术创新活动进行调整。最后，市场竞争结构也与新能源电池企业技术创新活动息息相关，在完全竞争市场结构中，市场供需均衡，企业无法获得超额利润，小企业因缺乏创新资源，难以进行创新活动；在完全垄断市场结构中，由于企业缺乏竞争对手，技术创新成果存在一定的壁垒，在短时间内被模仿和复制的概率比较低，故丧失积极创新的动力；在垄断竞争市场结构中，企业间存在一定程度的垄断和一定程度的竞争，能够较好地结合完全竞争市场结构和完全垄断市场结构的优点，同时有效避免其存在的确定，是最适合推动新能源电池企业进行创新的市场竞争结构。

3. 市场制度

市场制度主要是影响企业契约的签订和履行契约的制度环境。市场制度具有规制性、规范性和认知性等典型特征，其中，规制性是通过影响企业资源使用的机会成本影响企业创新投入；规范性是通过影响企业创新投入的客观约束和主观选择两方面影响企业创新；认知型主要是影响企业家的信念，是企业家在特定情境下对创新风险和收益评估认知的综合表征。合理的市场制度有助于构建公平分配的市场环境，企业生产产品所消耗的劳动力低于社会平均劳动力消耗，生产成本小于商品平均价格，企业便能从市场中获利，企业为追求更大的市场利润，会积极进行生产技术创新以降低生产成本。市场制度也能够规范市场竞争环境，对市场垄断行为和地方保护行为进行规制，鼓励企业通过技术创新途径来提高企业自身竞争力，减少寻租行为，维护市场良性的竞争环境。

（二）政府激励机制

尽管市场激励机制成本较低、效率较高，对推动技术创新发挥着基础性作用，但市场机制也会存在资源分配失灵问题，主要表现为市场的随机性和局域性两方面。一方面，市场的随机性是因为市场是自发形成的，市场行为的目标具有随机性，目标随机导致市场行为并非完全有利于技术创新，需要政府对市场行为进行合理引导，将市场行为框在国家发展战略内，使得市场行为符合国家创新要求。另一方面，市场的局域性是指由市场引导的创新行为会因区域资源禀赋的差异形成低创新效率区域和高创新效率区域，对于低创新效率区域需要政府对其技术创新活动进行引导，并采取加强基础设施建设、引导知识共享等途径支持企业创新活动。此外，企业的生产经营活动会受到地方政府的管辖，故其技术创新活动也会受到地方政府行为的影响，政府激励机制会显著推进企业进行技术创新研发，由此加速全社会技术创新水平的提升。

1. 政策激励

政府政策激励是指政府实施产业激励政策、人才激励政策、税收激励、财政激励政策等激励政策，引导技术创新发展方向、实现技术创新收益共享、有效分担技术创新风险等方面，提升技术创新的规模和发展速度，为技术创新提供政策支撑。一方面，企业进行自主研发活动需要大量资金的支持，政府部门通过加大创新资金投入力度、引导社会力量参与创新支持、降低金融机构对企业创新的贷款门槛等途径为新能源电池企业进行技术创新活动提供融资支持，破除创新资金不到位和周转不开等困境。尤其是技术创新存在很大的不确定性，会导致技术创新活动存在较大风险，中小企业存在发展规模小、资金相对匮乏、抗风险能力差等情况，进行技术创新活动出现"机会不均等"的概率较大，会因难以承受技术创新失败引致的巨大损失而破产。中小企业需要很多地政府定向资金支持和政策照顾，只有政府通过一系列的激励政策降低企业技术创新的资金风险，解决企业进行技术创新活动的后顾之忧，才能从根源上激励企业进行技术创新的积极性。另一方面，考虑到技术创新收益具有非独占性，一些企业为追求个体利益最大化，在技术创新战略上倾向于选择模仿创新，而非自主创新，进而产生技术创新的"搭便车"行为。因此，政府部门需要制定和严格实施知识产权保护法规来保障企业技术创新活动收益，进而有效促进企业开展自主性的技术创新活动。

2. 行政激励

政府行政激励主要是政府部门通过政治激励和晋升激励两种途径促进企业进行技术创新活动。创新作为发展的第一动力，我国一直坚持创新驱动发展战略。党的二十大报告中指出："加快实施创新驱动发展战略，加快实现高水平科技自立自强。"中央政府为促进经济发展，会出台与技术创新有关的行政激励措施，放权给地方政府鼓励企业进行技术创新。此外，在将技术创新成果作为地方考核的重要标准的背景下，地方政府会更加重视本地新能源电池企业技术创新发展，多方位提供政策支持，为新能源电池企业技术创新营造良好的外部环境。

三、技术创新的约束机制

产业技术创新的约束机制是指为规范技术创新行为，便于产业创新高质量发展，出台的相关法律法规、行业标准、规章制度等。新能源电池产业的技术创新会受到企业微观层面的约束机制、产业中观层面的约束机制以及社会宏观层面的约束机制三个方面的影响，具体约束机制如下。

（一）企业微观层面的约束机制

产业创新离不开企业创新，我国新能源电池产业技术创新发展依赖于新能源电池企业的技术创新水平，企业的创新资源、创新能力、创新融资以及创新预算均会影响企业层面的创新活动。

1. 企业创新资源及能力约束

面对市场对新能源电池需求和政府政策支持新能源产业发展而形成的强力"风口"，新能源电池企业要想让自己顺"风口"而飞，就需要"强身健体"，不断创新。经由过往多年努力，我国新能源电池企业生产的新能源电池品质已然发生质的改变，能量密度大幅提升，我国新能源电池产业取得了长足进步。虽然如此，我国新能源汽车仍存在电池故障、续航问题、充电问题等一系列问题，新能源电池产业整体技术创新实力仍相对较弱，仍需在新能源电池性能、电池组均衡、快充技术、电池能量、电池容易自燃及电池材料等方面面加强基础性科学研究。

新能源电池产业是高技术、高投入的产业，投入主要集中在研发部门，以技术创新为支撑的新能源电池产业的每一创新环节都需要投入大量的研发资金和人才。新能源电池产业要保持创新能力就必须不断投入研发经费并吸引专业技术人才。就科研经费而言，研发投入是技术创新进步的基础，尽管技术创新具有较高的风险和沉没成本，但研发投入不足仍是我国新能源电池产业发展的重要制约因素之一。

2. 企业融资资源及预算约束

新能源电池企业在融资资源和预算方面会面临一些约束和挑战。具体表现为：第一，市场融资挑战。为了筹集资金进行业务扩张和技术研发，新能源电池企业可能需要依靠资本市场进行融资。然而，这取决于市场对该行业的兴趣和预期，以及投资者对企业的信心。市场风险、行业波动以及宏观经济因素都可能对资本市场的融资机会产生影响。第二，政府支持和补贴。新能源电池企业可能会依靠政府的支持和补贴来获取融资资源。政府在鼓励新能源技术发展方面可能提供财政支持、优惠政策和减免税收等措施。然而，这些政策可能会受到政策变化、预算限制和政府优先事项等因素的影响。第三，研发预算限制。新能源电池企业需要进行大量的研发工作以不断提升技术和产品质量。然而，研发预算可能受到限制，特别是对于初创企业来说。企业需要权衡研发投资和其他运营支出，以保持良好的财务状况。第四，激烈的市场竞争。新能源电池行业的竞争激烈，企业需要不断创新和投入资源来保持竞争力。在有限的预算中，企业需要寻找适当的平衡点，以确保足够的资金用于研发和市场推广，同时保持财务健康。

(二) 产业中观层面的约束机制

企业的生存和发展是在一定的产业环境中进行，企业能否可持续发展与企业所处产业吸引力和竞争力相关。

1. 产业市场地位

近年来，随着环境保护、节能减排政策的实施，以及碳达峰碳中和的大背景下，产业升级和低碳可持续的发展方式是各行各业及社会生活的未来发展方向。其中，发展新能源汽车是交通领域实现碳减排目标的重要措施。全球汽车电动化转型趋势愈演愈烈，各国正加速布局新能源汽车产业，而新能源电池作为新能源汽车的核心部件和动力来源，是推动新能源汽车产业发展的关键。

2. 产业市场容量

新能源电池产业作为绿色能源和先进制造业融合发展的"优质赛道"，2018~2022 年全球新能源汽车及储能销量不断走高，并在近两年得到快速增长，2022 年全球新能源汽车销量为 1052.2 万辆，在全球汽车市场份额的比重首次超过 10%；中国新能源汽车销量为 688.7 万辆，占全球 65% 的销量，销量连续多年位居全球第一（姚兰，2023）。在国家支持发展新能源汽车、新型储能的政策驱动下，我国新能源电池需求量持续增长。根据高工产业研究院（GGII）预测，2030 年我国新能源电池市场总需求量将达 2200GWh，其中动力电池约 1600GWh、储能电池约 600GWh（岳振廷，2021）。

3. 产业转型升级压力

随着新能源汽车销量增长和技术进步，中国汽车品牌实现了对传统合资品牌的"弯道超车"。国家对于环保清洁能源的重视以及推广新能源汽车的政策支持也让新能源汽车充电的电费有所补贴，这些都是新能源汽车快速推广的原因。

随着新能源汽车保有量的不断增加，普通家用的新能源汽车电池寿命在八年左右，早期新能源汽车的电池将进入退役潮。截至 2022 年底，我国新能源汽车累计报废 51 万辆，报废动力电池 24.1 万吨；中国汽车工业协会数据显示，2023 年 1～9 月，新能源汽车产销分别完成 631.3 万辆和 627.8 万辆，同比分别增长 33.7% 和 37.5%，市场占有率达到 29.8%；据中国汽车技术研究中心预测，到 2025 年，我国的新能源汽车将产生 35 万吨废旧动力电池（王传福，2024）。这样规模巨大的废旧动力电池，如果不能得到妥善处理，那么它对环境造成的污染甚至要超过排气排放物。如何在安全妥善处理废旧动力电池的基础上开拓新能源电池产业的新需求成为整个行业关注的重点。在新能源电池拆解回收领域，比亚迪、特斯拉、宁德时代、上汽集团、天齐锂业等企业都已有布局。2022 年，宁德时代电池回收业务中锂的回收率达到 91%、镍和钴的回收率达到了 99%（张艳，2024）。随着新能源汽车产业的发展，动力电池回收公司的数量也增长很快，将来竞争也将会更加激烈。鉴于国内动力电池回收尚未制定明确的定价机制，市场竞价方式回收的现象普遍存在，而小作坊的运行、技术成本低，能给出更高的收购价，相较白名单企业竞争优势显著，退役电池也因此更多地流向了小作坊，考虑到小作坊在拆解电池进行回收的过程中易出现操作不当问题，这不仅会导致环境污染的问题，还会造成严重的生命财产安全。

4. 产业进入门槛

各国动力电池产业补贴政策完全退出后，现有锂离子电池项目净利润指标数值普遍下滑。目前扣除非净利润与主业营收比值为负的部分企业，尤其是其中自由现金流为负的企业，可能会出现经营困境。地方政府或园区可实事求是地考察相关企业的资产质量和创新技术潜能，在招商引资过程中，可利用财政杠杆，引导金融资本介入，联合开展产业资本的并购重组，也可引导动力电池上下游优势资本介入，推动产业链资源组合及市场聚合，维护产业健康生态。

新能源电池产业利润拉弗曲线曲率较大，且社会竞争拉低了产业平均利润。具备创新能力和规模经济能力的头部企业，在原材料价格谈判能力和技术迭代创新方面的能力较强，中期内应能获得较高利润空间；而不具备上述优势的企业，或将面临资本重组挑战。社会化竞争的加剧，将使动力电池产业利润拉弗曲线的曲率随时间推移逐渐变小。这必将对企业提出更新的技术创新路线需求、技术加速迭代的需求，否则产业内所有企业将面临产业利润拉弗曲线的头部拐点困境。

（三）社会宏观层面的约束机制

我国经济发展已进入新时代新阶段，"要素粗放式"经济增长模式逐步向"创新驱动增长"模式转变，技术创新成为经济增长的主要驱动力。经济增长目标的设置初衷是为了充分发挥对要素及资源有效配置作用、引导经济及社会的正常运行。但将经济增长目标作为考察地方官员政绩考核的核心要素，可能会导致在制定经济增长目标时出现偏离实际的情况。因此，在中国经济处于转型发展的关键时期，经济增长目标约束对技术创新的影响越发明显。

在过去的一段时期，一些地方政府为促进短期内经济实现快速增长，更倾向于采取较为激进的经济增长方式，而这些措施通常会导致资源错配，不利于技术创新的发展，具体表现为：第一，财政支出结构。为在短期内快速提高地区生产总值，财政资金会被优先投入到能产生更多经济效益的基础设施建设方面，相应地减少对技术创新的资金投入。尤其是在地方政府较为依赖土地财政的背景下，大力投资房地产行业所产生的经济效应更为明显，同时，带来的房价上涨会进一步扭曲地方财政支出结构，减少地方政府对技术创新的支持力度。第二，产业发展导向。第二产业通常是我国地方经济发展的重要支撑，地方政府为获得经济快速发展，会倾向于将资金流向重工业化。同时，地方政府会给予这些重工业化产业相应的优惠政策以降低企业生产成本、增加企业投资，并放松管制。该产业发展导向会促使产业结构发展趋同，引发重复建设、过度投资与环境恶化等一系列问题，通过抑制产业结构转型升级以换取地方经济短期内快速增长。第三，企业发展导向。考虑到技术创新具有投入大、周期长、见效慢等特征，与地方政府期望短期内实现高回报的投资预期相悖，加上大规模的资金流入技术创新会挤出其他快速拉动经济增长的项目投资资金，因此，地方政府往往不会加大对企业创新的支持力度。此外，地方政府还会对企业投资、要素流动进行限制措施，进一步提高要素资源价格和企业生产成本，企业为保障自身利益最大化，会相应缩减对技术创新的投入热情，进而抑制企业技术创新水平。新能源电池产业作为高新技术产业，若没有地方财政的大力支持，会阻滞其快速发展。

第四章

中国新能源电池产业技术创新的现实考察

中国新能源电池产业从无到有、从弱到强，在全球新能源电池产业竞争中脱颖而出，逐步实现了从"跟跑"到"并跑"再到"领跑"的跨越，是我国为数不多的在全球占据领先优势的高技术产业之一。本章总结梳理了中国新能源电池产业的发展历程，在此基础上对中国新能源电池产业所取得的技术创新成效及问题进行分析，为后文的研究奠定基础。

第一节　中国新能源电池产业发展历程

中国新能源电池产业的发展与新能源汽车推广应用及风能、太阳能等可再生能源的开发利用密切相关，在不同的时期呈现不同的发展特征。产业生命周期理论认为每一个产业都有产生、发展和衰退的过程，一般可以划分为形成期、成长期、成熟期和衰退期四个阶段（陈文玲，2022）。新能源电池产业的发展过程同样遵循产业生命周期规律，回顾梳理中国新能源电池产业的发展历程，大致可以划分为孕育、萌芽、成长三个阶段。

一、孕育阶段：1991～2008 年

新能源电池依托可充放、循环使用的二次电池技术。自 1799 年意大利物理学家伏特（Alessandro Volta1）发明第一款电池——伏特堆（Vlotaic）到 1991 年日本索尼公司将锂离子电池商业化应用，二次电池技术主要经历了铅酸电池、镍镉电池、镍氢电池和锂离子电池四代的发展。迄今为止，虽然铅酸、镍铬、镍氢和锂离子四种电池技术仍然并存，但锂离子电池因比能量密度、能量效率、循环寿命等优势显著，被广泛应用于 3C 产品、电动汽车、储能等领域，成为新能源电池的核心技术路线（贺林、石琴，2021）。

（一）中国二次电池产业的兴起

我国二次电池工业起步较晚，20 世纪 50 年代以研究开发铅酸电池为主，60 年代开始开发镍镉电池，直到 90 年代后半段才实现锂离子的产业化，走出了一条从引进学习到自主研发的产业化道路（邱振涛、曹逸风、李志明，2022）。因此，1991～2000 年我国锂离子电池产业处在边引进、边学习、边摸索的状态，虽然具备了锂离子电池大规模生产能力，但产品技术水平、市场份额等明显落后于日本。2000 年，我国锂离子电池产量约 0.2 亿只，仅占全球市场份额的 3.6%，而日本锂离子电池产量达 5.12 亿只，占全球市场份额的 93.9%；2001 年开始，我国锂离子电池产量加速增长，全球市场份额逐年攀升（见图 4-1）；2006 年，我国锂离子电池产量首次超过日本，市场占有率达 44%，开始跃居全球第一；2008 年，我国锂离子电池全球市场份额首次超过 50%，日本锂离子电池全球市场份额则降至 36%（马静、江依义、沈旻，2022）。

1991～2008 年，锂离子电池主要应用在手机、MP3 等为代表的 3C 产品领域。该阶段，我国锂离子电池产业从无到有、逐步壮大，形成了相对完整的产业链。锂离子电池正极、负极、电解液、隔离膜四大主材中，除了隔离膜之外，其他主材均已实现全部或部分国产化（况新亮、刘垂祥、熊朋，2022）。具有代表性的产业链企业如表 4-1 所示。

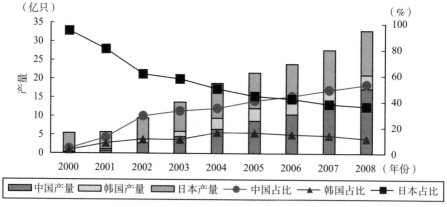

图 4-1　2000~2008 年中国、日本、韩国锂离子电池产量

表 4-1　　　　　　　1991~2008 年锂离子电池产业代表性企业举例

类别	细分行业	代表企业
锂离子电池制造	锂电池	新能源科技（ATL）、比亚迪、天津力神
上游核心产业链	正极	巴莫科技、北大先行、中信国安、北矿科技
	负极	宁波杉杉、深圳天骄、天津铁成
	电解液	江苏国泰、天津金牛
	隔离膜	星源材质、中材科技

资料来源：根据中国化学与物理电源行业协会资料整理。

（二）新能源电池产业的孕育

基于我国锂离子电池产业所取得的以上发展成效，锂离子电池在新能源电池领域的应用逐渐孕育。20 世纪 90 年代初期到 2008 年，正是我国新能源汽车产业、储能产业研发布局和产业化准备期（李茜、王昊、葛鹏，2020），动力电池和储能电池分别作为新能源汽车和可再生能源开发利用的核心配套产业也在该时期孕育，国家层面和企业层面针对新能源电池开展了一系列技术研发，为新能源电池产业化应用作了铺垫。

从表 4-2 可以看出，该时期我国着重布局新能源电池的前端技术开发，在国家政策的鼓励和引导下，一些企业开始介入新能源电池研发，新能源电池产业开始孕育，产业化应用呼之欲出。

表 4 - 2   新能源电池相关联的技术研发情况

主体	时间	内容
国家层面	"八五"期间	国家计划委员会科技攻关项目中包括"电动汽车关键技术研究"
	"九五"期间	燃料电池技术列为国家重大科技攻关项目
	"十五"期间	电动汽车研究开发列入科学技术部"十五"863 计划重大专项
	2005 年	《国家中长期科学和技术发展规划纲要（2006—2010 年）》将"低能耗与新能源汽车""氢能及燃料电池技术"分别被列入优先主题和前沿技术
	2007 年	国家发展改革委颁布《新能源汽车生产准入管理规则》，鼓励企业研究和生产新能源汽车，将新能源汽车产业分为起步期、发展期、成熟期三个不同的技术阶段，对不同阶段的产品采取分类管理的方式，并明确新能源汽车生产准入条件
企业层面	2007 年	惠州比亚迪电池有限公司成立，开始研发磷酸铁锂新能源电池
	2008 年	欣旺达电子股份有限公司布局动力电池研发
	2008 年	新能源科技有限公司（ATL）依托 3C 产品电池制造经验，开始研发新能源电池

资料来源：根据公开政策资料和信息整理。

二、萌芽阶段：2009～2014 年

2009 年，我国新能源电池产业开始步入萌芽阶段。其中，动力电池产业以 2009 年 1 月国家启动"十城千辆"为标志，储能电池产业以 2009 年国家"金太阳"工程重点项目"风光储输示范工程"为标志，开始产业化推广应用，由孕育走向萌芽（宋紫峰，2019）。

（一）动力电池产业的萌芽

2009 年 1 月，为促进"863"计划电动汽车重大科技项目成果转化，科技部、财政部、发改委、工信部共同发起"十城千辆节能与新能源汽车示范推广应用工程"（简称"十城千辆"），通过"补贴＋示范"的方式，计划用 3 年左右的时间，每年发展 10 个城市，每个城市推出 1000 辆新能源汽车示范运行，应用在公交、出租、公务、市政等领域。经过 3 年的推广应用，到

2011 年底，我国共在北京、上海、重庆、天津、海口、成都等 25 个示范城市推广节能与新能源汽车 2 万多辆。其中，混合动力公交车 9000 多辆、纯电动公交车 1500 多辆，纯电动乘用车 2500 多辆，混合动力轿车超过 3400 辆（吴雪斌、王恩慈、范松，2017）。"十城千辆"拉开了我国汽车工业向新能源转型的大幕，在带动我国新能源汽车产业起步发展的同时，也带动了我国新能源电池产业从孕育走向萌芽，步入了新的发展阶段（李肆，2017）。

通过对"十城千辆"的总结和反思，2012 年国务院颁布了指导我国新能源汽车产业发展的第一份纲领性文件《节能与新能源汽车产业发展规划(2012—2020 年)》，对我国新能源汽车的技术路径、产业目标、基础设施、财政补贴等进行系统规划，明确建立"纯电驱动"的技术转型战略，回避我国在传统燃油车发动机、变速箱等方面的劣势，通过纯电动的率先产业化，带动插电式混动、燃料电池车等各类型的新能源汽车技术全面发展（鲁植雄，2019）。除此之外，如表 4 - 3 所示，在 2009 ~ 2014 年，我国还出台了其他若干鼓励和支持新能源汽车产业发展的政策，进一步促进了我国新能源电池产业的萌芽发展。特别是 2010 年发布的《关于开展私人购买新能源汽车补贴试点的通知》开始对私人购买新能源汽车进行补贴，以政策补贴培育市场，驱动了新能源汽车产业加快萌芽。

表 4 - 3　　　　2009 ~ 2014 年我国支持新能源汽车产业发展的政策梳理

发布年份	政策名称	主要政策内容
2009	《节能与新能源汽车示范推广财政补助资金管理暂行办法》和《"十城千辆"节能与新能源汽车示范推广试点工作的通知》	公布财政补贴的具体标准，确定北京、上海等 13 个城市作为国家首批试点城市
2009	《汽车产业调整和振兴规划》	提出新能源汽车产业发展战略，推动电动汽车及其关键零部件的产业化
2010	《关于开展私人购买新能源汽车补贴试点的通知》	制定了私人购买新能源汽车的补贴标准和规范
2012	《关于节约能源，使用新能源车船车船税政策的通知》	对新能源车船的车船税进行减免

续表

发布年份	政策名称	主要政策内容
2012	《新能源汽车产业技术创新工程财政奖励资金管理暂行办法》	支持推进我国新能源汽车重大关键技术突破与产业化进程
2013	《关于继续开展新能源汽车推广应用工作的通知》《关于加快新能源汽车推广应用的指导意见》	进一步落实财政补贴，确定在公共服务领域率先推广应用新能源汽车
2014	《关于免征新能源汽车车辆购置税的公告》	规定 2014 年 9 月 1 日至 2017 年 12 月 31 日购置新能源汽车免征车辆购置税

资料来源：根据调研资料整理。

在新能源汽车产业政策的推动下，我国新能源汽车销量逐年快速攀升，从 2009 年的 0.53 万辆逐步增加到 2014 年的 7.48 万辆，渗透率（新能源汽车渗透率 = 新能源汽车销量/汽车总销量）从 0.039% 增加到 0.32%，新能源汽车产业逐渐萌芽（李国栋、罗瑞琦、张鸿，2019）。

动力电池是新能源汽车的"心脏"，伴随着我国新能源汽车产业的兴起，我国动力电池产业也开始萌芽。根据韩国研究机构 SNE 统计，2009 年我国新能源汽车动力电池销量仅为 0.02GWh，2014 年则攀升至 3.72GWh，2009～2014 年均增速达 248%（高丹，2019）。

（二）储能电池产业的萌芽

由于太阳能、风能等清洁能源发电的随机性、波动性和间歇性特征，以及太阳能、风能资源富集地区与主要用电负荷中心逆向分布，决定了我国清洁能源以大规模集中开发和远距离高压输送为主，清洁能源并网同时存在大规模接入和分布式接入的特征，这为我国储能电池产业的发展创造了客观条件。为促进我国光伏发电产业技术进步和规模化发展，2009 年 7 月，我国启动"金太阳示范工程"，通过国家补贴支持光伏发电技术示范应用及关键技术产业化（梁立新，2019）。国家风光储输示范工程是"金太阳示范工程"的重点项目，同时也是国家科技支撑计划重大项目，具体由国家电网公司承接建设全球首个包括风力发电、光伏发电、储能系统、智能输电于一体的新能源综合开发利用工程，旨在解决我国大规模开发利用新能源面临的技术瓶颈，促进新能源产业发展。国家风光储输示范工程共使用储能电池20MW，其中，锂离子电池14MW、钠硫电池4MW、液硫电池2MW，是当时全球规模最大的多类型电化学储能电站（张恬、杨博、李海彬，2020）。国家风光储输示范工程对我国清洁能源开发利用具有重要示范意义，各种技术路线的储能电池产品投入运营使用，标志着我国储能电池产业发展进入萌芽阶段。

2009年，国内率先布局储能电池产业的主要有比亚迪、新能源科技（ATL）、中创新航、万向等企业。同期，国外也有一些企业介入储能电池产业。表4-4列举了国内外一些储能电池企业参与的储能示范项目。

表4-4 国内外企业参与的储能电池示范项目举例

企业	储能电池示范项目
比亚迪	2009年，建成全球第一个磷酸铁锂储能站（1MW/4MWh），第一个移动式磷酸铁锂电池储能站（200kW/800kWh），配套南方电网的储能示范（3MW/12MWh）。2011年，完成国家电网张北锂电池储能站（6MW/36MWh）建设，以及湖南长沙10MW储能站建设
新能源科技（ATL）	2009年，在广东东莞建设储能示范站（1MW/2MWh）；2010年，在福建宁德建设储能示范站（1MW/2MWh）。2011年，完成国家电网张北锂电池储能站（4MW/16MWh）建设
三星SDI	2010年，三星SDI成立锂电池电能储备装置事业部，开始研发和生产储能电池
日本松下（Panasonic）	2011年开始提供带锂电池储能的户用光伏储能系统，创造了户用储能租赁模式、光伏屋顶空间租赁模式等商业模式
瑞士ABB集团	2011年，ABB集团和瑞士电网公司EKZ在瑞士建设了（1MW/0.5MWh）的锂电池储能系统
美国奥泰（Altair nano）	2012年，使用钛酸锂电池技术，建设了10MW储能系统
美国爱依斯电力（AES）	2013年，在俄亥俄州的电网中安装了40MW的电网规模的储能装置，并还计划再增加60MW，解决电网频率需求
融科储能公司	2013年，融科储能公司与大连化物所联合研制了全球最大规模（5MW/10MWh）的全钒液流电池储能系统，配合辽宁卧牛石风电场使用

资料来源：根据调研资料整理。

相对于抽水蓄能等传统储能技术，电池储能技术尚处在萌芽阶段。如

图 4 - 2 所示，2012 年我国电池储能累计装机规模只有 37.05MW，仅占我国储能总累计装机规模的 0.18%；2014 年，我国电池储能累计装机规模为 84.4MW，占我国储能总累计装机规模的 0.39%（刘兴江，2018）。这与动力电池萌芽阶段的新能源汽车渗透率相似，均未超过 0.5%，但增速较快，呈现明显的萌芽特征。

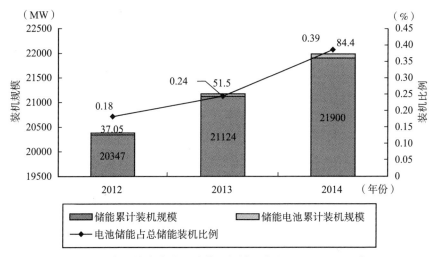

图 4 - 2　中国储能电池累计装机规模及占比（2012～2014 年）
资料来源：根据调研资料整理。

2014 年，我国动力电池装机规模为 3.72GWh，而储能电池装机规模仅为 32.9MW/65MWh，动力电池装机规模占比超过 98%。因此，在我国新能源电池产业萌芽阶段，动力电池的市场应用规模远超储能电池，占据绝对主导地位，但与消费电子产品电池相比，新能源电池的市场应用占比较小。据统计，2014 年中国锂离子电池总产量为 39.7GWh，其中，消费电子产品电池占比 95%，新能源电池仅占比 5%（刘彦龙，2019）。

三、成长阶段：2015 年至今

2015 年，《联合国气候变化框架公约》近 200 个缔约方在巴黎气候变化大会上一致通过了《巴黎协定》，这标志着全球应对气候变化迈出了历史性的一步。根据《巴黎协定》，各方将协同应对气候变化威胁，把全球平均气温较工业化前水平升高控制在2℃以内，并为把升温控制在1.5℃之内而努力（胡王云，2023）。《巴黎协定》吹响了全球碳减排行动号角，为全球新能源电池产业发展提供了强有力支撑。2015年，我国新能源电池产业发展也迎来了重要"分水岭"，新能源电池产业在政策和市场"双轮"驱动下快速发展，步入成长阶段。其中，动力电池产业2015年销量达16.5GWh，首次突破10GWh大关，渗透率达到1.35%，首次突破1%；储能电池产业以2015年发布的《中共中央 国务院关于进一步深化电力体制改革的若干意见》拉开的新一轮电力体制改革序幕为契机，开启了新的发展阶段，2016年我国储能电池累计装机规模增至243MW，占我国储能总累计装机规模的比例突破1%（谢乐琼、王莉、胡坚耀，2019）。

（一）动力电池产业成长阶段

2015年4月，财政部、科技部、工信部和国家发展改革委四部委联合发布《关于2016—2020年新能源汽车推广应用财政支持政策的通知》，将新能源汽车补贴政策扩大到全国范围，以普惠政策支持新能源汽车推广应用；同时，明确2017～2020年除燃料电池汽车外其他车型补助标准适当退坡，其中，2017～2018年补助标准在2016年基础上下降20%，2019～2020年补助标准在2016年基础上下降40%（戴慧，2021）。这为新能源汽车产业发展创造了稳定的政策预期，推动我国新能源汽车产业发展迈入成长阶段。2015年，我国新能源汽车渗透率达1.35%，而后保持逐年快速增长态势，2020年我国新能源汽车渗透率达到5.4%。为缓解新冠疫情对新能源汽车产业发展的不利影响，2020年4月，财政部、科技部、工信部和国家发展改革委四部委又联合发布了《关于完善新能源汽车推广应用财政补贴政策的通知》，将新能源汽车购置补贴政策延长至2022年底。在相关利好政策支持下，2022年我国新能源汽车渗透率跃升至25.64%，首次突破1/4（见图4－3）。

2015年以来，我国陆续出台了若干新能源汽车产业发展支持政策，主要从激励新能源汽车生产、消费和完善配套运营服务三个方面发力，这些政策对我国新能源汽车产业成长发挥了重要作用（见表4－5）。新能源汽车渗透率的增长直接带动了动力电池销量的增长，2022年我国动力电池销量达到480GWh，是2015年的29倍（李妙然，2020）。

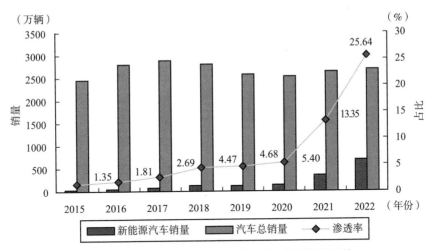

图 4 - 3　2015 ~ 2022 年中国新能源汽车销量及渗透率

资料来源：根据历年《中国汽车工业年鉴》整理。

表 4 - 5　2015 ~ 2022 年我国支持新能源汽车产业发展的主要政策梳理

发布年份	政策名称	主要政策内容
2015	《关于 2016—2020 年新能源汽车推广应用财政支持政策的通知》	将新能源汽车补贴政策扩大到全国范围，以普惠政策支持新能源汽车推广应用
2015	《汽车动力蓄电池行业规范条件》	规定在售的新能源汽车只有搭载了符合条件、进入"白名单"目录的动力电池，才能享受新能源汽车补贴
2016	《关于"十三五"新能源汽车充电基础设施奖励政策及加强新能源汽车推广应用的通知》	补贴充电基础设施建设和运营
2016	《新能源汽车碳配额管理办法》	加强对汽车温室汽车排放的控制和管理
2016	《企业平均燃料消耗量与新能源汽车积分并行管理暂行办法》	建立传统节能与新能源汽车管理的长效机制
2016	《关于调整新能源汽车推广应用财政补贴政策的通知》	地方不得超过中央财政单车补贴额的50%；补贴退坡20%；提高补贴准入门槛
2016	《关于加快居民区电动汽车充电基础设施建设的通知》	探索居住区智能充电管理模式，规范私人充电桩建设办理流程，明确相关负责人权责

续表

发布年份	政策名称	主要政策内容
2017	《乘用车企业平均燃料消耗量与新能源汽车积分并行管理办法》	从生产端激励新能源车型的规模化生产
2018	《关于调整完善新能源汽车推广应用财政补贴政策的通知》	完善补贴标准，分类调整运营里程要求，提高补贴准入门槛
2018	《关于节能新能源车船享受车船税优惠政策的通知》	规定减半征税和免征税标准
2018	《提升新能源汽车充电保障能力行动计划》	引导地方财政补贴从补购置转向补运营
2019	《关于进一步完善新能源汽车推广应用财政补贴政策的通知》	完善补贴退坡机制，退坡幅度加大，单车补贴金额最大降幅超过50%
2019	《关于继续执行的车辆购置税优惠政策的公告》	到2020年底对新能源汽车继续免征车辆购置税
2020	《关于完善新能源汽车推广应用财政补贴政策的通知》	将新能源汽车购置补贴政策延长至2022年底
2020	国务院常务会议内容	免征新能源汽车购置税政策延长2年
2020	《新能源汽车产业发展规划（2021—2035年)》	2025年新能源汽车新车销售量达到汽车新车销售总量20%左右

（二）储能电池产业成长阶段

2015年，以《中共中央 国务院关于进一步深化电力体制改革的若干意见》为标志的中国新一轮电力体制改革拉开序幕，以可再生能源、智能电网、新能源汽车等为代表的新能源关联产业呈现强劲发展势头，有力带动储能电池在能源、电力、交通等领域推广应用，推动储能电池产业步入成长阶段（萧知根，2018）。2016年，中国储能电池累计装机规模占全国储能累计装机规模的比例首次突破1%（见图4-4），并持续保持逐年增长态势，2022年中国储能电池累计装机规模占全国储能累计装机规模的比例攀升至21.91%（林虹、曹开颜，2019）。因此，"十三五"开始我国储能电池产业逐渐完成了从研发示范到商业化初期和规模化发展的转变，进入了成长阶段，朝着2030年国家规划实现全面市场化的方向迈进。

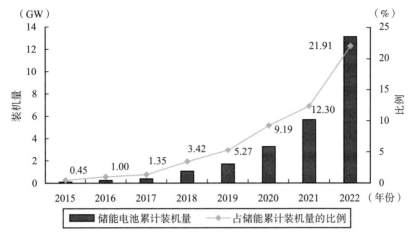

图4-4 2015~2022年中国储能电池累计装机量及占储能累计装机量的比例

资料来源：根据中关村储能联盟历年《中国储能产业发展白皮书》整理。

储能电池产业的成长与新能源汽车产业相似，存在明显的政策驱动效应。除了国家层面的政策支持之外，各地也都出台了相关支持政策，为储能电池产业发展营造了良好的政策环境。例如，2015年，为全面推进落实电力体制改革，国家发展改革委和国家能源局连续发布6个电力体制改革配套文件，从输配电价、交易机构、发用电计划、售电侧等重点领域进行了部署（张森，2022）。2017年以来，国家和地方都相继出台了支持储能电池产业发展的相关政策，表4-6对国家重点政策内容进行了梳理。其中，对储能电池产业发展具有纲领性指导意义的是2021年国家发展改革委发布的《加快推动新型储能发展指导意见》，明确了我国2025年和2030年新型储能产业的发展目标（孙伟卿、王思成、刘宇宸，2022）。

表4-6 2017~2022年我国支持储能电池产业发展的主要政策梳理

发布年份	政策名称	主要政策内容
2017	《关于促进储能技术与产业发展的指导意见》	指出了储能在清洁能源接入电网等方面的应用意义，并对未来10年中国储能技术的发展与应用提出要求，即要推进储能技术装备研发示范、推进储能提升可再生能源利用水平应用示范、提升电力系统灵活性稳定性应用示范、提升用能智能化水平应用示范，以及储能多元化应用支撑能源互联网应用示范

续表

发布年份	政策名称	主要政策内容
2019	《贯彻落实〈关于促进储能技术与产业发展的指导意见〉2019—2020年行动计划》	对先进储能技术研发与智能制造、储能产业发展政策、储能项目示范与应用、动力电池储能化、储能标准化建设等方面提出了具体要求
2020	《关于开展"风光水火储一体化"和"源网荷储一体化"的指导意见》	提升能源清洁利用水平和电力系统运行效率，更好地指导送端电源基地规划开发和源网荷协调互动，探索"风光水火储一体化""源网荷储一体化"（即"两个一体化"）实施路径
2021	《加快推动新型储能发展指导意见》	明确了我国新型储能发展的主要目标：2025年，实现新型储能从商业化初期向规模化发展转变。新型储能技术创新能力显著提高，核心技术装备自主可控水平大幅提升，在高安全、低成本、高可靠、长寿命等方面取得长足进步，标准体系基本完善，产业体系日趋完善，市场环境和商业模式基本成熟，装机规模达3000万千瓦以上。2030年，实现新型储能全面市场化发展，新型储能核心技术装备自主可控，技术创新和产业化水平稳居全球前列
2022	《"十四五"新型储能发展实施方案》	提出"推动规模化发展，支撑构建新型电力系统"，分别从电源侧、电网侧、用户侧三个角度入手，明确了实现储能规模化发展的具体思路和需求。进一步明确2025年和2030年的发展目标：到2025年，新型储能由商业化初期步入规模化发展阶段，具备大规模商业化应用条件，电化学储能技术性能进一步提升，系统成本降低30%以上；到2030年，新型储能全面市场化发展

资料来源：根据调研资料整理。

除了国家层面的宏观规划和政策外，全国各地也相继出台了储能产业发展规划和支持政策。截至2022年底，河北、江西、辽宁、江苏、安徽、福建、河南、天津、广西、湖南、北京、山西、内蒙古、吉林、宁夏、四川、青海、山东、贵州等20个省（自治区、直辖市）都公布了"十四五"新型储能发展规划；截至2025年，这些地区将累计实现新型储能总装机规模54GW，远超国家能源局规划2025年达到30GW的目标（李明等，2023）。同时，全国多个省份也出台新型储能支持政策，政策内容包括投资补助、运营补助、技术开发奖励等，具体见表4-7。

表 4 - 7   地方新型储能补贴政策举例

地区	发布年份	政策名称	主要内容
江苏常州	2023	《推进新能源之都建设政策措施》	对装机容量1MW及以上的新型储能电站，自并网投运次月起按放电量给予投资主体不超过0.3元/kWh奖励，连续奖励不超过2年
重庆两江新区	2023	《重庆两江新区支持新型储能发展专项政策》	时长不低于2h的，按照储能设施装机规模给予200元/千瓦的补助；用户侧储能项目参与削峰填谷需求响应补贴标准为：尖峰负荷削减量×10元/千瓦·次×重庆市全年电力需求侧响应次数
广东深圳	2023	《深圳市支持电化学储能产业加快发展的若干措施》	关键技术攻关的单个项目予以最高1000万元支持；鼓励企业与高校、科研机构合作开展研发储能前沿储能技术，单个项目支持力度不超过300万元
浙江温州	2022	《关于进一步推进制造业高质量发展的若干政策》	对于实际投运储能项目，按照实际放电量给予储能运营主体0.8元/kWh的补贴
安徽合肥	2022	《合肥市进一步促进光伏产业高质量发展若干政策实施细则》	对装机容量1MWh及以上的新型储能电站，自投运次月起按放电量给予投资主体不超过0.3元/kWh的补贴，连续补贴不超过2年
湖南长沙	2022	《关于支持先进储能材料产业做大做强的实施意见》	按储能电站的实际放电量给予储能电站运营主体0.3元/kWh的奖励；对符合条件的规模以上先进储能企业，按上年度用电增量给予0.15元/kWh奖励；对新引进且完成固定资产投资1亿元（含）以上的先进储能材料企业按自投产之日起满1年实际用电量的30%进行计算，给予0.15元/kWh奖励
山西太原	2022	《关于印发太原市招商引资若干措施的通知》	新型储能项目（电化学、压缩空气等）给予补助，建成后按投资额的2%补贴
北京朝阳	2022	《关于公开征集朝阳区2022年节能减碳项目的通知》	对储能技术项目给予不超过总投资额20%的补助
四川成都	2022	《关于申报2022年生态文明建设储能领域市级预算内基本建设投资项目的通知》	按照储能设施规模给予230元/千瓦·年且单个项目最高不超过100万元的市级预算内资金补助，补助周期为连续3年

续表

地区	发布年份	政策名称	主要内容
青海	2021	《关于印发支持储能产业发展若干措施（试行）的通知》	明确储能发售的电量运营补贴 0.1 元/kWh（使用青海储能电池 60% 以上项目，再增加 0.05 元/kWh）
陕西西安	2020	《关于进一步促进光伏产业持续健康发展的意见》	针对光储系统应用，对储能系统按实际充电量给予投资人 1 元/kWh 补贴，同一项目年度补贴最高不超过 50 万元

资料来源：根据调研资料整理。

第二节 中国新能源电池产业技术创新的成效

得益于新能源电池巨大市场需求的牵引，以及人才、资本等创新要素的持续投入，以锂离子电池为代表的中国新能源电池产业在过去的发展历程中不断取得技术创新突破，为我国新能源汽车的推广应用和新型能源体系构建提供了强有力的技术支撑。根据工信部的统计，2022 年全国锂离子电池产量达 750GWh，同比增长超过 130%，配套正极材料、负极材料、隔离膜、电解液等锂离子电池一阶材料产量分别约为 185 万吨、140 万吨、130 亿平方米、85 万吨，同比增长均达 60% 以上；总体产业规模进一步扩大，行业总产值达 1.2 万亿元。同时，锂离子电池技术加快迭代，先进产品层出不穷，如骨干企业围绕高效系统集成、超大容量电芯等方向加快布局，先进电池产品系统能量密度超过 250Wh/kg（张琪、刘张强，2023）。为推动新能源电池产业技术创新，我国出台了大量激励政策并制定了清晰的技术路线图。依据国家指定的技术创新方向，我国政府和社会企业投入了大量研发资源，推动新能源电池产业不断取得技术创新成效。

一、新能源电池技术创新路线

新能源电池产业发展有着清晰的技术创新路线，覆盖最核心的新能源电池产品以及上游原材料、生产制造装备等配套产业链。围绕新能源电池产技术创新路线，推动我国新能源电池产业不断取得技术创新成果。

（一）动力电池技术创新路线

市场需求是诱导新能源电池技术创新的核心因素，决定了新能源电池的技术进步方向。2015 年，国务院发布了《中国制造 2025》，明确指出节能和新能源汽车是我国汽车行业转型发展的方向；2016 年，中国汽车工程学会发布了《节能与新能源汽车技术路线图》，为我国新能源汽车产业发展指出了清晰方向，引导我国新能源汽车产业快速发展（于杰，2016）。该《节能与新能源汽车技术路线图》文件对动力电池技术发展路线提出了明确思路与目标，即：近中期（2020~2025 年）优化锂离子动力电池技术满足新能源汽车规模化发展需求，同时以开发新型锂离子动力电池为重点，提升动力电池安全性、一致性、寿命等关键技术，并开展新体系动力电池的前瞻性研发；中远期（2025~2030 年）在持续优化提升新型锂离子动力电池的同时，重点研发新体系动力电池，显著提升能量密度，不断降低成本，实现新体系动力电池实用化和规模化应用（见图 4-5）。

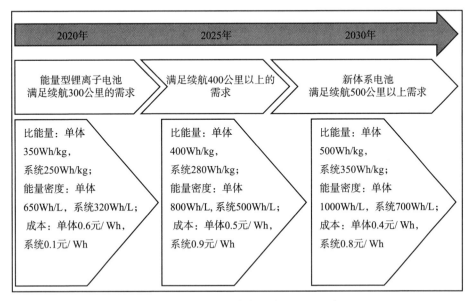

图 4-5　动力电池技术发展路线（2016 年）

资料来源：根据调研资料整理。

随着国内外汽车产业的发展和变化，2020 年中国汽车工程学会组织全行业 1000 多名专家重新编制并发布了《节能与新能源汽车技术路线图 2.0》，将原来的动力电池技术发展路线进行了拓展，涵盖纯电动汽车、插电式混合动力汽车、氢燃料电池汽车、智能网联汽车、汽车动力电池、新能源汽车电驱动总成系统、充电基础设施、汽车智能制造与关键装备等领域，并提出汽车产业碳排放量将于 2028 年左右先于国家"碳减排"的承诺提前"达峰"，预计在 2035 年，碳排放总量较峰值将下降 20% 以上，我国新能源汽车渗透率 2035 年可超过 50%（韦国、蒋红梅、韦克定，2023）。针对动力电池的技术路线，《节能与新能源汽车技术路线图 2.0》也做了相应的优化调整，根据不同的应用场景，对能量型、能量动力兼顾型、功率型等动力电池的不同类型，分别提出了不同的技术要求和发展路线（见表 4-8）。

表 4-8　能量型、能量动力兼顾型、功率型等动力电池技术要求（2020 年）

电池类型	电池等级	2025 年目标	2030 年目标	2035 年目标
能量型电池	普及型	比能量 >200Wh/kg，寿命 >3000 次/12 年，成本 <0.35 元/Wh	比能量 >250Wh/kg，寿命 >3000 次/12 年，成本 <0.32 元/Wh	比能量 >300Wh/kg，寿命 >3000 次/12 年，成本 <0.30 元/Wh
能量型电池	商用型	比能量 >200Wh/kg，寿命 >6000 次/8 年，成本 <0.45 元/Wh	比能量 >225Wh/kg，寿命 >6000 次/8 年，成本 <0.40 元/Wh	比能量 >250Wh/kg，寿命 >6000 次/12 年，成本 <0.35 元/Wh
能量型电池	高端型	比能量 >350Wh/kg，寿命 >1500 次/12 年，成本 <0.50 元/Wh	比能量 >400Wh/kg，寿命 >1500 次/12 年，成本 <0.45 元/Wh	比能量 >500Wh/kg，寿命 >1500 次/12 年，成本 <0.40 元/Wh
能量动力兼顾型电池	兼顾型	比能量 >250Wh/kg，寿命 >5000 次/12 年，成本 <0.60 元/Wh	比能量 >300Wh/kg，寿命 >5000 次/12 年，成本 <0.55 元/Wh	比能量 >325Wh/kg，寿命 >5000 次/12 年，成本 <0.50 元/Wh
能量动力兼顾型电池	快充型	比能量 >225Wh/kg，寿命 >3000 次/10 年，成本 <0.70 元/Wh 充电视角 <15 分钟	比能量 >250Wh/kg，寿命 >3000 次/10 年，成本 <0.65 元/Wh 充电视角 <12 分钟	比能量 >275Wh/kg，寿命 >3000 次/10 年，成本 <0.60 元/Wh 充电视角 <10 分钟
功率型电池	功率型	比能量 >80Wh/kg，寿命 >300000 次/年，成本 <1.20 元/Wh	比能量 >100Wh/kg，寿命 >300000 次/年，成本 <1.00 元/Wh	比能量 >120Wh/kg，寿命 >300000 次/年，成本 <0.80 元/Wh

（二）储能电池技术创新路线

根据国家发展改革委、国家能源局颁布的《"十四五"新型储能发展实施方案》，我国新型储能的总体发展目标是：到 2025 年，新型储能步入规模化发展阶段，技术创新能力显著提高，核心技术装备自主可控水平大幅提升，标准体系基本完善，产业体系日趋完备，市场环境和商业模式基本成熟。其中，电化学储能技术性能进一步提升，系统成本降低 30% 以上；到 2030 年，新型储能全面市场化发展，新型储能核心技术装备自主可控，技术创新和产业化水平稳居全球前列（马艺翔、岳利媛，2024），市场机制、商业模式、标准体系成熟健全，与电力系统各环节深度融合发展，基本满足构建新型电力系统需求，全面支撑能源领域碳达峰目标如期实现。

围绕以上发展目标，国家能源局、科技部出台了《"十四五"能源领域科技创新规划》，明确我国将重点推进长寿命、低成本、高安全的锂离子电池研发，以及钠离子电池、液态金属电池、钠硫电池、固态锂离子电池、储能型锂硫电池、水系液流电池等新一代高性能储能技术研发，开展 GWh 级锂离子电池、高功率液流电池等储能电站示范应用（白静，2022）。锂离子电池等技术进步目标如表 4-9 所示。

表 4-9   **锂离子电池等储能电池核心技术进步目标**

电池类型	技术指标	2020 年	2030 年
锂离子电池	能量密度（Wh/kg）	140～300	300～350
	循环寿命（次）	6000～7000	7000～8000
	成本（元/kWh）	1000～2800	1000～1500
铅蓄电池	能量密度（Wh/kg）	40～50	55
	循环寿命（次）	2500～4000	4000～5000
	成本（元/kWh）	700～800	500～600
液流电池	能量密度（Wh/kg）	10～15	15～20
	循环寿命（次）	10000	12000
	成本（元/kWh）	2800～3000	2200～2500

资料来源：根据调研资料整理。

二、新能源电池核心技术创新

经过十多年的发展，我国新能源电池核心技术在安全性、能量密度、循环寿命、快充能量等方面不断取得突破，超预期完成国家规划的技术目标。

（一）安全性

安全是新能源电池最重要的技术要求，也是新能源电池产业发展的基础保障。时任全国政协副主席、中国科协主席万钢（2017）曾指出，"必须把安全作为新能源汽车最关键的指标，把提高新能源汽车安全性放在最重要的位置；新能源汽车的安全性，不仅是科学研究和产品设计问题，还与制造工艺、质量管控、零部件生产供应、产品使用、充电和维修保养等全产业链和全生命周期密切相关"。我国新能源电池产业将产品安全放在最重要位置，新能源汽车起火事故率显著低于燃油车。新能源汽车国家监测与管理平台数据显示，我国新能源汽车的起火事故率为 0.9 ~ 1.2 起/万辆，低于燃油车 2 ~ 4 起/万辆的水平，起火事故率约为燃油车的 50%（阮艺亮，2019）。

整体而言，我国新能源电池在本征安全和产品质量方面取得了长足发展，但电池内部电化学反应非常复杂，涉及电、机、热等多种应力耦合，研究内容涉及正负极材料、电解液、隔离膜等主材改进，以及单体电芯结构、电池管理系统、热失控管理等方方面面，未来仍可实现较大的技术进步持续提升安全性。伴随着新能源电池产业化进程，我国关于新能源电池安全的标准法规也日益完善，自 2001 年我国发布首个指导性标准《电动道路车辆用锂离子蓄电池》（GB/Z 18333.1—2001）以来，相关部门先后制定了 20 多项关于新能源电池安全性的标准，涉及测试方法、电池单体、电池系统、消防安全等内容，对提升新能源电池产品安全和保障行业健康发展发挥了重要作用，也推动了我国在新能源电池安全标准研究方面跻身全球前列（舒强、王艺帆、梁元，2022）。我国新能源电池安全标准的发展可以分为 4 个阶段：第 1 阶段是 2001 ~ 2005 年，以国家指导性标准和推荐性标准为主；第 2 阶段是 2006 ~ 2014 年，以行业推荐标准为主；第 3 阶段是 2015 ~ 2019 年，以国家推荐标准为主，共发布了 6 项锂离子电池相关推荐性标准；第 4 阶段是 2020 年至今，实施强制性标准，首个动力电池国家强制性标准《电动汽车用动力蓄电池安全要求》（GB 38031—2020）要求新能源电池单体和系统必须通过热稳定性、机械安全、使用环境、功能安全等 4 个方面共 22 项严苛测试（王震坡、袁昌贵、李晓宇，2020）。

表 4 – 10 整理了以上 4 个阶段对锂离子电池的安全标准和测试要求，从两个方面可以看出我国新能源电池安全性能的提升：一是管理标准逐渐升级，从指导性标准到行业推荐标准，再到国家推荐标准，最终实施国家强制标准；二是管理标准逐渐严格，单体和系统（或电池组）安全测试项目从第 1 阶段的 5 项发展到了第 4 阶段的 22 项，技术要求和监督更加全面。一般而言，行业标准的实施要稍迟于行业技术进步，新能源电池行业标准也存在类似的特征。就安全性能而言，我国新能源电池行业技术水平已超过国家强制标准要求。例如，我国正在执行的《电动汽车用动力蓄电池安全要求》（GB 38031—2020）对电池热扩散测试的要求是：电池单体出现热失控后，电池系统 5 分钟内不得发生起火、爆炸等安全问题，以为乘员预留安全逃生时间（刘文婷，2022）。但从 2020 年开始，国内新能源电池企业或车企相继推出的电池产品的安全性能已远超这一标准要求（如表 4 – 11 所示）。

表 4 – 10　　　　　　　　锂离子电池安全测试标准要求演进过程

序号	安全项目		第 1 阶段：引导性（2001～2005 年）		第 2 阶段：行业推荐（2006～2014 年）		第 3 阶段：国家推荐（2015～2019 年）		第 4 阶段：强制性（2020 年至今）	
			单体	电池组	单体	电池组	单体	电池组	单体	电池包或系统
1	热稳定性	加热	√		√	√	√	√	√	
2		外部火烧						√		√
3		热扩散保护								√
4	机械安全	振动						√		√
5		跌落	√		√		√		√	
6		机械冲击						√		√
7		挤压			√	√	√		√	√
8		针刺			√	√	√	√		

续表

序号	安全项目		第1阶段：引导性（2001~2005年）		第2阶段：行业推荐（2006~2014年）		第3阶段：国家推荐（2015~2019年）		第4阶段：强制性（2020年至今）	
			单体	电池组	单体	电池组	单体	电池组	单体	电池包或系统
9	机械安全	翻转						√		
10		模拟碰撞						√		√
11	使用环境	浸水					√	√		
12		盐雾						√		
13		高海拔/低气压					√	√		√
14		温度循环					√	√	√	
15		温度冲击						√		√
16		温热循环						√		√
17	功能安全	连续充电	√							
18		过放电	√	√	√	√	√	√	√	
19		过充电	√	√	√	√	√	√		
20		外部短路			√	√	√	√		
21		过流保护								√
22		过温保护						√		√
23		过放电保护						√		√
24		过充电保护						√		√
25		外部短路保护						√		√

资料来源：根据调研资料整理。

表4-11　　　　**新能源电池企业或车企推出的高安全电池**

企业名称	电池产品	安全性能	产品推出时间
宁德时代	CTP电池	只冒烟、不起火	2020年10月
比亚迪	刀片电池	无烟、无明火	2020年3月

企业名称	电池产品	安全性能	产品推出时间
广汽集团	弹匣电池	不起火	2021 年 4 月
蜂巢能源	果冻电池	不起火、不冒烟、自愈合	2020 年 12 月
长城汽车	大禹电池	永不起火	2021 年 6 月

资料来源：根据调研资料整理。

（二）能量密度

电池能量密度直接关系新能源汽车的续航里程，新能源电池企业致力于在保障电池安全性能的前提下，尽可能提升电池能量密度。以锂离子电池为主的新能源电池主要有磷酸铁锂和三元锂（镍钴锰酸锂或镍钴铝酸锂）两种技术路线，磷酸铁锂电池的能量密度、低温性能低于三元锂电池，但在安全、成本、循环寿命等方面具有相对优势。因此，二者在应用场景方面存在一些差异，磷酸铁锂电池主要应用在商用车、中低端乘用车及储能电池领域，三元锂电池主要应用在中高端乘用车领域。2012 年，磷酸铁锂电池单体能量密度约为 100Wh/kg，2016 年则达到 180Wh/kg，接近理论能量密度上限，近年来通过材料改性提升，使能量密度进一步达到 180 ~ 200Wh/kg，可满足乘用车 300 ~ 500 公里的续航需求，未来能量密度可继续提升至 230Wh/kg（龚春忠，2021）。三元锂电池方面，2018 年，三元锂电池单体能量密度约为 220Wh/kg，2021 年开始进一步提升到 240 ~ 280Wh/kg，可满足乘用车 700 公里以上的续航里程需求，超前完成《动力电池技术发展路线 2.0》规划的能量密度目标（杨续来，2023）。预计 2025 ~ 2030 年，新能源电池将沿着固态电池、锂金属电池、无稀有金属电池方向发展，能量密度将超过 400Wh/kg，可满足乘用车 700 公里以上的续航里程需求。

随着新能源电池单体能量密度的提高及电池系统的结构创新，新能源汽车动力电池系统能量密度也随之提高，推动新能源汽车续航里程逐年攀升。根据工信部公布的《新能源汽车推广应用推荐车型目录》数据，2017 ~ 2022 年新能源汽车电池系统平均能量密度大幅提升（刘庆丰，2023）。由于不同车型的差异很大，为方便对比，选取当年度所有推荐车型的系统能量密度中位数进行分析。三元锂电池系统能量密度中位数由 2017 年的 117Wh/kg 增加到了 2022 年的 170Wh/kg，磷酸铁锂电池系统能量密度中位数由 2017 年的 118Wh/kg 提高到了 2022 年的 155Wh/kg（见图 4 - 6）。

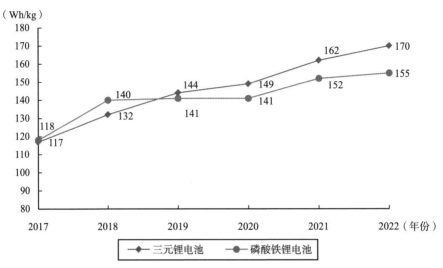

图 4 - 6　新能源汽车推广应用推荐车型系统能量密度中位数

资料来源：根据工信部公布的《新能源汽车推广应用推荐车型目录》资料整理。

从续航里程看，2023 年公布的续航里程排名前十的纯电动乘用车型的续航里程均超过 700 公里，最长续航里程甚至超过 1000 公里（见表 4 - 12），远超我国动力电池技术发展路线规划的预期目标，在很大程度上消除了消费者对电动汽车的里程焦虑（黎帅、李秋爽、朱恩旭，2024）。

表 4 - 12　　　　　　　　**2023 年续航里程排名前十的乘用车型**

排名	车企	车型	续航里程（公里）
1	吉利汽车	极氪 001	1032
2	广汽集团	AION LX PLUS	1008
3	奔驰	奔驰 EQS	849
4	吉利汽车	极氪 009	822
5	华人运通	高合 HiPhi Y	810

排名	车企	车型	续航里程（公里）
6	吉利、沃尔沃	极星 2	780
7	小鹏汽车	小鹏 G6	755
8	奔驰	奔驰 EQE	752
9	奔驰	奔驰 EQS SUV	742
10	东风汽车	极狐阿尔法 S	735

资料来源：根据各汽车品牌公开资料整理。

（三）循环寿命

根据国家标准《电动汽车用动力蓄电池循环寿命要求及试验方法》（GB/T 31484—2015），动力电池循环次数达到 500 次时放电容量应不低于初始容量的 90%，或者循环次数达到 1000 次时放电容量应不低于初始容量的 80%（夏三保、高翔，2021）。根据工信部公布的《锂离子电池行业规范条件（2021 年本）》，储能电池单体密度要求大于 145Wh/kg，储能电池组能量 ≥ 100Wh/kg，循环寿命不少于 5000 次，且容量保持率不低于 80%（吴迪、邓柯军、黎昶，2022）。从宁德时代、比亚迪等行业主要头部企业新能源电池产品循环寿命看，我国新能源电池产品循环寿命逐年提升，现有新能源电池产品循环寿命大幅超过国家标准的要求，例如，动力电池在放电容量保持率 80% 的条件下，磷酸铁锂电池循环次数可达 6000 次以上，三元锂电池循环寿命可达 1500 次；储能电池在放电容量保持率 80% 的条件下，磷酸铁锂电池循环寿命可达 12000 次（郝维健，2023）。

（四）快充性能

由于快速补能可在很大程度上解决消费者的里程焦虑，因此动力电池对快充性能有着较高要求。相对动力电池而言，储能电池对快充性能的要求则低得多。因此，新能源电池快充性能的提升主要针对动力电池领域。根据中国汽车工程学会发布的《动力电池技术发展路线 2.0》文件，到 2025 年，快充型动力电池在能量密度大于 225Wh/kg 的前提下，充电时长应不超过 15 分钟，即充放电倍率要达到 4C 水平（薛媛媛、陈清晨，2023）。自 2022 年开始，国内新能源电池企业基本掌握了 4C 快充技术并实现了产品量产，提前实现了国家规划的技术目标（见表 4-13）。

表 4-13 国内新能源电池企业快充电池产品举例

企业名称	电池产品	充电倍率	产品发布年份
宁德时代	CTP3.0 麒麟电池	4C	2022
欣旺达	闪充电池	4C	2022
孚能科技	SPS	4C	2022
蜂巢能源	龙鳞甲电池	1.6C～6C	2022
中创新航	"顶流"电池	4C～6C	2023

资料来源：根据调研资料整理。

新能源电池除了安全性、能量密度、循环寿命、快充性能等关键技术指标之外，还要满足功率密度、低温性能、自放电率、一致性等一系列技术指标，这些技术指标也在不断进步提升，这里不再赘述。需要说明的是，新能源电池上述指标之间存在关联性，有些指标之间还是此消彼长的关系，因此新能源电池产品的技术指标大都根据实际应用场景定制，并不局限于单一的技术路线，可以同时发展磷酸铁锂电池、三元锂电池、钠离子电池、凝聚态电池、锂金属电池、固态电池等多种技术路线，以满足实际使用和成本要求。

三、上游产业链关键技术创新

新能源电池产品技术创新与上游原材料、生产装备等配套产业链的技术创新密不可分。新能源电池产品的技术创新方向牵引着上游配套产业链的技术创新，而上游配套产业链的技术创新又支撑着新能源电池产品技术创新的实现（见图 4-7）。因此，新能源电池产品的技术创新必须是覆盖上下游产业链的协同创新。

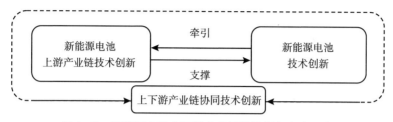

图 4 - 7　新能源电池上下游产业链协同创新进步示意

（一）核心材料和生产制造技术创新

新能源电池上游产业链关键技术主要包括材料和设备两大类。其中，核心材料包括正极、负极、电解液、隔离膜四大主材，核心生产装备包括涂布、分切、卷绕（叠片）、注液、化成、检测、组装等。

1. 核心材料技术创新

围绕新能源电池高安全、高能量密度、长寿命、快充的技术进步方向以及降成本的目标，新能源电池核心材料沿着相应的技术进步路线推进产品迭代升级。

（1）正极材料。

锂离子电池正极材料主要有磷酸铁锂和三元锂两种类型。其中，磷酸铁锂沿着高压实、低温性能、高能量密度方向发展；而三元锂则是沿着高镍、低钴（无钴）、单晶、四元等方向发展，以提升电池的能量密度和快充性能。

自 2016 年以来，NCM811（即：镍、钴、锰）三元锂电池产品占比一直在不断提高，三元正极材料沿着既定的技术路线也在快速进步（何兴、马海硕、韩策，2024）。除了高镍的方向之外，三元正极材料在低钴（无钴）、单晶、四元方向也取得了相应的技术创新成效；磷酸铁锂在材料优化方面（如磷酸锰铁锂）也取得了技术突破，具体如表 4 - 14 所示。

表 4 - 14　　　　　　　　国内正极材料技术创新情况

工艺内容	目的	国内技术创新进展情况
磷酸锰铁锂	降成本、提升能量密度	已实现量产（德方纳米等企业）
高镍、低钴	提升电池能量密度、降低成本	NCM811 锂电池已经量产，正在开发更高镍含量的 Ni88、Ni93、Ni96 产品（容百科技、当升科技、巴莫科技等企业）

续表

工艺内容	目的	国内技术创新进展情况
单晶	提升循环寿命、快充性能	已实现量产（容百科技、厦门钨业、当升科技、巴莫科技等企业）
四元	提升能量密度、安全性	NCMA（镍钴锰铝）四元材料正在开展技术验证（容百科技、厦门钨业、当升科技、巴莫科技等企业）

资料来源：根据调研资料整理。

（2）负极材料。

负极材料以"人造石墨"为主，技术成熟稳定。为提升新能源电池电导率和能量密度，负极材料正沿着硅基材料方向发展。但由于硅基材料技术还不成熟、硅体积膨胀问题、制备工艺难度大等原因，截至 2023 年，国内硅基负极材料只有普泰来、贝特瑞、杉杉科技等企业能够规模化量产，小部分应用于在高端动力电池领域，还未开始大规模推广应用（马勇、陈品德、秦龙威，2024）。

（3）电解液。

电解液主要的成分包括电解质锂盐、有机溶剂和添加剂。常用的锂盐为六氟磷酸锂（$LiPF_6$），有机溶剂为环状碳酸酯和链状碳酸酯，添加剂包括成膜添加剂、阻燃添加剂、过充保护添加剂等。目前，电解液溶质主要是六氟磷酸锂，其占比超过 80%，占据绝对地位，但由于六氟磷酸锂热稳定性相对较差、对水分敏感、易生成 HF 等问题，而业内正在推广应用的新型锂盐双氟磺酰亚胺锂（LiFSI）具有良好的热稳定性和高低温性能，将成为主要技术方向（曾涛清，2023）。

此外，随着锂电池往高电压、高能量密度等方向发展，所需的添加剂将越来越复杂，新型添加剂开发也是电解液的重要技术进步方向，比如，新型锂盐双氟磺酰亚胺锂技术已逐渐成熟，推动着电解液市场的不断创新与发展。目前，成膜、过充保护、阻燃等新型添加剂的国内企业有江苏华盛、天赐材料、新宙邦等，这些细分行业龙头企业已拥有相对成熟的产品，将会持续开发新的添加剂产品（于健、赵鸿渝、吴慧媚，2023）。

（4）隔离膜。

隔离膜在新能源电池内部起到阴阳极绝缘作用，主要材料是聚丙烯

（PP）和聚乙烯（PE），技术发展方向是新型隔离膜基材和湿法涂覆隔离膜的纵向一体化路线。其中，新型隔离膜基材以聚酰亚胺（PI）、聚对苯二甲酸乙二酯（PET）、间位芳纶（PMIA）、聚偏氟乙烯（PVDF）、聚对苯撑苯并二唑（PBO）等合成材料制备无纺布新型隔离膜基材，解决现有 PP 和 PE 基材接近熔点时容易熔化而收缩变形，导致电池短路问题，可提高新能源电池安全性；湿法涂覆隔离膜以氧化铝涂层为主，同时并存 PVDF、勃姆石、芳纶、纳米复合材料等涂层，可以进一步提升电池安全性。目前国内隔离膜技术进步情况如表 4 – 15 所示。

表 4 – 15 国内隔离膜技术进步情况

工艺内容	目的	国内技术创新进展
新型隔离膜基材	提升安全性	掌握湿法异步及同步拉伸技术，实现 5 ~ 20 微米基膜制备及在线涂覆（恩捷股份等企业）
湿法涂覆一体化	提升安全性	实现 7 ~ 16 微米湿法隔离膜及陶瓷涂覆膜（中材科技等企业）

资料来源：高工产业研究院（GGII）。

以上是当前市场应用最广泛的锂离子电池材料的主要技术进步方向和进展情况，但新能源电池的技术进步还包括钠硫电池、钠离子电池、凝聚态电池、锂空气电池、固态电池等各类电池技术创新路线，这些技术路线也在推进材料和工艺创新，并也取得了相应的技术创新成果，同样印证了我国新能源电池产业的技术创新成效，这里不再赘述。

2. 生产制造技术创新

锂离子电池生产过程包括搅拌、涂布、辊压、预分切、模切、卷绕（叠片）、热压、焊接、注液、化成、检测等十几道工序（见图 4 - 8），我国锂电池的生产多采取人工与零散自动化设备相结合的"半自动化"生产模式，自动化设备通常只覆盖几道精密工序，其他精度要求较低的工序及物料运输等都采用人工操作（林彰焱，2024）。这种以人力为主的生产模式投资成本低，且具备一定的柔性生产能力，适应锂电池产业发展初期的生产需求。但随着新能源电池产业的兴起，市场规模呈现指数级的增长，以及对产品安全、可靠、一致性等质量的严苛要求，这种"半自动化"的生产模式变得无法存续，开始向自动化、智能化的方向发展。

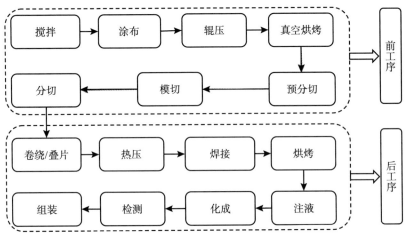

图 4-8 锂离子电池生产工艺流程示意

资料来源：根据公开资料整理。

在新能源电池市场需求不断增大的带动下，我国涌现出了一大批高科技装备企业，推动新能源电池自动化生产制造水平快速进步。据统计，截至2022年，锂离子电池生产工艺流程自动化率已达到95%，搅拌机、涂布机、分切机、卷绕机、焊接机、注液机、检测设备等关键工艺设备也已经实现了全球领先（曾鸣，2023）。生产制造技术进步直接推动生产效率和产品品质的提升，以新能源电池龙头企业宁德时代生产制造技术进步为例，其生产自动化、智能化及信息化水平达世界一流水平，单线生产效率2016年仅为10ppm（每分钟生产10个电池），2023年提高到了60ppm（每分钟生产60块电池），且人工减少了50%，人均生产效率提升了10倍（焦韧、杜泽学、郑金玉，2024）。

（二）核心材料和生产制造设备基本实现国产化替代

经过20多年的发展，我国新能源电池产业核心材料和生产制造设备在技术进步的进程中基本实现了国产化替代，这是自主技术创新的重要成果。

1. 核心材料国产化替代

当前，我国新能源电池四大主材国产化率均达到90%以上，几乎可以完全自主供应，其中，正极材料国产化率93%，负极材料国产化98%，隔离膜国产化率90%，电解液国产化率则达到100%（见图4-9）。

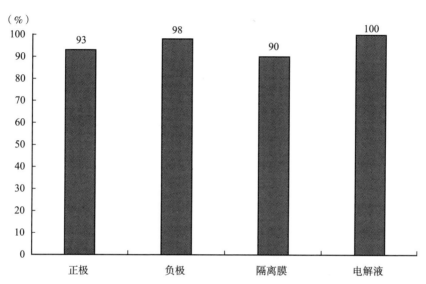

图4-9 2022年我国新能源电池四大主材国产化率

资料来源：高工产业研究院（GGII）。

虽然我国新能源电池材料国产化率较高，但值得注意的是，材料的生产设备国产化替代还有较大空间。例如，对工艺要求极高的隔离膜生产设备国产化率明显偏低，如拉伸机、挤出机、流延机等稳定性与海外隔离膜生产设备存在较大差距，导致国内隔离膜生产还以国外设备为主。据统计，湿法隔膜设备国产化率仅30%，干法隔膜核心设备流延机国产化率仅50%（戴仲葭、杜泽学、郑金玉，2023）。

2. 生产制造设备国产化替代

2014年以前，国内新能源电池设备制造企业规模较小、产品单一，技术能力普遍较弱，比如，2013年的国内锂离子电池设备行业营业收入超1亿元的企业只有10家，其他265家锂电池设备企业营业收入均不超过1亿元，锂离子电池生产制造设备国产化率只有30%左右（成长城，2023）。

从 2015 年开始, 锂离子电池生产制造设备国产化率开始逐步攀升, 伴随着新能源电池产业的发展壮大, 我国新能源电池生产制造设备技术日益进步, 截至 2020 年底, 像涂布、模切、分切、卷绕、叠片等锂离子电池核心生产制造设备, 基本实现了国产化替代 (陈飞、孔祥栋、孙跃东, 2023)。以新能源电池生产制造前工序中最重要的涂布机和后工序最重要的卷绕机为例, 国内企业先导智能和浩能科技生产的涂布机的涂布宽幅可达 1400mm, 每分钟涂布速度达 100~120m, 超过国外头部企业日本平野; 先导智能生产的卷绕机对其度偏差仅为 0.2mm, 生产速度达 40ppm, 超过国外头部企业日本 CKD (见表 4-16)。

表 4-16　　　　　　　　国内外涂布机和卷绕机技术参数对比

设备名称	品牌	型号	宽幅/对齐度偏差	速度
涂布机	日本平野	M-200DL	400mm	100m/min
	先导智能	高速宽幅双层挤压涂布机	1400mm	100m/min
	浩能科技	高速宽幅双层挤压涂布机	1400mm	120m/min
卷绕机	日本 CKD	CEW-100	0.3mm	28ppm
	先导智能	18650/21700 圆柱电池	0.2mm	40ppm

资料来源: 高工产业研究院 (GGII)。

(三) 新能源电池供应链在全球占主导地位

根据国际能源署 (IEA) 2022 年发布的《全球电动汽车动力电池供应链报告》(*Global Supply Chains of EV Batteries*), 我国因锂、镍、钴等矿产资源禀赋不占优势, 导致新能源电池产业在最上游的矿产资源开发方面落后于国外; 除此之外, 我国新能源电池产业在正极、负极、电解液、隔离膜等材料加工, 以及新能源电池生产制造等产业链中下游环节在全球均占据主导地位 (刘北平, 2023)。具体而言, 我国石墨开采量占全球的 80%, 主导着整个石墨阳极供应; 我国锂、钴和石墨原材料加工占全球份额 50% 以上, 生产的正极材料和负极材料分别占全球的 70% 和 85%, 电芯产能占全球的 75%, 远超欧美日韩国家 (季亚星, 2023)。欧洲除了钴加工占全球份额 20% 之外, 其余供应链的份额占比很小; 美国除了电池产能占全球份额 7% 之外, 其余供应链占比都很小; 韩国和日本在原材料加工环节占据一定的份额, 特别是在正极材料和负极材料生产方面，韩国产能占比分别为15%和3%，日本产能占比则分别为14%和11%（李睿祥，2024）。

伴随着新能源电池产业的发展，我国新能源电池企业数量持续攀升并涌现出了一大批行业龙头企业。2010年底，我国锂离子电池产业链的相关企业仅有4238家，而到2021年底就超过了4.7万家，企业数量累计增长超10倍（郁济敏，2024）。2023年5月，福布斯中国基于锂离子电池产业链企业的市值、资产规模、营业收入和净利润4项财务指标（数据截至2022年12月31日），从锂盐及锂电池四大主材、锂电池生产及设备制造、锂电池应用及回收三个类别评选出了"中国锂电产业链100强"（见表4-17），在一定程度上代表着中国锂离子电池产业的领军力量（郑雪芹，2024）。

表4-17　　　　　　2023年中国锂电产业链100强企业名单

类别	入选企业名单
锂盐及锂电池四大主材（40家）	赣锋锂业、瑞泰新材、天赐材料、腾远钴业、恩捷股份、中科电气、璞泰来、尚太科技、中伟股份、安达科技、湖南裕能、富临精工、贝特瑞、天奈科技、德方纳米、道氏技术、容百科技、天际股份、厦门钨业、智я科技、当升科技、天齐锂业、华鲁恒升、华友钴业、厦钨新能、天华新能、长远锂科、盐湖股份、杉杉股份、盛新锂能、振华新材、雅化集团、新宙邦、永兴材料、万润新能、东鹏新材料、龙蟠科技藏格矿业、星源材质、志存锂业
锂电池生产及设备制造（40家）	宁德时代、南都电源、亿纬锂能、豪鹏科技、欣旺达、博力威、国轩高科、维科技术、北方华创、科力远、蜂巢能源、先惠技术、先导智能、圣阳股份、孚能科技、南芯科技、德赛电池、瀚川智能、珠海冠宇、长虹能源、赣锋锂电、福能东方、鹏辉能源、骄成超声、赢合科技、希荻微、圣邦股份、联赢激光、杭可科技、金银河、利元亨、星云股份、蔚蓝锂芯、紫建电子、科士达、华自科技、海目星、雄韬股份、大族激光、天能股份
锂电池应用及回收（20家）	比亚迪、旺能环境、理想汽车、泰尔股份、长城汽车、邦普循环、小鹏汽车、鑫茂新能源、广汽集团、新时代中能、蔚来、恒创睿能、格林美、赣州豪鹏、天奇股份、天能新材料、光华科技、中伟循环、迪生力、赣州龙凯

资料来源：根据调研资料整理。

四、技术创新推动成本下降

成本下降是技术创新的重要成果，为市场推广应用提供了有力支撑。2017年，工业和信息化部、国家发展改革委、科技部以及财政部四部委公布的《促进汽车动力电池产业发展行动方案》提出 2020 年动力电池系统成本要降至 1 元/Wh 以下；2023 年，中国汽车动力电池产业创新联盟发布《动力电池高质量发展行动方案白皮书（2023—2025）》，提出到 2025 年动力电池成本要低于 0.55 元/Wh（李琳，2023）。中国汽车工程学会公布的《动力电池技术发展路线 2.0》对不同应用类型的动力电池的成本目标做了详细规划，不同类别的电池成本目标差异较大，其中应用最为广泛的能量和动力兼顾型快充电池的成本目标是 2025 年低于 0.7 元/Wh、2030 年低于 0.65 元/Wh、2035 年低于 0.6 元/Wh（魏强，2024）。虽然我国没有公布储能电池的具体成本目标，但国家发展改革委和国家能源局于 2022 年联合发布的《"十四五"新型储能发展实施方案》要求储能电池成本在 2025 年要降低 30% 以上（马艺翔、岳利媛，2024）。因此，从国家对新能源电池的发展规划目标可以看出，国家在引导新能源电池产品降成本，促进新能源电池产品的市场化和规模化应用。

从实际情况看，我国新能源电池产品成本下降速度总体快于国家规划目标。2012~2022 年，我国新能源电池成本平均每年下降 10%~12%（张燕京，2023），以磷酸铁锂电芯和"523 三元电芯"两款常用的新能源电池产品为例，2023 年 10 月，"523 三元电芯"和磷酸铁锂电芯两款产品的平均市场价格分别为 0.57 元/Wh 和 0.52 元/Wh，最低市场价格分别为 0.54 元/Wh 和 0.49 元/Wh，最低市场价格已低于国家规划的 2025 年的成本目标（格林，2024）。

五、技术创新推动市场规模扩大

（一）国内市场渗透率持续提升

1. 新能源汽车渗透率的提升

动力电池成本约占新能源汽车总成本的 40% 左右，动力电池技术进步和成本下降有力推动了新能源汽车的推广应用。我国新能源汽车从 1995 年第 1 辆下线到 2022 年 2 月第 1000 万辆下线整整历时 27 年，而从第 1000 万辆到第 2000 万辆新能源汽车下线只用了 17 个月，可见我国新能源汽车产业发展均呈现明显的指数增长特点（姚兰，2023）。2022 年，我国动力电池销量达 480GWh，相应新能源汽车销量达 688.7 万辆，新能源汽车渗透率达到 25.64%

（见图4－10），提早3年完成国家《新能源汽车产业发展规划（2021—2035年)》制定的2025年渗透率达到20%的目标（臧金环、李春玲，2021）。预计我国新能源汽车渗透率2030年之前将超50%，将至少提前5年完成国家《新能源汽车产业发展规划（2021—2035年)》制定的2035年渗透率达到50%的目标，相应的动力电池产业也将从成长期迈入成熟期（张利娟，2024）。

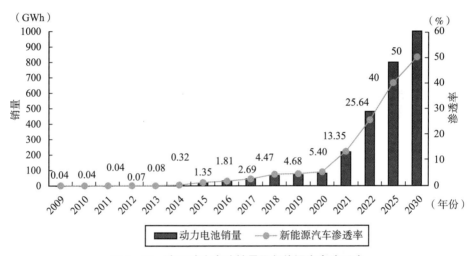

图4－10 我国动力电池销量及新能源汽车渗透率

注：2025年和2030年为预计数据。
资料来源：根据历年《中国汽车工业年鉴》、韩国SNE数据库数据整理。

2. 储能电池装机占比的提升

储能电池技术进步和成本下降同样也推动了储能电池的推广应用，有力推动我国构建新型能源体系。2011年，我国储能电池累计装机量仅为0.03GW，仅占国内储能累计总装机量的0.15%；2016年我国储能电池累计装机量达到0.243GW，占国内储能累计总装机量的比例首次突破1%（李相俊、官亦标、胡娟，2022）。2022年，我国储能电池累计装机量达到13.1GW，占国内储能累计总装机量的比例达到21.91%（见图4－11）。预计到2025年，我国以储能电池为主的新型储能累计装机量将达70GW，产业规模或将突破万亿元，超过国家发展改革委和国家能源局《关于加快推动新型储能发展的指导意见》制定的2025年新型储能装机量30GW的目标（陈庆文，2023）。

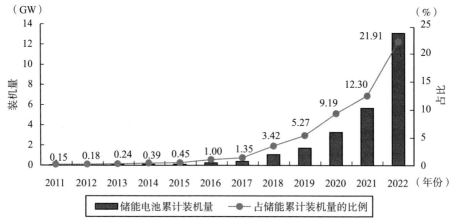

图 4 – 11　中国储能电池累计装机量及占储能累计装机量的比例

资料来源：根据中关村储能联盟历年《中国储能产业发展白皮书》整理。

（二）国际市场份额提升

1. 动力电池国际市场份额的提升

2014 年全球动力电池销量排名前十的企业中，松下、AESC 和 GS 汤浅 3 家日本企业共占据了约 69.97% 的份额，中国企业虽然有 4 家，但合计市场份额只有 11.08%，韩国 LG 化学和三星 SDI 合计市场份额为 17.49%（王曦、杨俊峰，2022）。此后，我国动力电池销量的增长，动力电池市场竞争格局悄然生变，2016 年全球动力电池装机量排名前十的企业中，日本只有松下 1 家，占比 16.74%，韩国 LG 化学和三星 SDI 2 家共占比 8.37%，中国比亚迪、宁德时代等共 7 家占比 54.19%，首次超过 50%（秦婧英，2023）。随着新能源汽车行业不断发展，全球动力电池市场集中度进一步提高，2022 年全球动力电池装机量排名前十的企业市场占比攀升至 91.37%，其中，日本企业依然只有松下 1 家，占比 7.34%，韩国有 LG 化学、三星 SDI 和 SK 3 家企业共占比 23.65%，中国的宁德时代、比亚迪、国轩高科等 6 家企业占比超过了 60%（吴泽林，2024），其中仅宁德时代一家企业的装机量就达到了 191.6GWh（见图 4 – 12）。总体来看，中国动力电池产业近年来在快速发展，我国动力电池企业的全球市场份额也在稳步提高，从 2014 年的 11.08% 已攀升至 2022 年的 60.38%，逐渐在全球市场中占据主导地位（魏岚，2024）。

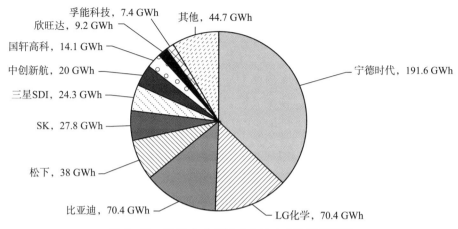

图4-12 2022年全球动力电池企业装机量情况

资料来源：根据韩国SNE数据库资料整理。

2. 储能电池国际市场份额的提升

2014年，全球新型储能累计装机规模为845.3MW，主要用于可再生能源并网、分布式发电、电力输配电、家用储能等领域，其中，美国占比42.23%，日本占比36.67%，而我国占比仅为9.98%（见图4-13）。同年，全球储能电池累计装机排名前十的企业中，日本和美国各占3家，英国和法国各有1家，中国的储能电池厂商只有比亚迪的累计装机量位于全球前十行列，日本和美国处于绝对领先地位（应雯棋，2020）。

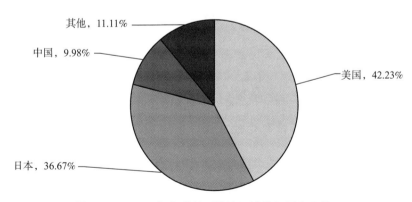

图4-13 2014年全球新型储能累计装机量占比情况

注：因四舍五入的原因，数据加总不等于100%。
资料来源：根据中关村储能产业技术联盟资料整理。

而到 2022 年，全球新型储能累计装机规模攀升至 45.7GW，其中，中国新型储能累计装机规模为 13.1GW，在全球市场中占比为 31.76%，位列全球第一；美国为 11.54GW，占比 27.98%，位列全球第二；德国 3.96GW 位列全球第三，占比为 9.60%（杨俊峰、王曦，2023）；其他紧随其后的国家分别是英国、韩国、澳大利亚、日本、意大利、爱尔兰和菲律宾等，这与 2014 年美国和日本占据全球储能市场主导地位的竞争格局完全不同（见图 4 - 14）。

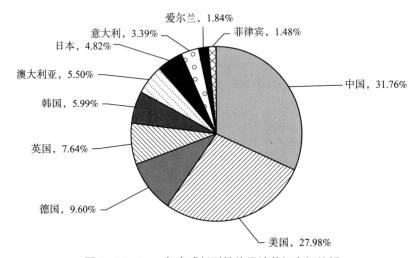

图 4 - 14　2022 年全球新型储能累计装机市场份额

资料来源：根据中关村储能产业技术联盟资料整理。

同时，中国储能电池生产企业在全球的市场地位也发生了颠覆性的变化，在 2022 年的全球储能电池市场中，排前 8 名的企业里，中国企业占据了 6 家，合计市场份额占比达到了 77.99%，韩国 LG 化学和三星 SDI 合计市场份额则降至 14.81%，日本没有企业入围，中国实现了对韩国和日本的反超（见图 4 - 15）。

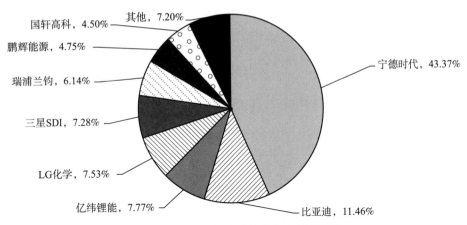

图 4 - 15　2022 年全球储能电池市场份额

资料来源：韩国 SNE 数据库。

（三）新能源电池成为我国出口"新三样"之一

根据海关总署发布的 2023 年进出口数据来看，电动汽车、锂电池和太阳能电池已连续 16 个季度保持两位数的增速，成为我国外贸出口"新三样"，仅仅在 2023 年，我国新能源电池出口总金额超过了 4000 亿元，同比增长超过 50%（汪蓉等，2024）。我国外贸出口从服装、家具、家电的"老三样"转变为电动汽车、锂电池和太阳能电池的"新三样"，凸显了我国产业结构的转型升级和打造绿色低碳新增长点的成效。外贸出口"新三样"中的锂电池是目前新能源电池最主要的技术路线，可以为电动汽车提供动力电池，也可以为太阳能电池发电提供储能电池，是"新三样"的重要技术支点。从上市公司视角看，A 股上市公司中境外收入增量最多的十个企业依次是宁德时代、比亚迪、立讯精密、潍柴动力、长城汽车、阳光电源、晶科能源、隆基绿能、徐工机械和中国海油，从中可以看出新能源电池企业已经成为引领我国产品出口的关键力量（韩俞侃，2024）。

第三节　中国新能源电池产业技术创新存在的问题

经过十多年的发展，我国新能源电池行业取得了长足进步，产品技术、市场占有率逐步实现全球领先，技术创新取得显著成效，实现了从"跟跑"到"并跑"再到"领跑"的跨越。但应该清醒地看到，我国新能源电池产业技术创新仍然面临诸多问题和挑战，必须在后续发展过程中加以克服。

一、产业安全稳定存在不利因素

产业安全稳定发展是新能源电池产业技术创新的前提。当前，我国新能源电池产业发展面临上游矿产资源短板和产能过剩等不利因素，在一定程度上给新能源电池产业技术创新带来了风险挑战。

（一）上游矿产资源短板

锂、镍、钴等是新能源电池需要的核心矿产资源，而我国锂、镍、钴的储量分别只占全球的 6.1%、3.2% 和 1.1%，国内产量无法满足新能源电池的需求量，对外依存度高，存在明显短板（李晔，2021）。虽然我国近年也在加大国内锂、镍、钴等矿资源的勘探和开发，但受开发周期、成本等影响，补短板成效并不显著，未来几年对外依存度仍将处于高位。

1. 锂资源短板

锂被称作"白色石油"，主要用于制备碳酸锂和氢氧化锂，用于生产锂离子电池正极材料。全球锂金属储量约为 1600 万吨，主要分布在南美洲和澳大利亚，各自占比分别为 69% 和 17%，其中，南美智利储量全球最高，为860 万吨，占比约为 52%；而我国的锂储量仅有 100 万吨，其占比约为6.1%，主要分布在青海、西藏、四川等地，大多难以开采且品位较低（王翘楚、孙鑫、郝瀚，2020）。2020 年，全球锂金属消费量 7.94 万吨，其中 67%用于生产新能源电池材料；2025 年，预计全球锂金属消费量将达 21.6 万吨，其中 87.6% 都将用于生产新能源电池材料（魏江桥、王安建、马哲，2024）。我国锂金属资源主要用于生产新能源电池正极材料，2023 年我国锂金属消费对外依存度超过 80%，锂资源短板问题较为突出，在一定程度影响着新能源电池产业的发展（成金华、左芝鲤、詹成，2024）。

2. 镍资源短板

全球镍金属储量约 8871 万吨，主要分布在印度尼西亚、澳大利亚、巴西等国，各国的镍储量占比分别为 23.7%、22.5% 和 12.4%；中国的镍金属储量仅有 280 万吨，占全球的 3.2%（郑淑芳、陈小娟、魏富娟，2020）。全球镍金属主要用于生产不锈钢，用于生产新能源电池材料的约占 5%，据统计，2019～2023 年，我国镍资源消费对外依存度均超过 90%（李林泰、孙强、崔巍，2023）。

3. 钴资源短板

全球钴金属储量为 700 万吨，集中在刚果（金）、澳大利亚、古巴等少数几个国家，其中，刚果（金）的储量最多，为 360 万吨，占比为 51.43%；我国钴金属储量仅 8 万吨，仅占全球储量的 1.1%（刘丽、杨迪，2023）。2019 年，我国钴金属消费量 6.9 万吨，占全球比例为 51.5%，其中电池消费量达 5.63 万吨，占比 81.6%；在 2023 年，我国进口钴矿、钴冶炼中间品等各种钴矿资源折钴金属约 6.6 万吨，对外依存度达 95%（赵晞泉，2024）。

（二）行业产能过剩

产能过剩是供给和需求不平衡的总量概念，即生产能力大于市场的需求。根据高工产业研究院（GGII）预测，到 2025 年，我国新能源电池市场总需求约为 1200GWh，其中动力约 1000GWh，储能电池约 200GWh；2030 年我国新能源电池市场总需求约为 2200GWh，其中动力电池约 1600GWh，储能电池约 600GWh；而根据中国动力电池产业创新联盟不完全统计，我国新能源电池企业公布的产能规划在 2025 年将会高达 6480GWh，是 2025 年预计市场需求的 5.7 倍、2030 年预计市场需求的 3.1 倍（黎冲森，2023）。此外，新能源电池产能过剩已经开始反映在头部企业经营情况上，以宁德时代为例，该企业 2019～2022 年的产能利用率分别为 89.17%、74.83%、95%、83.4%，而在 2023 年披露的产能利用率已下滑至 72%（焦韧，2024）。

新能源电池上游产业链也存在产能过剩问题。通过表 4－18 来看，2025 年我国新能源电池正极、负极、电解液、隔离膜四大主材市场的预期需求量分别约为 250 万吨、280 万吨、268 万吨、350 亿立方米，而规划 2025 年的产能是预期需求量的 1.7～5.8 倍。新能源电池行业产能过剩将带来市场洗牌，预计未来几年头部电池企业将占据绝大部分市场份额，大量二三线新能源电池及上游原材料生产企业将面临较大的经营风险，可能加速出清。

表 4-18   新能源电池及上游四大主材需求量产能规划情况

项目	2022 年需求量	2025 年预期需求量	规划 2025 年产能
新能源电池（GWh）	602	2200	6480
正极材料（万吨）	111	250	1200
负极材料（万吨）	156	280	1514
电解液（万吨）	100	268	594
隔离膜（亿立方米）	160	350	600

资料来源：根据高工产业研究院（GGII）、韩国 SNE 数据库数据整理。

二、市场对技术创新的牵引作用面临挑战

过去几年，我国新能源电池的出口保持较快增长态势，在全球市场占据主导地位，成为我国出口的"新三样"之一。欧美等国际市场对我国新能源电池产业技术创新有着重要牵引作用，但必须清醒地看到，我国新能源电池在欧美等海外市场正面临严峻挑战，欧美等国已制定了相关限制政策，试图削弱我国新能源电池在欧美市场的竞争力，这将影响我国新能源电池产业的技术创新。

（一）欧盟"碳壁垒"挑战

《欧盟电池和废电池法规》已于 2023 年 8 月正式生效，依据《欧盟电池和废电池法规》，中国进入欧盟市场的新能源电池必须申报产品碳足迹信息，2027 年 7 月开始碳足迹要达到欧盟设定的阈值要求；同时，我国新能源电池出口到欧洲国家还必须持有符合要求的"电池护照"，完整记录电池制造商、材料成分、可回收物、碳足迹、供应链等信息（范柏余、孙昱晗、马伊晨，2023）。《欧盟电池和废电池法规》给我国新能源电池产品出口欧洲带来了三大挑战。

一是碳足迹声明。我国新能源电池出口到欧盟市场，国内相关企业要计算并披露新能源电池产品从上游矿产资源开发，到原材料加工、电池生产、回收以及再利用各个环节的碳排放数据。而我国新能源电池企业在全生命周期碳足迹计算方面没有任何积累，国内既没有非常成熟的碳足迹数字化工具，

又面临着数据标准不统一、国际互认机制未建立等现实困难。

二是电池材料的回收利用要求。《欧盟电池和废电池法规》要求新能源电池使用再生材料要求达到一定的比例，但我国目前还没有建立再生原材料的使用认定机制，无法判断哪些电池中使用了再生原材料、使用了多少比例。

三是"电池护照"过高的信息披露要求。《欧盟电池和废电池法规》规定"电池护照"需要记录 90 个强制性数据属性以及自愿建议，具体内容包括电池和制造商信息、合规性和认证、碳足迹、供应链尽职调查、电池材料和成分、循环和资源效率以及性能和耐久性等（赵丽维、王粤、王海波，2023）。

《欧盟电池和废电池法规》带来的以上挑战，给我国新能源电池出口欧洲形成实际障碍，将增加我国新能源电池进入欧盟市场的成本和难度，是名副其实的"碳壁垒"。

（二）美国加征关税和本土化要求挑战

1. "301 条款"加征关税挑战

2018 年以来，美国依据"301 条款"对中国加征三轮关税，我国新能源电池产品及相关上游原材料也被纳入加征关税清单，其中，锂离子电池成品被加征 7.5% 的关税，上游材料或配件有 28 种被加征 25% 的关税、2 种被加征 7.5% 的关税（李理想，2022）。另外，美国对原产我国的锂离子电池所使用的铝箔基材，在 5.3% 的正常关税和 7.5% 的"301 关税"的基础上，还加征了 10% 的"232 关税"、63.52% 的反倾销关税和 14.2% 的反补贴关税（见表 4－19），合计关税达 100.52%（曹怡昕，2023）。而日韩企业新能源电池产品出口美国几乎是零关税，这严重削弱了我国新能源电池产品在美国市场的价格竞争力，制约我国新能源电池产业企业拓展美国市场。

表 4－19　　　　美国对我国新能源电池材料或配件加征关税情况　　　　单位：%

材料名称	基础关税	"301 关税"	"232 关税"	反倾销	反补贴
磷酸铁锂	3.3	25			
聚偏二氟乙烯	6.5	25			
阴极分散剂/黏结剂	4.2	25			

续表

材料名称	基础关税	"301 关税"	"232 关税"	反倾销	反补贴
甲基吡咯烷酮－溶剂	6.5	25			
铝箔基材	5.3	7.5	10	63.52	14.2
导电炭黑	0	25			
氢氧化钙	3.7	25			
黏结剂	2.1	25			
人造石墨	0	25			
苯乙烯聚丁橡胶	0	25			
羧甲基纤维素钠盐	6.4	25			
阳极黏结剂	2.1	25			
铜箔基材	1	25			
隔膜	4.2	25			
丙烯酸酯乳液	4.2	25			
阴极分散剂	4.2	25			
苯乙烯聚丁橡胶溶液	0	25			
电解液	5	25			
顶盖	3.4	25			
铝壳	3.4	25			
铝转接片	3.4	25			
铜转接片	3.4	25			
裸电芯绝缘片	4.2	25			
底托板	6.5	25			
顶盖贴片	5.8	25			
塑胶钉－001	5.3	7.5			
铝钉－001	3.4	25			
电芯蓝膜	5.8	25			
大面蓝胶	5.8	25			
胶纸	5.8	25			

资料来源：根据美国贸易代表办公室网站公布信息整理。

2. 本土化要求挑战

美国曾推出了《通胀削减法案》，并于 2023 年 4 月公布了具体实施细则，具体涵盖几个方面：对在北美进行组装且满足建议零售价，及关键矿物、电池部件采购两项要求的电动汽车提供 7500 美元的税收抵免（屠新泉、曾瑞，2024）；动力电池中相应比例的关键矿物必须在美国或与美国有自由贸易协定的国家提取或加工，或者在北美进行回收，2023 年这一比例为 40%，而后逐年递增，2027 年需达到 80%；对电池组件的要求是必须在北美制造或组装，2023 年要求比例是 50%，2024 年和 2025 年要求达到 60%，而后逐年递增，2029 年达到 100%（李丽平，2023）。因此，美国汽车企业若使用我国出口的动力电池将无法拿到 7500 美元的税收抵免，将影响其汽车产品市场竞争力，这也导致一些国家的汽车及电池制造企业到美国本土投资布局，推动美国实现重振制造业的目标（洪朝伟，2023）。在此背景下，我国新能源电池很难再通过出口方式进入美国市场，"走出去"面临挑战。

三、技术标准法规待完善

新能源电池产业技术创新与标准法规的完善相辅相成，科学合理的标准法规可以正向引导技术创新；反之，不合理的标准法规将会制约技术创新。我国动力电池国家标准的制定起步较晚。美国在 1996 年就发布了《电动汽车电池测试流程》（USABC），规定了动力电池充电、振动、循环寿命等 14 项测试内容，而我国最早的电动汽车动力电池行业标准《电动道路车辆用锂离子蓄电池》（GB/Z 18333—2001）在 2001 年才发布，2002～2014 年我国几乎没有制定动力电池国家标准，依靠的是行业标准作为生产规范（许守平，2016）。2015 年，我国制定了动力电池国家推荐标准《电动汽车用动力蓄电池安全要求及试验方法》（GB/T 31485—2015）、《电动汽车用锂离子动力蓄电池包和系统》（GB/T 31467—2015），并于 2018 年升级成为强制性标准，开始构建起了涵盖动力电池单体、模块和系统的动力电池安全的标准体系（王学军等，2023）。截至 2022 年底，我国制定的动力电池国家标准超 20 项，涵盖动力电池充换电、安全、尺寸名称、测试、运输存储、回收利用等方面，形成了相对完善的标准体系（见表 4-20）。

表 4-20   动力电池主要国家标准

标准类型	标准号	标准名称	归口单位
国家标准	GB/T 18333.1—2001	电动道路车辆用锂离子蓄电池	全国碱性蓄电池标准化技术委员会
	GB/Z 18333.2—2001	电动道路车辆用锌空气蓄电池	
	GB/T 19596—2004	电动汽车术语	全国汽车标准化技术委员会
	GB/T 28382—2012	纯电动乘用车技术条件	
	GB/T 31485—2015	电动汽车用动力蓄电池安全要求及试验方法	
	GB/T 31467—2015	电动汽车用锂离子动力蓄电池包和系统	
	GB/T 20234—2015	电动汽车传导充电用连接装置	
	GB/T 33598—2017	车用动力电池回收利用 拆解规范	
	GB/T 24549—2020	燃料电池电动汽车安全要求	
	GB/T 38698.1—2020	车用动力电池回收利用 管理规范 第1部分：包装运输	
	GB/T 34015.2—2020	车用动力电池回收利用 梯次利用 第2部分：拆卸要求	
	GB/T 33598.2—2020	车用动力电池回收利用 再生利用 第2部分：材料回收要求	
	GB/T 38698.2—2023	车用动力电池回收利用 管理规范 第2部分：回收服务网点	
	GB/T 33598.3—2021	车用动力电池回收利用 再生利用 第3部分：放电规范	
	GB/T 34015.3—2021	车用动力电池回收利用 梯次利用 第3部分：梯次利用要求	
	GB/T 34015.4—2021	车用动力电池回收利用 梯次利用 第4部分：梯次利用产品标识	

续表

标准类型	标准号	标准名称	归口单位
国家标准	GB/T 28569—2012	电动汽车交流充电桩电能计量	中国电力企业联合会
	GB/T 29316—2012	电动汽车充换电设施电能质量技术要求	
	GB/T 29772—2013	电动汽车电池更换站通用技术要求	
	GB/T 29781—2013	电动汽车充电站通用要求	
	GB/T 18487—2015	电动汽车传导充电系统	
	GB/T 40032—2021	电动汽车换电安全要求	
	GB/T 29317—2021	电动汽车充换电设施术语	
	GB 18384—2020	电动汽车安全要求	工信部

资料来源：全国标准信息公共服务平台。

在储能电池方面，我国储能电池国家标准制定比动力电池更晚，2014 年才制定了第一个行业标准《电化学储能电站设计规范》（GB 51048—2014）；一直到 2023 年 6 月，我国已制定的各类储能电池标准超过 200 项，其中主要国家标准 11 项、主要行业标准 3 项，其余大多为地方标准和团体标准（见表 4 - 21）。标准内容涵盖了基础通用、规划设计、施工验收、运行维护、设备及试验、电网接入、安全环保、技术管理等。

表 4 - 21　　　　　　　　储能电池主要国家标准和行业标准

标准类型	标准号	标准名称	归口单位
国家标准	GB 51048—2014	电化学储能电站设计规范	中国电力企业联合会
	GB/T 36276—2018	电力储能用锂离子电池	
	GB/T 36547—2018	电化学储能系统接入电网技术规程	
	GB/T 36558—2018	电力系统电化学储能系统通用技术条件	
	GB/T 40090—2021	电化学储能电站运行维护规程	
	GB/T 42288—2022	电化学储能电站安全规程	
	GB/T 34131—2023	电力储能用电池管理系统	

标准类型	标准号	标准名称	归口单位
国家标准	GB/T 42312—2023	电化学储能电站生产安全预案编制导则	中国电力企业联合会
	GB/T 42314—2023	电化学储能电站危险源辨识技术导则	
	GB/T 42315—2023	电化学储能电站检修规程	
	GB/T 42317—2023	电化学储能电站应急演练规程	
行业标准	NB/T 42091—2016	电化学储能电站用锂离子电池技术规范	国家能源局
	DL/T 1815—2018	电化学储能电站设备可靠性评价规程	中国电力企业联合会
	DL/T 1989—2019	电化学储能电站监控系统与电池管理系统通信协议	国家能源局

资料来源：根据调研资料整理。

虽然我国新能源电池技术标准法规起步晚，但建设速度较快，在电池术语、测试、安全性能要求、回收利用等方面已经达到与国外相近水平，并参与牵头制定了若干国际标准，但必须深刻认识到，标准法规的完善具有长期性、系统性特征，且要结合新能源电池产业发展现状、市场应用需求、技术研究水平等多方面因素不断向前推进。

总体而言，我国新能源电池标准制定和实施过程中还存在以下问题：一是技术标准没有得到充分验证，部分标准科学性、系统性有所欠缺；二是多个标准体系协调较为困难，现有的新能源电池标准制定单位不同、数量繁多，且各自的适用范围、界限不清，不同层级标准之间存在交叉重复、缺乏兼容甚至存在矛盾，影响标准执行；三是标准更新跟不上技术进步，新能源电池产业技术迭代快，标准更新明显滞后于技术进步；四是缺乏权威验证平台及体系，新能源电池关联行业众多，涉及材料、能源、通信、电子等多个领域技术交叉应用，关联标准涉及材料、电化学、电子、汽车、能源等技术领域，而我国缺乏交叉技术链、全产业链的检测认证评价能力，尚未建立产品安全质量检测认证评价体系，特别在储能电池方面尤为明显，不利于行业安全发展。

四、共性"卡脖子"技术待突破

2018 年,《科技日报》梳理了包括芯片、操作系统、触觉传感器、真空蒸镀机、透射电镜、锂离子电池隔离膜、燃料电池关键材料、激光雷达、高端轴承钢等 35 项制约我国工业发展的"卡脖子"技术(韩震、赵宇恒、赵莉,2023)。其中,与新能源电池行业直接相关的"卡脖子"技术有锂离子电池隔离膜、燃料电池关键材料 2 项,目前都已经实现了国产化替代;其他包括芯片、操作系统、触觉传感器、真空蒸镀机、透射电镜、数据库管理系统、扫描电镜等 20 多项技术我国也实现了"从 0 到 1"的突破,但品质、性能和先进性与国外仍存在差距(陈元志、卜玉敏,2024)。

经过十多年的发展,我国新能源电池在材料、设备等领域已经实现了技术自主可控,原来依赖进口的隔离膜、涂布机、卷绕机等核心原材料和设备都已实现了国产化替代,不存在本行业特有的被国外"卡脖子"的技术,但仍然存在高端制造业共有的共性"卡脖子"技术。如实验设备所使用的高精度扫描电镜、投射电镜、检测仪器、研发设计软件等,生产设备所使用的芯片、工业软件、高精度传感器、高端电容电阻等,以及运营管理所使用的操作系统、数据库管理系统等。以上高端制造业共性"卡脖子"技术若遭遇国外断供,在研发端将影响我国新能源电池的技术创新效率,在制造端可能导致我国新能源电池产品出现性能不稳定、成品率低等质量问题,从而影响我国新能源电池产业创新发展。

五、新能源人才供给待优化

近年来,我国新能源电池产业在快速发展,产品技术在不断更新迭代,由此也催生了大量的相关人才需求,但从目前人才供给和培养方面来看,重要面临着科技人才总体供给不足、高层次人才欠缺等问题。

其一,人才总体供给不足。由于新能源电池在我国推广和应用的时间不长,大多高校关于新能源电池产业人才的培养并未形成科学、完善的体系,仍处于实践与摸索阶段,导致人才培养工作存在一定滞后性,出现新能源电池人才供给无法与社会发展需要进行实时匹配的问题,由此产生了人才供给数量的不足、人才供给结构性失衡等现象，制约了新能源产业的发展和技术的创新。

其二，高端研发人才匮乏。新能源电池可广泛应用汽车、航天航空、储能电站等领域，由于电池技术不断进步，相关电池产品也在不断更新换代，像磷酸铁锂电池、钴酸锂电池、三元聚合物锂电池等类型，以及未来的固态电池，均体现出了产品更新换代重要性的特点。新能源电池企业若想在激烈的市场竞争中保持竞争优势，就需要不断创新，推出更有竞争力的电池产品。高质量、高层次研发人才能帮助企业解决产品研发更新、高端机械设备操作、行业技术攻关等问题，但目前，我国高端电池研发人才存在明显的供给不足，像电池研发工程师、电芯研发人员、工艺设计师、固态电解质技术人员等高端人才，一直是新能源电池企业"热招"的职业，高端研发人才匮乏的问题也越来越突出。

其三，人才培养质量偏低。新能源产业涉及多个领域和学科专业，新能源电池技术的不断发展，对相关人才的专业技能迭代升级和综合能力素质培养均提出了更高要求，而现实当中，经常遇到用人单位反映刚入职的员工存在实践能力欠缺、适应能力不强、专业技能理论化等问题，离用人单位的诉求存在一定差距。在人才培养中，仍有部门高校存在重理论、轻实践的情况，甚至脱离了现代产业发展和行业技术的升级，忽略了社会用人单位的人才需求标准，致使人才培养的规格与社会要求存在一定偏差，无法满足社会对人才培养质量变化的要求，进而影响着新能源产业的发展。

第五章

中国新能源电池产业技术
创新的效率评价

本章基于技术创新理论，立足于新能源电池产业技术创新两阶段过程，分别从技术研发阶段的投入、产出和成果转换阶段的中间投入、最终产出等层面构建了较为科学的新能源电池产业技术创新效率的评价指标体系，进而对我国新能源电池产业技术创新效率进行客观评价。

第一节　中国新能源电池产业
　　　　技术创新效率评价
　　　　指标体系构建

一、指标体系建立原则

构建我国新能源电池产业技术创新效率的评价指标体系时，应遵循科学性、全面性、可操作性、可比性、可量化等原则，并根据具体情况进行适当的调整和衡量，以确保评价结果的科学性和准确性。具体内容如下。

（一）科学性原则

评价指标体系应基于科学原理和经验研究，选择科学的评价指标和采用科学的评价方法，指标的科学性表现在单个指标能够体现出新能源电池产业技术创新的投入或产出的真实情况，且各个指标之间不存在重叠；计算方法应有理论依据，能够客观地反映新能源电池产业技术创新效率，确保评价结果具有科学性，可以反映出我国新能源电池产业技术创新过程的情况。

（二）全面性原则

在构建我国新能源电池产业技术创新效率的评价指标体系时，应当从多个维度全面评估新能源电池产业技术创新的各个方面，还应与国家、地方或企业的技术创新目标保持一致，主要包括技术研发投入、技术创新能力、科技成果转化、市场应用效果、企业经济效益等方面，确保评价指标的全面性和综合性。

（三）可操作性原则

在构建我国新能源电池产业技术创新效率的评价指标体系时，应当具有可操作性，在选取评价指标时应当充分考虑该指标能够被获取、量化和测算，才能够准确地评估我国新能源电池产业技术创新的进展和效果，进而提出有针对性的政策和措施。

（四）可比性原则

评价指标体系应当具备可相互比较性，即评价指标的设计应当考虑到不同时间、不同区域和不同企业之间的比较，并采用统一的度量标准和方法，这种比较可以对技术创新对象进行差异化分析，这有助于了解行业整体发展的水平，为制定相关决策提供有参考性。

（五）可量化原则

在评价我国新能源电池产业技术创新效率时，各个指标应具备可量化的特点，即指标可以通过具体数据进行度量和比较，以便更准确地度量和比较不同企业、区域和时间段的创新效率。这样能够使评价结果更加客观和准确，为决策者提供有价值的信息。

综上所述，构建我国新能源电池产业技术创新评价指标体系时，需要遵循目标导向、全面性、可操作性、可比性和可量化等原则，以便全面准确地评估技术创新的效果和进展，为我国新能源电池产业的技术创新提供科学的依据和指导，进而推动我国新能源电池产业的可持续发展。

二、评价指标的选择

（一）技术研发阶段

1. 投入指标

新能源电池产业技术创新的初始投入一般从资金和人力资源两个方面来衡量，反映出企业在新能源电池产业技术创新方面所投入的资金和人力资源支持程度（刘凤朝、张娜、赵良仕，2020）。其中，资金的投入表现在企业对新能源电池的研发费用投入强度，主要选取新能源电池企业的研发费用，能更好地衡量企业在新能源电池技术研发上的资金支持程度（田浩国、杨令，2021）。新能源电池产业技术创新的研发费用具体包括：支付给研发团队的薪资、津贴、奖金等人力资源相关费用，购买和维护研发所需的实验室设备、试验装置、测试仪器以及生产线等硬件设施的成本，以及用于购买和使用在研发过程中所需要的材料、试剂、原材料等的成本等，研发费用的投入强度是衡量企业在技术创新上的重要指标之一，反映了企业对技术创新的重视程度。人才是企业发展的核心资源之一，新能源电池产业的技术研发阶段缺少不了研发人员的投入，而新能源电池产业技术创新的研发人员是指在新能源电池领域从事科学研究和技术开发的专业人士，致力于改善电池的性能、提高能量密度、延长使用寿命、降低成本等方面的研究和创新工作，对此选取新能源电池产业技术创新的研发人员数作为人力资源投入的关键指标（李牧南、吴泽宇、张璇，2022）。

2. 产出指标

新能源电池产业技术研发阶段的产出指标是技术研发投入的直接成果，主要从企业的创新能力、科技水平等方面来评估，而企业的科技创新能力表现在企业的新型专利申请数、无形资产增加额等方面。新能源电池技术研发阶段的产出可以通过企业申请的新型专利数量来衡量，新型专利申请数反映了企业在技术创新方面的积极性和投入程度，还可以反映出企业在新能源电池领域的技术创新能力和市场竞争力（李将军，2023）。此外，无形资产增加额也是企业产出的重要指标，无形资产通常包括专利、技术、商誉等，是企业创造的具有核心竞争力的资产，无形资产增加额的增长可以说明企业在技术研发方面的投入和成果。因选取的新能源电池企业的无形资产增加额指标数据难以获取，在构建指标体系时无形资产增加额未被纳入。

（二）成果转换阶段

1. 投入指标

在新能源电池产业技术创新成果转换阶段的投入指标，可以从资金投入和劳动投入两个方面来考虑，通过投入适当的资金和劳动力，企业可以有效推动新能源电池技术创新的转化，实现商业化生产和市场推广，从而促进新能源电池产业的快速发展。其中，资金投入能够保证新能源电池产业技术创新成果投入商业化生产、销售，进而提高生产效率和产品质量，增加新能源电池产品的市场占有率。因此，选取固定资产作为企业资金投入的一个重要指标（阳杨，2021），主要是企业购买的长期使用的生产设备、工厂、办公楼等固定资产，在新能源电池产业研发生产中，购买先进的生产设备和技术可以提高生产效率、产品质量和产品的生产能力，进一步推动新能源电池产业技术创新的商业化转化（金炜博等，2023）。

劳动投入是企业在技术创新转化阶段投入重要指标，企业在生产过程中需要投入技术人员，不断改进和优化新能源电池的设计和制造工艺。此外，还需要一定数量的劳动者来进行生产，能够有效保证产品完成，一般选取企业从业人员数来衡量劳动投入强度（薛晓珊、方虹、杨昭，2021）。企业从业人员的数量可以反映出企业在技术创新转化阶段的人力资源投入状况。在新能源电池技术创新转化阶段，企业需要拥有足够的人力资源，进而保证了新能源电池产业技术创新的成果转化为商业化生产。

2. 产出指标

新能源电池企业的销售收入是衡量成果转换阶段产出的最为重要的指标，有效反映了企业的市场表现和商业成功程度（陈瑶，2020）。现有文献中大多采用企业成长能力和盈利能力来作为该阶段的产出指标，企业成长能力表现为新产品开发和市场推广能力，能有效评估企业在新能源电池产业化阶段开发和推广新产品的能力；盈利能力表现在企业的营业利润增加和主营业务收入的增加（张敬文、王丹，2020）。因此，本书选取主营业务收入和营业利润增加额作为成果转换阶段的产出指标。其中，新能源电池产业的主营业务收入主要是销售新能源电池产品所获得的收入，这一指标可以直接反映企业的销售情况和市场占有率，因此在评估产业化阶段的成果转换时具有重要意义。营业利润增加额主要体现了企业技术创新成果转换的成长能力，当营业利润增加额增加时，表明企业在技术创新方面取得了成果，并成功将其转化为经济效益，进一步巩固了企业在国际市场上的竞争地位，为企业的可持续发展奠定了基础。

三、评价指标体系构建

基于前文对我国新能源电池产业技术创新两阶段过程的分析，并结合我国新能源电池产业技术创新过程中的特征，构建了我国新能源电池产业技术创新效率的两阶段网络 DEA 模型流程图，如图 5-1 所示。

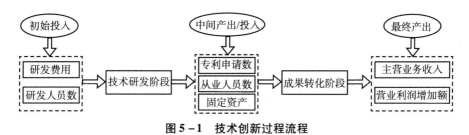

图 5-1 技术创新过程流程

资料来源：根据调研资料整理。

进一步参考相关文献来对技术研发阶段中的初始投入、中间产出、成果转换阶段中的中间投入、最终产出四个不同维度进行深入探讨，以此构建了新能源电池产业技术创新效率的评价指标体系，如表 5-1 所示。

表 5 – 1 我国新能源电池产业技术创新效率评价指标体系

目标层	指标类型	指标名称（单位）
我国新能源电池产业技术创新效率评价指标	初始投入	研发费用（万元）
		研发人员数（人）
	中间产出	专利申请数（项）
	中间投入	从业人员数（人）
		固定资产（万元）
	最终产出	主营业务收入（万元）
		营业利润增加额（万元）

资料来源：根据调研资料整理。

第二节 中国新能源电池产业技术 创新效率评价模型选择

综观现有研究中关于技术创新效率的评价方法有随机前沿分析法和数据包络分析两种，随机前沿分析法存在相应无法处理多产出问题，我国新能源电池产业技术创新是个多投入和多产出的过程，而数据包络分析法能解决这一弊端。数据包络分析方法（data envelopment analysis，DEA）是由美国著名运筹学家 A. 查恩斯（A. Charnes）和 W. W. 库伯（W. W. Cooper）提出的，已广泛应用于不同行业及部门，是运筹学、管理学与数理经济学交叉研究的一个新领域，它是根据多项投入指标和多项产出指标，利用线性规划的方法，对具有可比性的同类型单位进行相对有效性评价的一种数量分析方法，可衡量各个生产单位的技术效率，能够有效降低效率评价误差；经过几十年的发展，该方法在理论研究与实际应用方面均取得进步（范德成、谷晓梅，2022）。因此，本研究采用 DEA 模型来对我国新能源电池产业技术创新效率进行综合评价，具体模型推导如下。

一、传统 DEA 模型

传统的 DEA 模型主要包括 CCR 模型和 BCC 模型，其中 CCR 模型

（Charnes-Cooper-Rhodes 模型）是 DEA 的最早形式之一，它的主要目标是衡量单位的相对效率（郭玉晶，2020）。CCR 模型假设各个单位都可以通过线性组合来达到最高效率的水平，在 CCR 模型中，每个单位的效率评价基于所有输入和输出之间的线性组合关系，不考虑输入和输出之间的规模效应，因此适用于规模相对固定的单位（肖美丹，2020）。BCC 模型（Banker-Charnes-Cooper 模型）是对 CCR 模型的扩展，考虑了单位的规模效应；BCC 模型允许单位在生产中利用不同的规模，并通过选择最优的生产组合来实现效率最大化，与 CCR 模型不同，BCC 模型在评估单位的效率时考虑到了规模效应，因此适用于规模可变的单位（眭川，2023）。具体模型表示如下。

（一）CCR 模型

CCR 模型是由学者查恩斯（Charnes）、库伯（Cooper）和罗兹（Rhodes）于 1978 年提出的，它可以计算规模报酬不变情况下的资源配置效率（王永辉，2022）。首先，以第 k 个决策单元的效率指数为目标，以所有决策单元的效率为约束，可以得到以下模型：

$$\max h_{k0} = \frac{\sum\limits_{i=1}^{s} u_i y_{ik0}}{\sum\limits_{j=1}^{m} v_j y_{jk0}}$$

$$\text{s. t.} \begin{cases} \dfrac{\sum\limits_{i=1}^{s} u_i y_{ik}}{\sum\limits_{j=1}^{m} V_j y_{jk}} \leqslant 1, \ k = 1, 2, \cdots, n \\ u \geqslant 0 \\ v \geqslant 0 \end{cases} \qquad (5-1)$$

其中，y_{jk} 表示第 k 个决策单元对第 j 种投入要素的投放总量，而 y_{ik} 则表示第 i 个决策单元中第 k 种产品的产出总量，u_i 和 v_j 分别指第 i 种类型投入与第 j 种类型产出的权重系数。

进一步使用 Charnes-Cooper 对模型进行变换，令 $w = \dfrac{1}{v^T x_0} v$，$u = \dfrac{1}{v^T x_0}$，由此可得以下模型：

$$\max h_{k_0} = u^T y_0$$

$$\text{s. t.} \begin{cases} w^T x_j - u^T x_j \geqslant 0, \ j = 1, \ 2, \ 3, \ \cdots, \ n \\ w^T x_0 = 1 \\ u \geqslant 0, \ w \geqslant 0 \end{cases} \quad (5-2)$$

在上述模型中引入松弛变量 s^+ 和剩余变量 s^-，松弛变量表示达到最优配置需要减少的投入量，剩余变量表示达到最优配置需要增加的产出量。由此，不等式约束会变为等式约束，模型可以简化为：

$$\min\theta$$

$$\text{s. t.} \begin{cases} \sum_{k=1}^{n} \lambda_k y_k + s^+ = \theta x_0 \\ \sum_{k=1}^{n} \lambda_k y_k - s^- = \theta y_0 \\ \lambda_k \geqslant 0, \ k = 1, \ 2, \ \cdots, \ n \\ s^+ \geqslant 0, \ s^- \leqslant 0 \end{cases} \quad (5-3)$$

基于上述公式来判定技术有效和规模有效是否同时成立：

（1）若满足 $\theta x_0 = 1$，且 $s^+ = 0$，$s^- = 0$，则决策单元为 DEA 有效，决策单元的经济活动同时为技术有效和规模有效；

（2）若满足 $\theta x_0 = 1$，但至少某个投入或者产出大于 0，则决策单元为弱 DEA 有效，决策单元的经济活动不能同时为技术有效和规模有效；

（3）若满足 $\theta x_0 \neq 1$，决策单元不是 DEA 有效，经济活动既不是技术有效，也不是规模有效。

（二）BBC 模型

CCR 模型是在规模报酬不变的前提下所得到的，但是技术创新的规模报酬是不固定的，现实中存在的不平等竞争也会导致某些决策单元不能以最佳规模运行，于是班克（Banker）、查恩斯（Charnes）和库伯（Cooper）在 1984 年对之前仅讨论固定规模效益的 DEA 分析进行了扩展，提出了 BCC 模型（刘彬骁，2023）。BCC 模型考虑到在可变规模收益（VRS）情况，即当有的决策单元不是以最佳的规模运行时，技术效益（technology efficiency）的测度会受到规模效率（scale efficiency）的影响。

以图 5 - 2 为例，位于生产函数曲线 $f(x)$ 上的点 A 与点 C 都是技术有效，位于 $f(x)$ 曲线内的点 B 则不是技术有效。由于点 A 还位于生产函数曲线的拐点，A 还是规模有效点。然而点 C 位于规模收益递减区域，因此它不是规模有效。BCC 模型正是讨论位于这种生产状况的决策单元。因此，在构建 BCC 模型时，需要假设规模报酬可变，对 CCR 模型的约束条件进行简单地改进，增加凸性假设条件，得到新的模型：

$$\min\theta$$

$$\text{s. t.} \begin{cases} \sum_{k=1}^{n} \lambda_k y_k + s^+ = \theta x_0 \\ \sum_{k=1}^{n} \lambda_k y_k - s^- = \theta y_0 \\ \lambda_k \geq 0, \ k = 1, 2, \cdots, n \\ \sum \lambda_k = 1, \ k = 1, 2, \cdots, n \\ s^+ \geq 0, \ s^- \leq 0 \end{cases} \tag{5-4}$$

基于上述公式来判定是否有效及资源利用率情况：

（1）若满足 $\theta x_0 = 1$，且 $s^+ = 0$，$s^- = 0$，则决策单元为 DEA 有效；

（2）若满足 $\theta x_0 = 1$，且 s^+、s^- 中至少某个投入或者产出大于 0，则决策单元为弱 DEA 有效；

（3）若满足 $\theta x_0 \neq 1$，决策单元不是 DEA 有效。

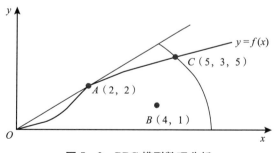

图 5 - 2　BBC 模型数理分析

传统的 CCR 模型和 BCC 模型都是基于线性规划的非参数方法，通过比较单一的输入和输出之间的距离，计算单位的相对效率，这些模型可以用于评估单位的绩效、识别低效率和提供改进建议。需要注意的是，传统 DEA 评价过程被视为一个"黑箱"，忽略评价体系的内部过程，这些传统的 DEA 模型具有一些局限性，例如对数据的敏感性、缺乏考虑不确定性的能力等。因此，在实际应用中，有时候会使用改进的 DEA 模型或者其他的效率评估方法来更好地解决问题。

二、网络 DEA 模型

为解决传统 DEA 模型的"黑箱"问题，学者费雷（Fare）和格罗斯科普夫（Grosskopf）提出了网络 DEA 模型，网络 DEA 模型与传统 DEA 模型相比，具有更加复杂的内部结构（班恒、欧阳彬宇，2023）。网络 DEA 模型的优点主要体现在两个方面：其一，网络 DEA 模型能够对每个子阶段过程的效率进行评价，更加细致地分析系统内部的运行特点。传统 DEA 模型只能对整个系统的效率进行评价，无法识别系统内不同子阶段过程的效率优劣，而网络 DEA 模型可以通过构建子网络来研究和评价各个子阶段的效率，使评价结果更有针对性（魏宇琪，2023）。其二，网络 DEA 模型得出的测算结果普遍更加精确，更能真实地反映现实效率水平。网络 DEA 模型可以考虑系统内不同子阶段过程之间的依赖关系和相互影响，更准确地测算每个子阶段的效率，避免了一些可能存在的偏差（牛东旗，2023）。通过考虑系统内部各个子阶段的互动和运作关系，网络 DEA 模型能够提供更准确的效率评价结果。网络 DEA 模型分为串联式、并联式等多种形式，具体模型表示如下。

（一）串联式网络 DEA 模型

串联式网络 DEA（data envelopment analysis）模型是一种用于评估生产过程效率的方法，生产过程被视为一个多阶段的网络，每个阶段都有输入和输出，每个阶段的输出作为下一个阶段的输入，这种模型的目标是评估在给定输入条件下，每个阶段的效率以及整个网络的效率（许艳丽，蔡璇，2023）。效率被定义为输出最大化与输入最小化的程度，在这种模型中，上游生产过程的产出指标会全部用于下游的生产投入（施雄天等，2023）。这意味着上游阶段的产出不是为了直接消费，而是作为下游阶段的输入，进一步加工或转化，如图 5 - 3 所示。

图 5 - 3　串联式网络 DEA 结构

设定决策单元投入变量为：x_i，$y_i(i = 1, 2, \cdots, n)$，产出变量为 E_m，E_q，E_t，其中，第一阶段产出量与第二阶段投入量相同（同为 φ），对此可以得到效率计算公式表示如下：

$$\max\theta = \frac{\sum u^T y_{j0}}{\sum v^T x_{j0}}$$

$$\text{s. t.} \begin{cases} \dfrac{u^T y_j}{v^T x_j} \leq 1, \ j = 1, 2, \cdots, n \\[2mm] \dfrac{\varphi^T y_j}{v^T x_j} \leq 1, \ j = 1, 2, \cdots, n \\[2mm] \dfrac{u^T y_j}{v^T z_j} \leq 1, \ j = 1, 2, \cdots, n \\[2mm] v \geq \varepsilon, \ v = (1, 2, \cdots, m)^T, \ v \in E_m \\[2mm] \varphi \geq \varepsilon, \ \varphi = (1, 2, \cdots, q)^T, \ \varphi \in E_q \\[2mm] u \geq \varepsilon, \ u = (1, 2, \cdots, t)^T, \ u \in E_t \end{cases} \quad (5 - 5)$$

当 $E = 1$ 时，说明决策单元处于 DEA 有效；当 $E \leq 1$ 时，说明决策单元处于 DEA 无效。串联式网络 DEA 模型确实在 DEA 方法的发展中起到了重要的作用，但是该模型存在一些缺陷，无法深入分析各个子系统之间的相互关系，为了克服串联式网络 DEA 模型的这些缺陷，研究者们提出了许多改进方法，如并联式网络 DEA 模型、混合 DEA 模型等，以更好地解决子系统之间的相互关系和权重分配问题（刘沙沙，2022）。这些改进方法能够更全面地分析各个子系统在绩效评估中的贡献和相互关系，从而提供更准确的结果。

（二）并联式网络 DEA 模型

并联式网络 DEA 模型是一种基于 DEA 的扩展方法，用于评估并行结构的相对效率（吴婉娴，2022）。在并联式网络 DEA 模型中，考虑了多个并行结构的决策单元（被评估的单位），每个子系统间相互独立联系独立运行，如图 5 - 4 所示。

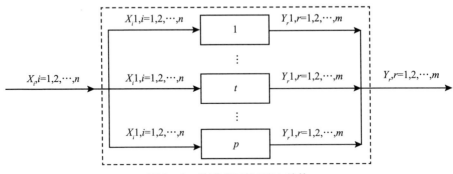

图 5 - 4　并联式网络 DEA 结构

假设并联结构 DEA 模型是由多个并联部分构成，且总投入与各个子系统的投入总和相等，总产出是各个子系统的产出之和。其中，用 u_r、v_i 分别表示投入和产出，s_k、s_k^t 分别表达并联模型中整体松弛变量和各个阶段松弛变量。

$$\max \sum_{r=1}^{m} u_r y_{rk}$$

$$\text{s. t.}\begin{cases} \sum_{i=1}^{n} v_i x_{ik} = 1 \\ \sum_{r=1}^{m} u_r y_{rk} - \sum_{i=1}^{n} v_i x_{ik} + s_k = 0 \\ \sum_{r=1}^{m} u_r y_{rk}^t - \sum_{i=1}^{n} v_i x_{ik}^t + s_k^t = 0, \, t = 1, 2, \cdots, p \\ \sum_{r=1}^{m} u_r y_{rj}^t - \sum_{i=1}^{n} v_i x_{ij} \leqslant 0, \, j = 1, 2, \cdots, p, \, j \neq k \\ \sum_{r=1}^{m} u_r y_{rj}^t - \sum_{i=1}^{n} v_i x_{ij}^t \leqslant 0, \, j = 1, 2, \cdots, p, \, j \neq k \\ u_r, \, v_i \geqslant \varepsilon, \, r = 1, 2, \cdots, m, \, i = 1, 2, \cdots, n \end{cases} \quad (5-6)$$

进一步可以看出，$\sum_{t=1}^{p} s_k^t = s_k$，其中 s_k 表示无效率值，而 $\sum_{r=1}^{m} u_r y_{rk} = 1 - s_k$，

当子系统内的 t 单元是处于 DEA 有效时，s_k^t 在 t 单元是无效率的，主要是因为：

$$\begin{cases} \sum_{r=1}^{m} u_r y_{rk} - \sum_{i=1}^{n} v_i x_{ik} + s_k = 0 \\ \sum_{i=1}^{n} v_i x_{ik} = 1 \rightarrow s_k = 1 - \sum_{i=1}^{n} v_i x_{ik} \\ \sum_{r=1}^{m} u_r y_{rk}^t - \sum_{i=1}^{n} v_i x_{ik}^t + s_k = 0 \\ \dfrac{\sum_{r=1}^{m} u_r y_{rk}^t}{\sum_{i=1}^{n} v_i x_{ik}^t} + \dfrac{s_k^t}{\sum_{i=1}^{n} v_i x_{ik}^t} = 1 \end{cases} \quad (5-7)$$

此时，子单元 t 的无效率指数为 $\dfrac{s_k}{\sum_{i=1}^{n} v_i x_{ik}^t}$，并联式网络结构中的各个子系统是相互独立的，它们可以独立运转和产出，并且相互协作。在并联式网络结构中，当某一子系统有效时，整体系统采用该子系统的产出可以带来效率提升，从而使整个系统能够达到最优状态。

基于前文可知我国新能源电池技术创新过程分为技术研发和成果转换两个阶段，对此选择网络 DEA 模型能较好地评价新能源电池产业技术创新效率，进一步参考相关学者的研究，刻画出我国新能源电池产业技术创新效率评价的二阶段网络 DEA 模型，如图 5-5 所示。

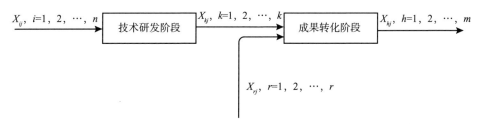

图 5-5 两阶段网络 DEA 结构

如图 5 - 5 所示的两阶段过程，假设存在 n 个 DMU，$x_{ij}(i=1,2,\cdots,n)$ 为第一阶段中有 n 个投入，$x_{kj}(k=1,2,\cdots,m)$ 为第一阶段中有 m 个产出，同时也表示为第二阶段的投入。$x_{rj}(r=1,2,\cdots,r)$ 为第二阶段中的额外投入，$x_{hj}(h=1,2,\cdots,m)$ 为第二阶段中有 m 个产出。在前面的 CCR 模型基础之上，参考相关学者提出的假设（侯俊华，2022），将两个阶段结合起来可以得到两个阶段的效率值，具体公式表示如下：

$$\begin{cases} \theta_1 = \max \dfrac{\sum\limits_{d=1}^{D} W_d Z_{d0} - \sum\limits_{k=1}^{k} t_k b_{k0}}{\sum\limits_{i=1}^{m} v_i x_{i0}} \\[4ex] \theta_2 = \max \dfrac{\sum\limits_{r=1}^{s} u_r y_{r0}}{\sum\limits_{k=1}^{k} t_k b_{k0} + \sum\limits_{h=1}^{h} q_h x_{h0}^2} \end{cases} \quad (5-8)$$

令第一阶段和第二阶段效率权重分别为 w_1 和 w_2，进一步得到如下分式：

$$\theta_0 = \max \theta_1 \times \theta_2 = w_1 \dfrac{\sum\limits_{d=1}^{D} W_d Z_{d0} - \sum\limits_{k=1}^{k} t_k b_{k0}}{\sum\limits_{i=1}^{m} v_i x_{i0}}$$

$$+ w_2 \dfrac{\sum\limits_{r=1}^{s} u_r y_{r0}}{\sum\limits_{k=1}^{k} t_k b_{k0} + \sum\limits_{h=1}^{h} q_h x_{h0}^2} \quad (5-9)$$

$$\text{s. t.} \begin{cases} \dfrac{\sum\limits_{d=1}^{D} W_d Z_{d0} - \sum\limits_{k=1}^{k} t_k b_{k0}}{\sum\limits_{i=1}^{m} v_i x_{i0}} \leqslant 1 \\[4ex] \dfrac{\sum\limits_{r=1}^{s} u_r y_{r0}}{\sum\limits_{k=1}^{k} t_k b_{k0} + \sum\limits_{h=1}^{h} q_h x_{h0}^2} \leqslant 1 \\[3ex] v_i, q_h, w_d, t_k > 0 \end{cases}$$

在第二阶段追加额外投入时采用乘法分解总体效率的方法，但无法直接求出该阶段效率，再使用加法组合子阶段效率的方法来求解。对此，需作出新的命令：

$$\begin{cases} w_1 + w_2 = 1 \\[2mm] w_1 = \dfrac{\displaystyle\sum_{i=1}^{m} v_i x_{i0}^1}{\displaystyle\sum_{k=1}^{k} t_k b_{k0} + \sum_{h=1}^{h} q_h x_{h0} + \sum_{i=1}^{m} v_i x_{i0}^1} \\[6mm] w_2 = \dfrac{\displaystyle\sum_{k=1}^{k} t_k b_{k0} + \sum_{h=1}^{h} q_h x_{h0}^2}{\displaystyle\sum_{k=1}^{k} t_k b_{k0} + \sum_{h=1}^{h} q_h x_{h0}^2 + \sum_{i=1}^{m} v_i x_{i0}^1} \end{cases} \qquad (5-10)$$

在规模收益不变的条件下，将公式（5-10）转换为：

$$\theta_0 = \max \frac{\displaystyle\sum_{d=1}^{D} W_d Z_{d0} - \sum_{k=1}^{D} t_k b_{k0} + \sum_{r=1}^{s} u_r y_{r0}}{\displaystyle\sum_{i=1}^{m} v_i x_{i0} + \sum_{k=1}^{k} t_k b_{k0} + \sum_{h=1}^{h} q_h x_{h0}^2}$$

$$\text{s.t.} \begin{cases} \dfrac{\displaystyle\sum_{d=1}^{D} W_d Z_{dj} - \sum_{k=1}^{D} t_k b_{kj}}{\displaystyle\sum_{i=1}^{m} v_i x_{ij}^1} \leqslant 1 \\[6mm] \dfrac{\displaystyle\sum_{r=1}^{s} u_r y_{rj}}{\displaystyle\sum_{k=1}^{k} t_k b_{kj} + \sum_{h=1}^{h} q_h x_{hj}^2} \leqslant 1 \\[4mm] w_d, t_k, v_i, q_h \geqslant 0, j = 1, 2, \cdots, n \end{cases} \qquad (5-11)$$

进一步使用 Charnes-Cooper 变换将非线性模型转换为线性模型，具体形式如下：

$$\theta_0 = \max \sum_{d=1}^{D} w_d z_{d0} - \sum_{k=1}^{D} \delta_k b_{k0} + \sum_{r=1}^{s} \mu_r y_{r0}$$

$$\text{s. t.} \begin{cases} \sum_{d=1}^{D} w_d z_{dj} - \sum_{k=1}^{D} \delta_k b_{kj} + \sum_{r=1}^{s} \mu_r x_{ij}^1 \leqslant 0 \\ \sum_{r=1}^{s} \mu_r y_{r0} - \sum_{k=1}^{D} \delta_k b_{kj} - \sum_{h=1}^{h} q_h x_{h0}^2 \leqslant 0 \\ \sum_{k=1}^{D} \delta_k b_{k0} + \sum_{i=1}^{m} \tau_i x_{ij}^1 + \sum_{h=1}^{h} q_h x_{h0}^2 = 1 \\ w_d, \tau_i, \delta_k, q_h, \mu_r \geqslant 0, j = 1, 2, \cdots, n \end{cases} \quad (5-12)$$

因此，第一阶段效率得分模型可以写为：

$$\theta_1^* = \max \frac{\sum_{d=1}^{D} W_d Z_{d0} - \sum_{k=1}^{D} t_k b_{k0}}{\sum_{i=1}^{m} v_i x_{i0}^1}$$

$$\text{s. t.} \begin{cases} \dfrac{\sum_{d=1}^{D} W_d Z_{dj} - \sum_{k=1}^{D} t_k b_{kj}}{\sum_{i=1}^{m} v_i x_{ij}^1} \leqslant 1 \\ \dfrac{\sum_{r=1}^{s} u_r y_{rj}}{\sum_{k=1}^{k} t_k b_{kj} + \sum_{h=1}^{h} q_h x_{hj}^2} \leqslant 1 \\ \theta_0^* = \dfrac{\sum_{d=1}^{D} W_d Z_{d0} - \sum_{k=1}^{D} t_k b_{k0} + \sum_{r=1}^{s} \mu_r y_{r0}}{\sum_{k=1}^{k} t_k b_{kj} + \sum_{h=1}^{h} q_h x_{hj}^2 + \sum_{i=1}^{m} v_i x_{i0}^1} \\ w_d, t_k, v_i, q_h, u_r \geqslant 0, j = 1, 2, \cdots, n \end{cases} \quad (5-13)$$

上式中的 θ_0^* 是由公式（5-12）计算所得。对其整理所得新的表达式为：

$$\theta_1^* = \max \sum_{d=1}^{D} W_d Z_{d0} - \sum_{k=1}^{D} t_k b_{k0}$$

$$\text{s. t.} \begin{cases} \sum_{d=1}^{D} w_d z_{dj} - \sum_{k=1}^{D} \delta_k b_{kj} + \sum_{r=1}^{s} \mu_r x_{ij}^1 \leqslant 0 \\ \sum_{r=1}^{s} \mu_r y_{r0} - \sum_{k=1}^{D} \delta_k b_{kj} - \sum_{h=1}^{h} q_h x_{h0}^2 \leqslant 0 \\ \sum_{d=1}^{D} W_d Z_{d0} + \sum_{r=1}^{s} u_r y_{r0} - \theta_0^* \sum_{h=1}^{h} q_h x_{h0}^2 - (1 + \theta_0^*) \sum_{k=1}^{k} \delta_k b_{k0} \\ \sum_{i=1}^{m} \tau_i x_{ij}^1 = 1 \\ w_d, \tau_i, \delta_k, q_h, \mu_r \geqslant 0, j = 1, 2, \cdots, n \end{cases} \quad (5-14)$$

最后，可以得到第二阶段的效率得分，即 $\theta_2^* = \dfrac{\theta_0 - w_1^* \cdot \theta_1^*}{w_2^*}$。

综上所述，本研究将使用两阶段网络 DEA 模型来对我国新能源电池产业技术创新效率进行测度，进而能更好地对子阶段效率进行评价。

三、Malmquist 指数模型

Malmquist 指数是一种用于衡量不同时间点或不同决策单元之间效率变化的方法，该模型基于经济学中的生产率指数概念，通过考察两个时间点或两个决策单元之间的技术进步和效率变化来评估其绩效，并可分解为技术变动指数（technical change index）和效率变动指数（efficiency change index）两个部分（李晓翼、李青，2024）。利用距离函数进行运算，表示为以下数学形式：

$$M_0(x^t, y^t, x^{t+1}, y^{t+1}) = \left[\left(\frac{E_0^t(x^{t+1}, y^{t+1})}{E_0^t(x^t, y^t)} \right) \times \left(\frac{E_0^{t+1}(x^{t+1}, y^{t+1})}{E_0^{t+1}(x^t, y^t)} \right) \right]^{\frac{1}{2}}$$

$$(5-15)$$

该生产率指数又可以分解为面向输入的效率变化（EFFCH）和技术效率（TECHCH），技术效率又可以分解为规模效率（SECH）和纯技术效率（PECH）两部分：

$$M_0(x^t, y^t, x^{t+1}, y^{t+1}) = \left(\frac{E_0^t(x^{t+1}, y^{t+1})}{E_0^t(x^t, y^t)} \right) \times \left[\left(\frac{E_0^t(x^{t+1}, y^{t+1})}{E_0^t(x^t, y^t)} \right) \right.$$

$$\left. \times \left(\frac{E_0^{t+1}(x^{t+1}, y^{t+1})}{E_0^{t+1}(x^t, y^t)} \right) \right]^{\frac{1}{2}} \quad (5-16)$$

当 $Malmquist > 1$ 时，从 t 期到 $t+1$ 期的全要素生产率提高；当 $Malmquist = 1$ 时，全要素生产率不变；当 $Malmquist < 1$ 时，全要素生产率降低。综上所述，$Malmquist$ 指数模型是一种衡量不同时期或不同决策单元之间效率变化的方法。它在比较决策单元绩效变化和技术水平改变方面有着广泛的应用，并为决策者提供了一种评估和分析绩效的工具。

第三节　中国新能源电池产业技术创新效率效果评价

一、样本选择及数据来源

（一）样本选择

本研究以中国新能源电池产业技术创新为研究对象，因中国新能源电池产业起步晚，尚未形成全面的省级面板数据，所以本研究选取的样本企业来自 A 股（包括上交所、深交所、北交所）电池行业上市企业与中国化学与物理电源行业协会发布的 2022 年度中国电池行业百强企业名单（赫荣亮、郭灵康、李雨浓，2023）。首先，剔除与新能源电池研发、制作不相关的企业；其次，剔除了被标注 ST、*ST 的企业；最后，考虑数据的可获取性，最终选出 62 家新能源电池企业，虽然不能代表整体新能源电池产业技术创新效率情况，但经过筛选之后，该样本企业的数据基本上可以较好反映出新能源电池产业技术创新效率的情况，具体样本企业如表 5-2 所示。

表 5 - 2   中国新能源电池企业基本情况

企业名称	企业简称	上市年份	所在省份	企业主营业务
宁德时代新能源科技股份有限公司	宁德时代	2018	福建	动力电池、储能电池、电池回收
比亚迪股份有限公司	比亚迪	2011	广东	新能源汽车、动力电池、储能电池
国轩高科股份有限公司	国轩高科	2006	安徽	动力电池、储能电池、输配电设备
惠州亿纬锂能股份有限公司	亿纬锂能	2009	广东	动力电池、储能电池
欣旺达电子股份有限公司	欣旺达	2011	广东	动力电池、储能电池
深圳市雄韬电源科技股份有限公司	雄韬股份	2014	广东	动力电池、储能电池
广州鹏辉能源科技股份有限公司	鹏辉能源	2015	广东	动力电池、储能电池
孚能科技（赣州）股份有限公司	孚能科技	2020	江西	动力电池、储能电池
湖南裕能新能源电池材料股份有限公司	湖南裕能	2023	湖南	磷酸铁锂、三元锂正极材料
宁波容百新能源科技股份有限公司	容百科技	2019	浙江	磷酸铁锂、三元锂正极材料
北京当升材料科技股份有限公司	当升科技	2010	北京	三元锂正极材料
深圳市德方纳米科技股份有限公司	德方纳米	2019	广东	磷酸铁锂正极材料
江门市科恒实业股份有限公司	科恒股份	2012	广东	磷酸铁锂、三元锂正极材料
贝特瑞新材料集团股份有限公司	贝特瑞	2020	广东	磷酸铁锂正极材料、石墨负极材料
贵州振华新材料股份有限公司	振华新材	2021	贵州	三元锂正极材料
厦门钨业股份有限公司	厦门钨业	2002	福建	三元锂正极材料
广东光华科技股份有限公司	光华科技	2015	广东	磷酸铁锂正极材料
富临精工股份有限公司	富临精工	2015	四川	磷酸铁锂正极材料
石家庄尚太科技股份有限公司	尚太科技	2022	河北	石墨负极材料
宁波杉杉股份有限公司	杉杉股份	1996	浙江	石墨负极材料
湖南中科电气股份有限公司	中科电气	2009	湖南	石墨负极材料
方大炭素新材料科技股份有限公司	方大炭素	2002	甘肃	石墨负极材料
广州天赐高新材料股份有限公司	天赐材料	2014	广东	电解液、化学添加剂

企业名称	企业简称	上市年份	所在省份	企业主营业务
江苏国泰国际集团股份有限公司	江苏国泰	2006	江苏	电解液、化学添加剂
深圳新宙邦科技股份有限公司	新宙邦	2010	广东	电解液、化学添加剂
多氟多新材料股份有限公司	多氟多	2010	河南	电解液、化学添加剂
浙江永太科技股份有限公司	永太科技	2009	浙江	电解液、化学添加剂
四川雅化实业集团股份有限公司	雅化集团	2010	四川	化学添加剂
胜华新材料集团股份有限公司	胜华新材	2015	山东	化学添加剂
云南恩捷新材料股份有限公司	恩捷股份	2016	云南	隔离膜
上海璞泰来新能源科技股份有限公司	璞泰来	2017	上海	隔离膜及涂覆加工、黏结剂、正负极材料
沧州明珠塑料股份有限公司	沧州明珠	2007	河北	隔离膜
深圳市星源材质科技股份有限公司	星源材质	2016	广东	隔离膜
广东嘉元科技股份有限公司	嘉元科技	2019	广东	铜箔
铜陵有色金属集团股份有限公司	铜陵有色	1996	安徽	铜箔
湖北中一科技股份有限公司	中一科技	2002	湖北	铜箔
江苏鼎胜新能源材料股份有限公司	鼎胜新材	2018	江苏	铝箔
深圳市科达利实业股份有限公司	科达利	2017	广东	顶盖总成等精密结构件
宁波震裕科技股份有限公司	震裕科技	2021	浙江	顶盖总成等精密结构件
永兴特种材料科技股份有限公司	永兴材料	2015	浙江	碳酸锂
青海盐湖工业股份有限公司	盐湖股份	1997	青海	碳酸锂
中矿资源集团股份有限公司	中矿资源	2014	北京	锂矿采选，碳酸锂、氢氧化锂等
江西赣锋锂业集团股份有限公司	赣锋锂业	2010	江西	锂矿采选，碳酸锂、氢氧化锂等
天齐锂业股份有限公司	天齐锂业	2010	四川	锂矿采选，碳酸锂、氢氧化锂等
贵州红星发展股份有限公司	红星发展	2001	贵州	锰酸锂
湘潭电化科技股份有限公司	湘潭电化	2007	湖南	锰酸锂等电池材料
安徽安纳达钛业股份有限公司	安纳达	2007	安徽	磷酸铁

续表

企业名称	企业简称	上市年份	所在省份	企业主营业务
江西特种电机股份有限公司	江特电机	2007	江西	锂矿采选，碳酸锂等
格林美股份有限公司	格林美	2010	广东	三元前驱体、电池回收
浙江华友钴业股份有限公司	华友钴业	2015	浙江	镍、钴、锂矿采选，三元前驱体，电池回收等
龙佰集团股份有限公司	龙佰集团	2011	河南	磷酸铁
宜宾天原集团股份有限公司	天原股份	2010	四川	磷酸铁
云南云天化股份有限公司	云天化	1997	云南	磷矿采选，磷酸铁等
无锡先导智能装备股份有限公司	先导智能	2015	江苏	卷绕、模切等自动化生产设备
深圳市赢合科技股份有限公司	赢合科技	2015	广东	涂布等自动化生产设备
大族激光科技产业集团股份有限公司	大族激光	2004	广东	激光设备
深圳市联赢激光股份有限公司	联赢激光	2020	广东	焊接设备
福建星云电子股份有限公司	星云股份	2017	福建	电池性能检测设备
深圳市今天国际物流技术股份有限公司	今天国际	2016	广东	物流技术设备
海目星激光科技集团股份有限公司	海目星	2020	广东	激光设备
博众精工科技股份有限公司	博众精工	2021	江苏	自动化柔性生产线
深圳市誉辰智能装备股份有限公司	誉辰智能	2023	广东	非标智能装备

资料来源：巨潮资讯网中的企业年报。

根据上述中国新能源电池企业的经营范围，可以对选取的62家样本企业进行分类，具体如下：

第一类：新能源电池直接原材料生产企业（正极、负极、电解液、添加剂、隔离膜、铜箔、铝箔等）。这些企业专门从事新能源电池的原材料生产，包括正极、负极、电解液等关键材料的制造，这些企业为整个新能源电池产业链提供重要的原材料支持。其中，具有一定代表性的企业有厦门钨业、富临精工、光华科技等。

第二类：新能源电池二级原料或上游关键矿产资源开发企业。这些企业主要从事新能源电池二级原料生产，或者是开采新能源电池生产过程中所需的关键矿产资源，它们为新能源电池直接原材料生产企业提供原材料支持，具备一定代表性的企业有永兴材料、盐湖股份、赣锋锂业、天齐锂业等。

第三类：新能源电池生产设备制造企业。这些企业专门从事新能源电池生产设备的制造，包括生产工艺设备、生产线等，它们为新能源电池生产制造企业提供生产设备支持，具有一定代表性的企业有先导智能、赢合科技、星云股份、誉辰智能等。

第四类：新能源电池生产制造企业。这些企业是最终生产新能源电池产品的企业，通过使用上述所提及的原材料、设备以及二级原料来制造出新能源电池产品。较具有代表性的企业有宁德时代、比亚迪等（见表5-3）。

表5-3   样本企业新能源电池分类

分类	企业名称	家数（家）
第一类	湖南裕能、容百科技、当升科技、德方纳米、科恒股份、贝特瑞、振华新材、厦门钨业、光华科技、富临精工、尚太科技、杉杉股份、中科电气、方大炭素、天赐材料、江苏国泰、新宙邦、多氟多、永太科技、雅化集团、胜华新材、恩捷股份、璞泰来、沧州明珠、星源材质、嘉元科技、铜陵有色、中一科技、鼎胜新材、科达利、震裕科技	31
第二类	永兴材料、盐湖股份、中矿资源、赣锋锂业、天齐锂业、红星发展、湘潭电化、安纳达、江特电机、格林美、华友钴业、龙佰集团、天原股份、云天化	14
第三类	先导智能、赢合科技、大族激光、联赢激光、星云股份、今天国际、海目星、博众精工、誉辰智能	9
第四类	宁德时代、比亚迪、国轩高科、亿纬锂能、欣旺达、雄韬股份、鹏辉能源、孚能科技	8

资料来源：根据调研资料整理。

通过对62家企业进行具体分类（见表5-3），可以更好地了解中国新能源电池产业链的结构和不同企业在其中的角色与功能。这有助于更好地研究行业发展趋势、判断企业竞争力，并为政府制定相关政策提供参考。

（二）数据来源

本研究以中国新能源电池产业技术创新为研究对象，并选择了 2018 ~ 2022 年间的 62 家新能源动力电池企业作为样本。研究所使用的数据主要来自巨潮资讯网提供的企业年报、中国知识产权网、国泰安数据库等。在数据收集过程中，可能会存在一些缺失值的情况，为了弥补这些缺失值，采用了插值法对数据进行填充。

（三）样本数据分析

1. 描述性统计

运用 Stata17 软件对投入产出指标进行描述性统计，描述性统计结果如表 5 - 4 所示。从表 5 - 4 中对比发现，62 家新能源电池企业的研发费用、研发人员数、专利申请数、从业人员数最大最小值之间差距较大，这说明各个企业间投入指标存在差异，进而导致产出指标的创新效率差异化明显。同时，从新能源电池产业技术创新的成果转换的指标可以发现，企业的营业利润存在最小值为负数，导致部分企业技术创新效果不理想。

表 5 - 4   **描述性统计**

指标	观测值	均值	标准差	最小值	最大值
研发费用（万元）	310	53578.55	164605.4	52.5388	1865445
研发人员数（人）	310	1577.835	5765.642	8.00	69697
专利申请数（项）	310	192.1097	411.7495	1.00	2709
从业人员数（人）	310	11088.54	42739.99	247.00	570060
固定资产（万元）	310	496082.8	1172801	79.52612	$1.32e + 07$
主营业务收入（万元）	310	1563019	3878850	10179.78	$4.24e + 07$
营业利润（万元）	310	135835.8	488447.4	- 4485741	3991141

资料来源：依据 Stata17 软件计算所得。

2. 相关性检验

采用 Stata17 软件对各个变量进行相关性检验，由表 5 - 5 可以看出，投入指标中研发费用与产出指标中的专利申请数、从业人员数、固定资产之间呈正相关关系，且存在 1% 的显著性水平，相关系数分别为 0.706、0.872、0.903。投入指标中的研发人员数与产出指标中各个变量也均存在正相关关系，存在 1% 的显著性水平。由此可以说明该指标体系是合理的，也适合运用网络 DEA 模型。

表 5 – 5　　　　　　　　　变量相关性检验（相关系数）

指标	研发费用	研发人员数	专利申请数	从业人员	固定资产	主营业务收入	营业利润
研发费用	1.000						
研发人员数	0.867 ***	1.000					
专利申请数	0.706 ***	0.673 ***	1.000				
从业人员数	0.872 ***	0.987 ***	0.602 ***	1.000			
固定资产	0.903 ***	0.847 ***	0.623 ***	0.870 ***	1.000		
主营业务收入	0.902 ***	0.818 ***	0.595 ***	0.846 ***	0.936 ***	1.000	
营业利润	0.500 ***	0.297 ***	0.316 ***	0.321 ***	0.451 ***	0.512 ***	1.000

注：*** 代表 1% 水平的显著性。
资料来源：根据调研资料整理。

二、技术创新效率静态评价

基于第四章构建的中国新能源电池产业技术创新的评价指标体系，采用两阶段 DEA 模型，选取较具有代表性的 62 家新能源电池制造企业作为研究样本，然后使用 MaxDEA 软件计算出新能源电池产业技术创新的综合效率及两阶段效率，即技术研发投入阶段、成果转换阶段，能进一步更加深入地剖析我国新能源电池产业技术创新效率的变化情况（黎寅慧，2024）。

（一）新能源电池产业技术创新的综合效率分析

选取 2018 ~ 2022 年 62 家新能源电池制造企业的技术创新效率进行测算，得到如表 5 – 6 所示的结果。

表 5 - 6　　　　　**2018～2022 年 62 家企业技术创新效率**

企业简称	2018 年	2019 年	2020 年	2021 年	2022 年	均值
宁德时代	1.000	1.000	1.000	1.000	1.000	1.000
比亚迪	1.000	1.000	1.000	1.000	1.000	1.000
国轩高科	0.021	0.019	0.025	0.034	0.009	0.021
亿纬锂能	0.019	0.083	0.083	0.030	0.011	0.045
欣旺达	0.023	0.027	0.030	0.033	0.039	0.031
雄韬股份	0.120	0.118	0.139	0.089	0.027	0.099
鹏辉能源	0.036	0.056	0.045	0.045	0.014	0.039
孚能科技	0.014	0.018	0.022	0.015	0.013	0.016
湖南裕能	0.018	0.053	0.039	0.090	0.013	0.043
容百科技	0.035	0.045	0.053	0.067	0.052	0.051
当升科技	0.087	0.064	0.114	0.076	0.060	0.080
德方纳米	0.033	0.069	0.032	0.062	0.034	0.046
科恒股份	0.029	0.030	0.081	0.039	0.014	0.039
贝特瑞	0.052	0.129	0.069	0.047	0.030	0.065
振华新材	0.064	0.065	0.075	0.083	0.055	0.068
厦门钨业	0.034	0.037	0.047	0.059	0.058	0.047
光华科技	0.039	0.038	0.039	0.048	0.015	0.036
富临精工	0.041	0.075	0.105	0.045	0.027	0.059
尚太科技	0.064	0.075	0.096	0.105	0.020	0.072
杉杉股份	0.125	0.122	0.090	0.794	0.075	0.241
中科电气	0.028	0.081	0.087	0.049	0.016	0.052
方大炭素	0.045	0.075	0.104	0.134	0.037	0.079
天赐材料	0.043	0.038	0.121	0.087	0.048	0.067
江苏国泰	1.000	1.000	1.000	0.782	0.383	0.833
新宙邦	0.027	0.060	0.098	0.041	0.012	0.048
多氟多	0.035	0.048	0.056	0.065	0.016	0.044
永太科技	0.046	0.105	0.050	0.067	0.024	0.058
雅化集团	0.052	0.075	0.176	0.088	0.059	0.090

企业简称	2018 年	2019 年	2020 年	2021 年	2022 年	均值
胜华新材	0.182	0.111	0.075	0.053	0.022	0.089
恩捷股份	0.056	0.191	0.219	0.068	0.026	0.112
璞泰来	0.068	0.145	0.093	0.040	0.018	0.073
沧州明珠	0.177	0.206	0.512	0.149	0.057	0.220
星源材质	0.019	0.047	0.049	0.034	0.009	0.032
嘉元科技	0.082	0.265	0.125	0.045	0.058	0.115
铜陵有色	0.059	0.521	1.000	1.000	0.137	0.543
中一科技	0.039	0.073	0.112	0.064	0.018	0.061
鼎胜新材	0.185	0.051	0.072	0.070	0.026	0.081
科达利	0.021	0.056	0.042	0.031	0.010	0.032
震裕科技	0.040	0.131	0.105	0.048	0.018	0.068
永兴材料	0.060	0.090	0.065	0.076	0.049	0.068
盐湖股份	0.090	0.208	0.165	0.122	0.079	0.133
中矿资源	0.141	0.213	0.239	0.089	0.077	0.152
赣锋锂业	0.115	0.174	0.238	0.145	0.053	0.145
天齐锂业	0.131	0.300	0.732	1.163	1.594	0.784
红星发展	0.331	0.204	1.000	1.000	1.000	0.707
湘潭电化	0.091	0.587	0.179	0.104	0.024	0.197
安纳达	0.041	0.068	0.074	0.072	0.022	0.055
江特电机	0.024	0.068	0.046	0.060	0.020	0.044
格林美	0.046	0.063	0.049	0.056	0.020	0.047
华友钴业	0.117	0.118	0.120	0.151	0.139	0.129
龙佰集团	0.078	0.482	0.885	0.300	0.016	0.352
天原股份	0.157	0.230	0.254	0.181	0.144	0.193
云天化	1.000	1.000	1.000	1.000	0.387	0.877
先导智能	0.022	0.041	0.043	0.023	0.007	0.027
赢合科技	0.024	0.041	0.035	0.029	0.012	0.028
大族激光	0.015	0.021	0.024	0.024	0.006	0.018

续表

企业简称	2018 年	2019 年	2020 年	2021 年	2022 年	均值
联赢激光	0.021	0.037	0.029	0.020	0.010	0.023
星云股份	0.007	0.010	0.021	0.011	0.005	0.011
今天国际	0.011	0.030	0.033	0.034	0.010	0.024
海目星	0.013	0.050	0.023	0.027	0.007	0.024
博众精工	0.012	0.032	0.023	0.016	0.006	0.018
誉辰智能	0.094	0.199	0.313	0.177	0.011	0.159
均值	0.124	0.172	0.208	0.186	0.117	0.161

资料来源：根据调研资料整理。

从表 5－6 中的结果可知选取的 62 家新能源电池制造企业的综合效率值在 2018~2022 年的全国平均值为 0.161，这说明中国新能源电池企业技术创新效率整体处于较低的水平且各个企业间的技术创新发展存在差异性。从企业综合技术创新效率值来看，62 家新能源电池产业中仅有宁德时代、比亚迪两家企业的技术创新效率均值保持为"1"，说明这两家企业在 2018~2022 年的投入产出均达到最佳状态。从表 5－6 还可以看出，除宁德时代、比亚迪两家企业外，还有 10 家企业，如杉杉股份、江苏国泰、沧州明珠、铜陵有色、天齐锂业、红星发展、湘潭电化、龙佰集团、天原股份、云天化的综合效率值高于平均值，占据总体数量的 16.13%，这主要是因为这些企业战略布局较早适应国家新能源发展战略，同时拥有深厚的实力底蕴。相比之下，还存在大部分企业的技术创新平均值低于整体平均值，可见技术创新综合效率值低于平均值的企业数量较多，占据总体数量高达 50% 以上，可见我国新能源电池企业技术创新综合效率值过低，且具有较大的发展上升空间，特别是像亿纬锂能、厦门钨业等这种标杆企业，应加快顺应国家新能源发展战略，及时调整企业产业布局，使得企业技术创新水平向其他高水平企业看齐。

（二）新能源电池产业技术创新的两阶段效率分析

为了更加深入地了解中国新能源电池产业技术创新的两阶段水平，采用两阶段 DEA 模型来对 62 家新能源电池产业的研发阶段和成果转换阶段的技术创新水平测度，具体表示如下。

1. 技术研发阶段

运用 MaxDEA 软件计算出 62 家新能源电池企业的技术研发阶段效率，结果如表 5－7 所示。

表 5－7　　2018～2022 年 62 家企业技术创新的技术研发阶段效率

企业简称	2018 年	2019 年	2020 年	2021 年	2022 年	均值
宁德时代	1.000	1.000	1.000	1.000	1.000	1.000
比亚迪	1.000	1.000	1.000	1.000	1.000	1.000
国轩高科	0.121	0.165	0.120	0.245	0.016	0.133
亿纬锂能	0.127	0.117	0.085	0.042	0.012	0.077
欣旺达	0.049	0.045	0.035	0.068	0.039	0.047
雄韬股份	1.000	1.000	0.516	1.000	0.266	0.756
鹏辉能源	0.434	0.362	0.563	0.654	0.062	0.415
孚能科技	1.000	0.221	0.060	0.084	0.045	0.282
湖南裕能	0.704	0.158	0.118	0.064	0.123	0.233
容百科技	0.405	0.430	0.362	0.315	0.070	0.316
当升科技	0.180	0.359	0.269	0.224	0.113	0.229
德方纳米	0.987	1.000	1.000	0.275	0.062	0.665
科恒股份	0.556	0.705	0.190	0.838	0.139	0.486
贝特瑞	0.258	0.275	0.210	0.115	0.047	0.181
振华新材	0.926	1.000	0.804	0.884	0.158	0.754
厦门钨业	0.034	0.085	0.058	0.119	0.058	0.071
光华科技	0.831	0.893	0.577	1.000	0.181	0.696
富临精工	0.084	0.628	0.521	0.414	0.148	0.359
尚太科技	1.000	1.000	1.000	1.000	0.424	0.885
杉杉股份	0.125	0.122	0.090	0.794	0.140	0.254
中科电气	0.930	1.000	0.938	0.499	0.125	0.698
方大炭素	1.000	1.000	0.569	0.400	0.279	0.650

续表

企业简称	2018 年	2019 年	2020 年	2021 年	2022 年	均值
天赐材料	0.358	0.567	0.291	0.124	0.086	0.285
江苏国泰	1.000	1.000	1.000	1.000	0.383	0.877
新宙邦	0.297	0.370	0.317	0.113	0.051	0.230
多氟多	0.384	0.295	0.519	0.195	0.053	0.289
永太科技	0.390	0.473	0.590	0.651	0.153	0.451
雅化集团	0.610	0.473	0.947	0.301	0.165	0.499
胜华新材	1.000	0.267	0.232	0.151	0.109	0.352
恩捷股份	0.365	0.390	0.320	0.077	0.082	0.247
璞泰来	0.336	0.277	0.213	0.082	0.047	0.191
沧州明珠	1.000	1.000	1.000	1.000	0.807	0.961
星源材质	0.806	0.790	1.000	0.432	0.129	0.631
嘉元科技	1.000	0.774	0.487	0.299	0.503	0.613
铜陵有色	0.263	0.552	0.725	0.625	0.154	0.464
中一科技	1.000	1.000	0.886	0.620	0.246	0.750
鼎胜新材	0.831	0.179	0.099	0.244	0.049	0.280
科达利	0.444	0.330	0.457	0.220	0.049	0.300
震裕科技	1.000	1.000	1.000	1.000	0.124	0.825
永兴材料	0.287	0.423	0.312	0.335	0.127	0.297
盐湖股份	0.189	0.208	1.000	1.000	0.104	0.500
中矿资源	1.000	1.000	1.000	0.517	0.389	0.781
赣锋锂业	0.471	0.604	0.415	1.000	0.053	0.509
天齐锂业	1.000	0.635	1.000	1.000	1.000	0.927
红星发展	1.000	1.000	1.000	1.000	1.000	1.000
湘潭电化	1.000	1.000	1.000	0.965	0.455	0.884
安纳达	1.000	1.000	1.000	1.000	0.321	0.864
江特电机	0.054	0.146	0.781	0.554	0.125	0.332
格林美	0.121	0.140	0.118	0.189	0.027	0.119
华友钴业	0.117	0.269	0.156	0.151	0.139	0.166

续表

企业简称	2018 年	2019 年	2020 年	2021 年	2022 年	均值
龙佰集团	0.112	1.000	0.885	0.300	0.026	0.465
天原股份	0.341	0.417	0.392	0.679	0.287	0.423
云天化	1.000	1.000	1.000	1.000	1.000	1.000
先导智能	0.116	0.092	0.110	0.057	0.020	0.079
赢合科技	0.294	0.353	0.343	0.472	0.055	0.303
大族激光	0.037	0.048	0.048	0.045	0.017	0.039
联赢激光	0.739	0.475	0.594	0.410	0.138	0.471
星云股份	0.853	1.000	0.729	0.523	0.155	0.652
今天国际	1.000	0.871	0.991	1.000	0.161	0.805
海目星	0.510	0.583	0.475	0.993	0.065	0.525
博众精工	0.141	0.185	0.157	0.347	0.054	0.177
誉辰智能	0.150	0.764	1.000	1.000	0.610	0.705
均值	0.570	0.573	0.559	0.528	0.226	0.491

资料来源：根据调研资料整理。

从表 5 - 7 中的技术创新效率可以看出，2018～2022 年间 62 家新能源电池制造企业的技术研发阶段的效率均值为 0.491。其中，2018～2021 年的技术研发阶段的创新效率均保持在 0.5～0.6 之间，而 2022 年技术研发阶段的效率值下降至 0.226，且低于平均值。此外，基于表 5 - 7 来看，高于平均值的企业有 27 家，像宁德时代、比亚迪等企业在该阶段技术创新效率值为 1，这主要是该企业注重新能源电池产业的发展，加强与科研院所加强交流合作，不断加大技术创新投入力度，进而为实现商业化奠定基础。相比之下，大多数企业在技术研发阶段的创新水平是低于平均值，说明这些企业在该阶段的研发效率还处于较低水平，特别是像大族激光未能突破 0.050，说明该企业技术研发创新投入水平极低。对于技术研发阶段创新效率低的企业，需加强技术人员引进和研发创新投入是关键。通过引进高素质的技术人才、增加研发投入、加强合作开放、建立创新文化以及定期评估和调整，企业可以提升创新能力，加快技术研发进程，从而促进企业的可持续发展。

2. 创新成果转换阶段

通过对 62 家企业技术创新成果转换阶段效率进行测算，得到表 5 - 8 成果转换阶段效率变化值。

表 5 - 8　　　2018 ~ 2022 年 62 家企业技术创新成果转换阶段效率

企业简称	2018 年	2019 年	2020 年	2021 年	2022 年	均值
宁德时代	1.000	1.000	1.000	1.000	1.000	1.000
比亚迪	1.000	1.000	1.000	1.000	1.000	1.000
国轩高科	0.172	0.112	0.208	0.137	0.570	0.240
亿纬锂能	0.152	0.711	0.977	0.721	0.898	0.692
欣旺达	0.476	0.611	0.855	0.494	1.000	0.687
雄韬股份	0.120	0.118	0.268	0.089	0.101	0.139
鹏辉能源	0.082	0.154	0.080	0.069	0.224	0.122
孚能科技	1.000	0.080	0.364	0.174	0.286	0.381
湖南裕能	0.026	0.336	0.334	1.000	0.105	0.360
容百科技	0.087	0.106	0.148	0.212	0.745	0.260
当升科技	0.485	0.178	0.423	0.339	0.526	0.390
德方纳米	0.033	0.069	0.032	0.225	0.558	0.183
科恒股份	0.052	0.042	0.427	0.047	0.098	0.133
贝特瑞	0.200	0.468	0.329	0.408	0.635	0.408
振华新材	0.069	0.065	0.094	0.094	0.345	0.133
厦门钨业	1.000	0.436	0.807	0.498	1.000	0.748
光华科技	0.046	0.042	0.067	0.048	0.082	0.057
富临精工	0.490	0.120	0.202	0.108	0.182	0.220
尚太科技	1.000	1.000	1.000	0.832	0.118	0.790
杉杉股份	1.000	1.000	1.000	1.000	0.537	0.907
中科电气	0.030	0.081	0.093	0.098	0.130	0.086
方大炭素	1.000	1.000	0.184	0.335	0.132	0.530
天赐材料	0.120	0.067	0.416	0.702	0.552	0.371
江苏国泰	1.000	1.000	1.000	0.782	1.000	0.956
新宙邦	0.089	0.162	0.310	0.364	0.239	0.233

续表

企业简称	2018 年	2019 年	2020 年	2021 年	2022 年	均值
多氟多	0.090	0.162	0.107	0.333	0.306	0.200
永太科技	0.118	0.223	0.085	0.102	0.157	0.137
雅化集团	0.085	0.159	0.186	0.292	0.357	0.216
胜华新材	0.182	0.415	0.323	0.351	0.206	0.295
恩捷股份	0.153	0.488	0.684	0.884	0.311	0.504
璞泰来	0.201	0.522	0.440	0.484	0.382	0.406
沧州明珠	0.177	0.206	0.512	0.149	0.070	0.223
星源材质	0.024	0.060	0.049	0.079	0.071	0.057
嘉元科技	0.082	0.342	0.256	0.151	0.115	0.189
铜陵有色	0.223	0.944	1.000	1.000	0.042	0.642
中一科技	0.039	0.073	0.127	0.103	0.072	0.083
鼎胜新材	0.223	0.285	0.730	0.285	0.534	0.411
科达利	0.048	0.168	0.092	0.143	0.214	0.133
震裕科技	0.040	0.131	0.105	0.048	0.142	0.093
永兴材料	0.208	0.213	0.210	0.227	0.385	0.249
盐湖股份	0.476	1.000	1.000	1.000	0.760	0.847
中矿资源	0.141	0.213	0.239	0.171	0.199	0.193
赣锋锂业	0.244	0.289	0.572	1.000	1.000	0.621
天齐锂业	1.000	0.473	0.732	1.000	1.000	0.841
红星发展	0.331	1.000	1.000	1.000	1.000	0.866
湘潭电化	0.576	0.587	0.179	0.108	0.052	0.300
安纳达	0.041	0.068	0.074	0.072	0.067	0.064
江特电机	0.454	0.462	0.059	0.108	0.162	0.249
格林美	0.381	0.450	0.413	0.298	0.727	0.454
华友钴业	1.000	0.439	0.772	1.000	1.000	0.842
龙佰集团	0.696	1.000	1.000	1.000	0.596	0.858
天原股份	0.461	0.551	0.647	0.266	0.503	0.486
云天化	1.000	1.000	1.000	1.000	1.000	1.000

续表

企业简称	2018 年	2019 年	2020 年	2021 年	2022 年	均值
先导智能	0.186	0.443	0.391	0.402	0.344	0.353
赢合科技	0.082	0.116	0.102	0.062	0.223	0.117
大族激光	0.416	0.433	0.506	0.529	0.370	0.451
联赢激光	0.028	0.077	0.048	0.048	0.070	0.054
星云股份	0.008	0.010	0.029	0.022	0.032	0.020
今天国际	0.011	0.034	0.034	0.034	0.060	0.035
海目星	0.026	0.086	0.049	0.027	0.101	0.058
博众精工	0.087	0.174	0.144	0.047	0.119	0.114
誉辰智能	0.628	0.261	1.000	1.000	0.018	0.581
均值	0.337	0.379	0.428	0.413	0.400	0.391

资料来源：根据调研资料整理。

从表 5－8 可以看出，62 家新能源电池制造企业 5 年的平均成果转换效率值为 0.391，且各个企业间转换效率存在较大差异。其中，新能源电池的龙头企业宁德时代、比亚迪等效率值均处于平均水平之上，这主要是因为国家对新能源电池产业的扶持，先后出台了诸多与新能源电池产业相关政策文件，这些企业积极响应国家"双碳"目标，大力发展新能源产业，从而缓解能源危机，促使全球汽车业更多转向新能源业，实现了对新能源电池的需求，在很大程度上加快驱动新能源电池的技术成果转换。相比之下，还有大部分企业在 2018～2022 年的平均成果转换率较低，且低于平均值，主要是因为这些企业的创新成果只有少部分得到市场认可，导致其他企业并不能很好地实现成果转换，对此这些企业应优化资源配置，积极适应市场需求，不断提高成果转换水平。

三、技术创新效率动态评价

为了更深入地分析 2018～2022 年我国 62 家新能源电池企业技术创新效率的动态变化情况，进一步采用两阶段网络 DEA-Malmquist 指数模型进行了实证分析，具体计算结果如表 5 – 9 所示。

表 5 – 9　　　　　　　　　新能源电池企业技术创新效率指数及分解

年份	技术效率（EC）	技术水平（TC）	M 指数（TFP）
2018	1.701	0.575	0.918
2019	1.028	0.765	1.135
2020	0.946	1.663	1.516
2021	0.827	1.823	1.320
2022	0.798	1.9815	1.221
平均值	1.060	1.3415	1.222

资料来源：根据调研资料整理。

从表 5 – 9 中可以看出来，中国 62 家新能源电池企业技术创新效率 M 指数总体平均值大于 1，说明总体来说我国新能源电池企业的技术创新效率处于不断上升阶段。其中，技术效率变化（EC）在 2018 ~ 2022 年的 5 年间的平均值为 1.060，说明技术效率处于整体上升的态势，而技术水平变化（TC）的 5 年间的平均值为 1.3415，说明 M 指数更多地受到了技术水平变化的影响。2018 年和 2019 年这两年的技术效率水平均小于 1，进而造成 M 指数在 2018 ~ 2019 这一年也小于 1。技术效率（EC）整体趋于下降态势，导致 M 指数趋于缓慢下降趋势，整体呈现出先上升后缓慢下降。

为更好地分析 62 家新能源电池企业创新的动态效率，运用 MaxDEA 软件对 2018 ~ 2022 年的 62 家新能源电池企业数据进行单个分析，得到结果如表 5 – 10 所示。

表 5 – 10　　　2018 ~ 2022 年 62 家新能源电池企业技术创新的 M 指数及分解

企业简称	M 指数（TFP）	技术效率（EC）	技术水平（TC）
宁德时代	1.149	0.860	2.774
比亚迪	1.293	1.204	3.235
国轩高科	1.312	0.761	3.610
亿纬锂能	1.073	0.993	2.628

企业简称	M指数（TFP）	技术效率（EC）	技术水平（TC）
欣旺达	0.782	1.157	3.343
雄韬股份	1.071	1.768	2.773
鹏辉能源	1.154	0.755	3.321
孚能科技	1.245	1.218	2.035
湖南裕能	2.412	1.516	2.777
容百科技	1.349	0.983	2.982
当升科技	1.389	0.916	2.829
德方纳米	2.494	1.340	2.633
科恒股份	1.191	1.290	1.384
贝特瑞	1.094	0.711	2.825
振华新材	1.721	1.048	2.601
厦门钨业	1.183	0.930	3.132
光华科技	2.902	2.302	3.521
富临精工	1.389	1.128	2.658
尚太科技	1.366	0.934	2.482
杉杉股份	0.863	0.723	2.464
中科电气	0.981	0.795	2.662
方大炭素	0.861	0.451	2.546
天赐材料	1.492	0.605	2.785
江苏国泰	0.885	0.751	3.627
新宙邦	1.157	0.910	2.563
多氟多	1.728	1.111	2.674
永太科技	1.394	0.836	2.987
雅化集团	1.659	1.309	2.409
胜华新材	0.967	0.769	2.729
恩捷股份	1.156	0.878	2.382
璞泰来	1.064	0.696	2.626
沧州明珠	0.903	0.722	2.689

企业简称	M 指数（TFP）	技术效率（EC）	技术水平（TC）
星源材质	1.205	0.911	2.582
嘉元科技	1.221	0.692	2.620
铜陵有色	1.458	3.273	0.972
中一科技	1.116	0.979	2.648
鼎胜新材	1.224	0.732	2.604
科达利	1.224	1.732	2.692
震裕科技	0.713	0.957	2.931
永兴材料	1.881	0.926	2.763
盐湖股份	1.816	1.630	2.584
中矿资源	1.646	0.951	2.405
赣锋锂业	1.196	0.786	2.255
天齐锂业	1.803	1.447	1.096
红星发展	1.137	1.959	3.061
湘潭电化	1.452	0.942	2.692
安纳达	1.363	1.241	2.870
江特电机	1.854	1.019	2.461
格林美	0.958	0.852	2.692
华友钴业	1.630	1.245	2.869
龙佰集团	0.939	0.724	2.566
天原股份	1.371	1.292	2.356
云天化	0.571	0.758	1.045
先导智能	0.977	0.673	2.645
赢合科技	0.733	0.621	2.008
大族激光	0.957	0.755	2.768
联赢激光	1.017	0.974	2.825
星云股份	1.246	1.126	2.718
今天国际	1.001	1.476	1.927
海目星	0.981	0.977	2.321

续表

企业简称	M 指数（TFP）	技术效率（EC）	技术水平（TC）
博众精工	1.061	0.777	2.975
誉辰智能	1.180	1.226	1.573
平均值	1.284	1.065	2.600

资料来源：根据调研资料整理与计算所得。

从表 5-10 中可知，宁德时代、比亚迪、国轩高科、亿纬锂能等诸多家企业的 M 指数大于 1，只有欣旺达、杉杉股份、中科电气、方大炭素等动态创新效率小于 1，说明我国新能源电池企业整体创新动态变化趋势较好，但仍存在部分企业创新效率需再提升。进一步对 M 指数进行分解发现，大部分企业 M 指数大于 1 的时候，技术水平变化也大于 1，这说明 2018~2022 年我国新能源电池企业的技术创新效率全生产要素 M 指数受技术水平变化的影响更大，而技术水平变化是驱动 M 指数变化的主要原因。

第六章

中国新能源电池产业技术创新效率的影响因素分析

为进一步探析新能源电池产业技术创新效率问题，需要进一步研究分析影响新能源电池产业技术创新效率的主要因素。本章将我国新能源电池产业技术创新整体效率、技术研发阶段效率以及成果转换阶段的效率作为因变量，选取 5 个关键影响因素作为自变量，构建了面板 Tobit 回归模型来对我国新能源电池产业技术创新效率的影响因素进行实证检验（施雄天等，2023）。

第一节　影响因素选择与假设

一、影响因素的理论分析

技术创新是一个复杂的过程，涉及多个因素的相互影响。新能源电池产业的技术创新是实现新能源电池技术成果产品化、商业化的过程，并不是简单地把技术成果由研究与开发部门交给生产部门就可奏效的，它受到企业内部和外部环境的双重制约。从理论上讲，任何与技术创新活动相关的因素都可能对技术创新效率造成影响，但并非所有因素都会产生显著影响。新能源电池企业是一个依靠企业为核心主体的经济行为，技术创新活动会受到内部因素和外部因素双重因素影响。其中，新能源电池企业技术创新的内部因素包括企业自身可控的生产要素和资源配置能力。企业需要拥有优秀的研发团队和技术人才，具备先进的研发设备和实验条件。同时，企业的管理体系和组织架构也需要与技术创新活动相适应，以提供支持和保障。相反地，外部因素主要受到外部市场环境和资源约束的影响。市场需求的变化、技术竞争的强度、政策支持和行业规范等都会对技术创新活动产生影响。此外，新能源电池产业所需的原材料供应、技术合作和知识产权保护等外部资源也会对技术创新的效果起到重要作用。

在技术创新的过程中，新能源电池企业需要不断与外部环境进行信息交流，了解市场需求和技术动态，以便及时调整自身的研发策略和产品方向。同时，企业还需要组织和整合内部的信息流动，促进不同部门和团队之间的协作与合作，实现技术及时转化和商业化。新能源电池企业在内外环境共同作用下对技术创新水平产生影响，通常来说，影响企业技术创新活动的因素可以归纳为创新主体、创新支持和制度环境三个方面（刘凤朝，2023），如图 6-1 所示。

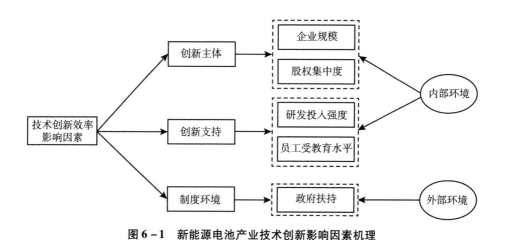

图 6-1　新能源电池产业技术创新影响因素机理

首先，创新主体。新能源电池企业是电池产业创新的核心载体，就企业本身发展来看，企业规模和股权集中度是企业创新主体的外在表现，规模较大的企业通常具备更多资源用于研发和创新活动，而股权集中度高的企业则能更灵活地决策和投资创新项目。其次，创新支持。创新支持涉及外部资源和条件，对企业的技术创新起到重要的推动作用。企业创新支持包括研发经费投入、科研机构和高校的合作等，研发经费投入可以激励企业进行技术创新，并降低其创新风险；与科研机构和高校的合作可以提供更多的专业知识和技术支持。最后，制度环境。制度环境对企业的技术创新水平也有重要影响，主要包括政府相关政策扶持等方面的可以为技术创新提供相对稳定和公平的环境。此外，与政府部门和其他企业之间的合作和交流也有助于促进技术创新的发展。综上所述，创新主体、创新支持和制度环境三个方面共同影响了我国新能源电池企业的技术创新水平，企业需要在稳定的制度环境下，发挥创新主体的作用，同时得到创新支持的帮助，才能不断提升技术创新能力，推动行业的发展。

二、影响因素的设定及假设

基于前文对我国新能源电池产业技术创新效率影响因素的理论分析基础之上，并借鉴已有研究，考虑到相关研究以及数据的可获取性，本研究分别从技术创新的主体、技术创新的技术支持、外部环境扶持三个维度，进一步选取了企业规模、研发投入强度、股权集中度、政府支持、员工教育水平等5个指标作为我国新能源电池产业技术创新效率影响因素进行研究分析。

（一）企业规模

企业规模是企业在生产要素和产品方面集中程度的度量，它可以通过多种指标来衡量，包括企业的员工数量、销售额、资产规模等。新能源电池产业相比较其他产业而言，企业规模大小在一定程度上会对公司带来成本上的优势，新能源上市公司规模的增加有利于公司创新活动的展开。对于新能源电池产业来说，较大规模的企业往往拥有更多的资金来源，可以更容易地获得投资和融资支持。这样就拥有充足的资金可以用于技术研发、设备更新以及市场推广等方面，从而推动创新活动的展开。另外，规模较大的企业通常能够投入更多的资金和资源用于技术研发，并具备更强的研发能力，这使得新能源电池企业能够更快地进行技术更新和创新，从而在市场中保持竞争优势。相比之下，规模较小的企业也有其独特优势，可以更灵活地调整企业的战略和业务模式，快速响应市场需求的变化，更加及时促进产品转型和创新（赵春雨，2024）。因此，本研究考虑到数据的可得性及客观现实，采用企业总资产来衡量企业规模，并在回归模型中对企业规模变量进行对数处理。基于此，提出以下假设：

假设1：企业规模对新能源电池上市公司技术创新效率具有正向影响。

（二）研发投入强度

新能源电池业上市公司属于高新技术型企业，要提高企业在市场中的核心竞争优势，技术创新能力就显得尤为重要。研发是开发新技术并将其推向市场的关键驱动力，在促进新能源电池产业技术创新和产品开发方面具有关键作用，而研发投入强度则反映了企业对创新活动的重视程度。随着全球对新能源的需求不断增加，新能源电池企业需要通过加大研发投入，提升技术创新能力以应对市场竞争的挑战。研发投入强度的提高将直接影响公司的研发能力和创新成果，从而为企业带来更好的市场表现和核心竞争优势。企业研发方面的投资与活动创造新技术的能力之间存在一定的关系，并且研发费用的强度很大程度上影响着企业的创新效果，研发费用的强度很大程度上影响着企业的创新效果。一般来说，研发费用占企业销售收入的比例越高，表明企业对研发的投入越大，也意味着企业可能具备更强的创新能力。以我国A股制造业上市公司为例，有学者进行实证分析后发现研发投入强度与企业技术创新之间呈现出显著性U形关系，研发投入强度越强越有利于促进企业创新水平提升（张宵，2023）。因此，本书选取新能源电池企业的研发投入资金来表示研发费用强度。基于此，提出以下假设：

假设2：研发投入强度对新能源电池上市公司技术创新效率具有正向影响。

（三）股权集中度

股权集中度是衡量上市公司股本结构以及排名靠前的股东持股数量的重要指标，它在公司治理结构中扮演着重要的角色，不同的新能源电池公司治理结构会对公司的经营绩效产生影响，并与公司的经营绩效、技术创新活动以及创新效率之间存在着关联（孟丽美，2024）。较低的股权集中度意味着股权相对分散，公司的决策可能需要满足更多股东的利益，较低的股权集中度可能会鼓励公司进行更多的技术创新投入，以增加市场竞争力和长期增长潜力。另外，较高的股权集中度可能导致大股东拥有较大的控制权，更加关注短期收益和稳定性，相应的大股东的利益和偏好会对公司治理和经营决策产生更大的影响（邓浩宇、梁朗，2023）。在本研究中的股权集中度的度量采用了上市公司年度报告中提供的股权结构数据，具体通过分析62家公司的第一大股东持股比例来反映股权集中度。基于此，提出以下假设：

假设3：股权集中度对新能源电池上市公司技术创新效率具有正向影响。

（四）政府支持

新能源电池产业是技术密集型和资金密集型产业，而新能源上市公司作为新能源电池产业的代表，缺少资金积累的企业其财力来源有限，就会限制新能源企业技术创新活动的进行。为适应市场竞争和业务发展需求，新能源电池产业上市公司对新技术、新产品的研发投入会逐步加大，面临资金压力较大。政府在研发设备、研发经费、科技专项和产学研结合等方面的政策和资金支持对于促进新能源电池企业的发展至关重要，通过政府补贴可以有效支持企业的研发活动和创新能力建设（陈婕，2021）。此外，针对企业用于科技研发的费用，政府可以实行税收抵扣、加速折旧等相关措施鼓励企业增加研发投入。综上所述，政府对新能源电池企业的技术创新的支持意义重大，通过政策和资金方面的支持，政府可以帮助新能源企业克服资金压力，鼓励企业增加研发投入，促进技术创新，推动整个新能源电池产业的发展（李万君、龚璇、李艳军，2022）。因此，本书选取政府各年度对62家新能源电池制造企业的补助金额来表示。基于此，提出以下假设：

假设4：政府支持对新能源电池上市公司技术创新效率具有正向影响。

（五）员工受教育水平

随着新能源产业的迅速发展，对专业型高精尖技术人才的需求越来越大。特别是复合型高素质人才，在技术和管理领域都具备较强能力的人才，对于推动新能源行业的创新至关重要，企业员工的受教育水平对新能源电池技术创新能力具有重要影响。高素质的人才能够更好地获取并理解新的知识，具备较强的学习和知识获取能力，能够主动关注和研究新能源电池产业的最新技术和发展动态，为公司提供前沿的技术支持，不断加强学习和培训，拓展专业知识领域，促进企业的创新能力。同时，高素质人才通过内部效应和外部效应的方式不断获取知识并扩散。其中，内部效应指的是公司内部的知识共享和团队协作，高素质人才在团队中的合作与交流能够促进知识的传递和创新的产生；外部效应则指的是人才与外界其他机构和专家的合作与交流，通过吸纳外部的知识和经验，促进技术创新和发展（李子彪、孙可远、刘爽，2020）。因此，企业通过引进和培养高素质的人才，提高知识获取能力、技术研发能力以及创新意识和创业能力，能够有效地推动新能源电池产业的技术创新，提高创新效率，促进产业的可持续发展。本书选取企业本科及以上学历占员工总数的比例来表示企业员工受教育水平。基于此，提出以下假设：

假设5：受教育水平对新能源电池上市公司技术创新效率具有正向影响。

本书选用的我国新能源电池企业技术创新效率影响因素的含义及意义整理如下表6-1所示。

表6-1　　　　　　　我国新能源电池产业技术创新效率影响因素

影响因素	符号	单位	衡量指标
企业规模	Sc	万元	企业总资产
研发投入强度	Ri	万元	研发投入资金
股权集中度	Ec	%	第一大股东持股比例
政府支持	Gs	万元	政府补助金额
员工受教育水平	Ed	%	本科及以上学历占总人数比例

资料来源：根据调研资料整理。

第二节　计量模型构建与数据来源

一、模型构建

Tobit模型是一种常用的统计模型，是由经济学家托宾（Tobin）于1958

年对该模型回归进行解释，用于处理存在截断（censored）或部分截断（truncated）的数据，它通过考虑被观测变量的可能取值范围来解决这个问题（孔詠炜、谢家平、陈启楠，2024）。具体而言，Tobit 模型基于一个潜在变量模型，其中存在一个隐变量，其取值在某个阈值以下或以上时观测值被截断，通常因变量取值范围是 0～1 之间，而网络 DEA 模型计算的结果正好符合 Tobit 模型（向先迪、刘甜甜，2024），因此选择该模型来探讨我国新能源电池产业技术创新的影响因素，有助于我们理解模型中变量之间的关系以及它们的影响程度。Tobit 模型的应用原理如下。

对于截堵数据，当左侧受限点为 0，无右侧受限点时，此模型就是所谓的规范审查回归模型，又称为 Tobit 模型。模型设定如下：

$$\begin{cases} y_i^* = x_i'\beta + \mu_i \\ \mu_i \sim N(0, \ \sigma^2) \end{cases} \tag{6-1}$$

进一步整理所得：

$$y_i = \begin{cases} y_i^*, \ y_i^* > 0 \\ 0, \ y_i^* \leq 0 \end{cases} \tag{6-2}$$

当潜变量 y_i^* 小于等于 0 时，被解释变量 y_i 等于 0；当 y_i^* 大于 0 时，被解释变量 y_i 等于 y_i^*，同时假设扰动项 μ_i 服从均值为 0，方差为 σ^2 正态分布。

由于使用 OLS 对整个样本进行线性回归，其非线性扰动项将被纳入扰动项中，导致估计不一致，Tobit 提出用 MLE 对模型进行估计。先对该混合分布的概率密度函数进行推导，再写出其对数似然函数。具体表示如下：

$$\begin{cases} \text{当 } y_i = 0 \text{ 时,} \ P(y_i = 0 \mid X_i) = P(y_i^* < 0 \mid X_i) = P(u_i < -x_i'\beta \mid X_i) \\ \qquad = P(u_i/\sigma < -x_i'\beta/\sigma \mid X_i) = \theta(-x_i'\beta/\sigma) \\ \text{当 } y_i > 0 \text{ 时,} \ P(y_i > 0 \mid X_i) = P(y_i^* > 0 \mid X_i) = 1 - P(y_i^* \leq 0 \mid X_i) \\ \qquad = 1 - P(u_i \leq -x_i'\beta \mid X_i) = 1 - P(u_i/\sigma \leq -x_i'\beta/\sigma \mid X_i) \\ \qquad = 1 - \theta(-x_i'\beta/\sigma) = \theta(x_i'\beta/\sigma) \end{cases}$$

$$\tag{6-3}$$

概率密度函数为：

$$f(y_i \mid X_i) = \left[\theta\left(-\frac{x_i'\beta}{\sigma}\right) \right]^{I_{yi}=0} \left[\frac{1}{\sigma}\varnothing\left(\frac{y_i - x_i'\beta}{\sigma}\right) \right]^{I_{yi}=0} \tag{6-4}$$

I 为示性函数，当下标所表示的条件正确时取值为 1，否则为 0。

$$LogL = \sum_{i=1}^{n} \left\{ I_{yi=0} In\left[\theta\left(-\frac{x_i'\beta}{\sigma} \right) \right] + \right\}\left\{ I_{yi>0} In\left[\frac{1}{\sigma}\emptyset\left(\frac{y_i - x_i'\beta}{\sigma} \right) \right] \right\} \quad (6-5)$$

通过使 $LogL$ 最大化来求出 β 和 σ。

基于上述理论解释，进一步选取我国新能源电池产业技术创新综合效率和子两阶段效率分别作为被解释变量，五个核心影响因素作为被解释变量来构建 Tobit 回归模型，具体表示如下：

$$Y_{it} = \alpha + \beta_1 \times Sc_{it} + \beta_2 Ri_{it} + \beta_3 Ec_{it} + \beta_4 Gs_{it} + \beta_5 Ed_{it} + \varepsilon_{it} \quad (6-6)$$

$$Y_{it}^1 = \alpha + \beta_1 \times Sc_{it} + \beta_2 Ri_{it} + \beta_3 Ec_{it} + \beta_4 Gs_{it} + \beta_5 Ed_{it} + \varepsilon_{it} \quad (6-7)$$

$$Y_{it}^2 = \alpha + \beta_1 \times Sc_{it} + \beta_2 Ri_{it} + \beta_3 Ec_{it} + \beta_4 Gs_{it} + \beta_5 Ed_{it} + \varepsilon_{it} \quad (6-8)$$

其中，Y_{it}，Y_{it}^1 和 Y_{it}^2 分别为第 i 个企业第 t 年的新能源电池产业技术创新综合效率值、第一阶段效率值（研发投入）、第二阶段效率值（成果转换），Sc_{it}、Ri_{it}、Ec_{it}、Gs_{it}、Ed_{it} 分别为第 i 个企业第 t 年的企业规模、研发投入强度、股权集中度、政府支持、受教育水平，α 为常数项，$\beta_1 - \beta_5$ 为待估计系数，ε_{it} 为随机扰动项。

二、数据来源

基于前一节的分析，考虑到研究的目的性和主体的一致性，本节采用与前节一致的 62 家新能源电池企业作为研究对象，主要选取 5 个主要影响因素，各个影响因素的数据均来自国泰安数据库、国家统计局网站、国家知识产权局网站以及 2018～2023 年 62 家上市公司企业年报，对于部分缺失数据采用线性插值法进行填充。

第三节　实证结果分析

一、描述性统计

根据第五章所选取的 62 家新能源电池企业上市公司 2018～2028 年的数据为样本，共有 310 个样本观测值，所选取的 3 个被解释变量和 5 个解释变量在进行 Tobit 回归之前，需要对各个变量进行描述性统计分析，结果如表 6-2 所示。

表 6-2 变量的描述性统计

变量	观测值	均值	标准差	最小值	最大值
y	310	0.16144	0.27946	0.00490	1.59420
$y1$	310	0.49123	0.36728	0.01240	1
$y2$	310	0.39147	0.34762	0.00770	1
Sc	310	2327021	5507759	40425.88	60100000
Ri	310	62195.62	184452	393.8335	2022324
Ec	310	0.00283	0.00113	0.00084	0.00809
Gs	310	11910.89	31180.43	7.54598	270203
Ed	310	0.00212	0.00123	0.00002	0.00721

如表 6-2 所示，被解释变量综合技术效率的均值为 0.16144，说明我国新能源电池产业技术创新未能充分实现有效技术创新效率，且创新水平偏低；从技术研发和成果转换阶段来看，两阶段的均值分别为 0.49123 和 0.39147，标准差处于 0.34~0.36 之间，最大值均为 1，最大最小值间差异较大，说明新能源电池企业的两阶段创新效率存在差异性。就其企业规模来看，最大值为 60100000，最小值为 40425.88，标准差为 5507759，这说明不同企业间的发展规模及战略定位也存在较大差异，表明我国不同新能源电池制造企业之间营业规模相差较大。样本企业中研发投入的最大值为 2022324，最小值为 393.8335，标准差为 184452，且最大值是最小值的 5134.972 倍，说明了不同企业的研发投入力度存在较大差别，进而导致技术创新效率不同。从股权集中度来看，平均值为 0.00283，最大值为 0.00809，最小值为 0.00084，这体现了各企业的第一股东对企业的控制力存在较大差异，最大股东对企业的控制能力不同可能会导致不同企业在对企业战略的执行方面产生较大的差距。从政府支持力度来看，最大值为 270203，最小值为 7.54598，均值为 11910.89，这说明政府会根据企业规模大小不同来对企业的扶持力度不同。从企业员工的受教育水平来看，企业中本科以上学历员工占所有员工比例的

平均值为 0.00212，最小值为 0.00002，最大值为 0.00721，标准差为 0.00123，说明各企业的员工受教育水平差异较大，导致各企业间实施的技术创新水平差异较大。

通过对各个变量进行皮尔逊（Pearson）相关性检验的结果，得到表 6-3 的相关系数分析矩阵。从表 6-3 相关系数矩阵可以观察到各个变量之间呈现一定程度的相关性，意味着这些变量与新能源电池产业技术创新水平之间存在着一定的相关性。因此，可以进一步研究各个变量对我国新能源电池产业技术创新的影响。

表 6-3 变量相关性分析（系数）

变量	Sc	Ri	Ec	Gs	Ed
Sc	1.000				
Ri	0.799 ***	1.000			
Ec	− 0.151 ***	− 0.146 ***	1.000		
Gs	0.833 ***	0.575 ***	− 0.072	1.000	
Ed	− 0.022	0.098 *	− 0.059	0.044 ***	1.000

注：* 和 *** 分别代表 10% 和 1% 水平的显著性。

多重共线性是指线性回归模型中的两个或更多解释变量呈线性相关的情况，增加了回归系数的方差，当某些特征高度相关时，可能难以区分它们对因变量的个体影响。为了避免各解释变量之间高度相关使模型难以准确测算，所以选择使用方差膨胀因子法（VIF）来检验各个变量之间的关系，如果 VIF 值大于 10，说明解释变量具有高度相关关系，小于 10 则相反。本书采用 Stata17.0 软件来进行检验，具体结果如表 6-4 所示。

表 6-4 多重共线性检验结果

变量	VIF	1/VIF
Sc	4.37	0.2288
Ri	3.60	0.2776
Ec	3.08	0.3242

变量	VIF	1/VIF
Gs	1.05	0.9550
Ed	1.04	0.9585
Mean VIF	2.63	0.420617

从表 6 - 4 可以看出，5 个变量的 VIF 值均未超过 10，且 VIF 平均值 2.63 < 10，所以各个变量不存在共线性问题，进一步可以使用该变量对影响因素进行分析。

二、回归结果分析

面板数据可应用于固定效应模型和随机效应模型，那么如何来确定是选择固定效应模型还是随机效应模型，这就需要来对模型进行验证，运用 Stata15 软件进行估计得到，模型（1）、模型（2）、模型（3）中均不能拒绝原假设。在 LR 检验下，模型（1）、模型（2）、模型（3）的 P 值均为 0.000，进一步论证了选择随机效应的面板 Tobit 模型作为本书最终的回归估计模型。因此应采用随机效应 Tobit 模型进行分析，具体估计结果如表 6 - 5 所示。

表 6 - 5　　　　　　　　　　　　**面板 Tobit 回归结果**

变量	模型（1）综合效率	模型（2）技术研发阶段效率	模型（3）成果转换阶段效率
Sc	0.150 *** (0.0278)	0.153 *** (0.0565)	0.232 *** (0.0330)
Ri	0.127 *** (0.0235)	0.241 *** (0.0318)	- 0.0746 *** (0.0274)
Ec	50.82 *** (18.0521)	44.82 ** (20.7573)	26.334 (18.3365)
Gs	0.0418 *** (0.0145)	0.189 *** (0.0210)	0.0485 ** (0.0193)

续表

变量	模型（1）综合效率	模型（2）技术研发阶段效率	模型（3）成果转换阶段效率
Ed	-1.333 *** (0.108)	10.66 ** (5.3845)	7.460 * (4.2508)
常数项	-0.645 (14.911)	1.773 *** (0.3125)	-1.756 *** (0.2802)
sigma_u	0.204 *** (0.0219)	0.238 *** (0.0269)	0.185 *** (0.0225)
sigma_e	0.139 *** (0.0064)	0.208 *** (0.0095)	0.199 *** (0.0091)
Wald chi2（5）	35.63	131.96	66.38
Loglikelihood	95.986118	-15.423722	8.8011483
P-value	0.000	0.000	0.000
LR 检验（P）	0.000	0.000	0.000
观测值	310	310	310

注：* 、 ** 、 *** 分别代表 10% 、5% 、1% 水平的显著性，括号内的数字为标准误差。

从表 6-5 中可以看出，Loglikelihood 中的 P 值均小于 0.01，拒绝原假设，存在个体效应，对此选择 Tobit 模型进行研究是可行的。对模型（1）综合效率、模型（2）技术研发阶段效率、模型（3）成果转换阶段效率中各个影响因素均具有显著性影响，进一步展开分析如下。

（一）综合创新效率影响因素分析

总体而言，企业规模、研发投入强度、股权集中度、政府支持、员工受教育水平等 5 个关键因素对我国新能源电池产业技术创新的综合效率均有显著正向影响作用，仅有受教育水平具有负相关关系。具体来看：企业规模的回归系数为 0.150，且在 1% 的检验水平下显著，这说明了企业不断扩大规模有利于促进新能源电池企业技术创新综合效率提升，基于前文的理论分析可以证实，进而印证了假设 1。研发投入强度的回归系数为正，系数为 0.127，且在 1% 的显著性水平下通过检验，当新能源电池企业投入 1 单位时，能够有效促进企业创新效率水平提升 12.7%，继而验证了假设 2。股权集中度也能很好地促进企业技术创新水平提升，在 1% 的显著性水平下论证了股权集中度对新能源电池企业技术创新的正向促进作用。政府支持也存在 1% 的检验水平下对新能源电池企业技术创新效率产生显著的正向促进作用，表明政府提供的资金和政策支持越多，综合系统效率就越高，与假设 4 一致。企业员工受教育水平的高低直接影响创新效率，从表 6-5 可以看出，教育水平的回归系数为 -1.333，且未通过显著性检验，可见新能源电池的研发、生产需要高端技术人才，而当前新能源电池产业技术创新人才匮乏，导致新能源电池企业员工的创新水平未能充分发挥，进而制约企业的发展。

（二）技术研发阶段效率影响因素分析

整体来看，5 个关键影响因素对新能源电池企业技术研发阶段的创新效率均具有正向促进作用。具体来看，企业规模的回归系数为正，且通过 1% 的显著性检验，说明新能源电池企业规模的不断扩大，该企业拥有诸多资源应用于技术研发，进而促进企业研发阶段的技术创新水平提高。企业研发投入强度的回归系数为正，也在 1% 的水平下显著，这表明研发投入强度对企业技术创新效率具有重要作用。新能源电池企业在新能源电池产业创新过程中起着关键性的作用，企业研发投入水平的增加，有助于促进企业管理水平的提高，新能源电池产业属于高新技术产业，该类企业具有较为完善的研发系统，使得在研发领域处于领先地位，进而促进企业在该阶段技术创新水平提高。股权集中度的系数为正，且在 5% 的检验水平下显著，表明股权集中度越高，企业大股东对管理层的监督收益要求就越高，进一步对企业技术创新效率就越高，从而能显著促进技术创新效率提升。政府支持与技术研发阶段创新效率具有正相关关系，且通过了 1% 的显著性水平检验，表明我国新能源电池产业的技术创新离不开政府的大力支持，先后实施各种优惠政策，加大对新能源电池的扶持力度，进而对新能源电池企业技术创新水平提升具有促进作用。员工受教育水平与研发阶段创新效率具有正相关关系，且在 5% 水平下通过检验，这说明新能源电池产业的研发投入阶段需要更多高素质人才，员工受教育水平越高越有利于提高企业技术研发效率。

（三）成果转换阶段效率影响因素分析

总体而言，除了研发投入强度这一因素外，企业规模、股权集中度、政府支持、员工受教育水平均对成果转化阶段的效率有正向影响。具体来看：企业规模对新能源电池企业技术创新成果转换阶段效率的回归系数为正，且在1%的检验水平下显著，表明企业规模扩大有利于新能源电池企业成果转化效率的提高。这符合实际情况，企业规模越大，说明拥有强大的市场占有率，将加速成果的转化过程。同时，企业规模的扩大意味着更多的资源投入和更强的市场占有力。大型企业能够投入更多资金、人力和物力资源，加速成果转化的过程；大型企业也通常拥有更广泛的销售渠道和客户网络，能够更快地将创新成果转化为商业化的产品和服务，从而提高效率。此外，规模大的企业通常具备更多的财力和技术实力，能够更好地承担技术创新过程中的不确定性和风险，这使得企业能够更加积极地进行技术创新，并更快地将创新成果转化为商业价值。

股权集中度对成果转换阶段创新效率的回归系数为正，但未通过显著性水平检验，可能是因为第一大股东的管理方式并不能很好地促进企业成果转换效率提升。政府支持与成果转换效率水平的回归系数为正，且在5%的检验水平下显著，这意味着新能源电池企业得到了政府政策的积极支持和补助，这有助于提高企业的成果转化效率。政府积极鼓励新能源汽车作为绿色出行的举措，加大了市场对新能源汽车需求，刺激企业进行技术研发和产业升级，激励企业加大在新能源电池领域的成果转换，进一步提高了企业的成果转换效率。员工受教育水平对成果转换效率的回归系数为7.460，且在5%的显著性水平下对新能源电池企业成果转换效率具有促进作用，这意味着企业员工受教育水平越高，越能够更好地消化和吸收新能源电池技术的成果，从而提高企业的成果转化能力。教育水平高的员工可能具备更多的专业知识和技能，能够有效地应用研发成果，创造出具有市场竞争力的新能源电池产品。因此，提高员工受教育水平可以促进研发成果的经济转化效率。

第七章

中国新能源电池产业技术创新的
典型案例及经验启示

综合前文实证结果与资料可得性，本章选取中国新能源电池产业龙头企业宁德时代新能源科技股份有限公司（简称"宁德时代"）作为典型案例进行分析，在介绍宁德时代基本情况的基础上，系统梳理了宁德时代的技术创新过程，进而凝练总结出其在新能源电池产业技术创新上取得的成效与经验，为加速推进中国新能源电池产业技术创新提供有益经验启示。

第一节　宁德时代企业基本情况介绍

宁德时代是全球新能源电池领军企业，成立于2011年，总部位于福建宁德，注册资本43.99亿元，2015年完成股份制改造，2018年6月在深圳证券交易所上市（钟涵，2020）。宁德时代建立了完善的现代企业治理制度，聚焦新能源电池主业，致力于为全球新能源存储和应用提供一流解决方案和服务。

一、宁德时代发展历程

宁德时代虽然 2011 年才成立，但其核心创业团队 1999 年就开始创业做消费电子产品锂离子电池，在创立宁德时代时已经拥有十多年的技术积累（王小敏，2019）。宁德时代主要发展历程为如下：

2012 年，宁德时代就开始与德国宝马集团合作开发汽车动力电池；2013 年，开始为全球最大的客车企业宇通客车股份有限公司开发和供应客车动力电池；2014 年，迈开国际化经营第一步，在德国设立了全资子公司；2015 年，收购广东邦普循环科技有限公司约 65% 股权，率先布局新能源电池回收领域；2016 年，牵头承担"100MWh 级新型锂电池规模储能技术开发及应用"和"新一代锂离子动力电池产业化技术开发"两个国家"十三五"重点研发计划项目；2017 年，在法国、美国、加拿大、日本设立了全资子公司，扩大国际经营布局，同时动力电池产品全球市场占有率首次跃居全球第一（任娅斐，2023）。

为了更好地融资，宁德时代于 2018 年在深交所创业板挂牌上市；2019 年，获批设立全国唯一的电化学储能技术国家工程中心；2020 年，成立中国福建能源器件科学与技术创新实验室（21C 创新实验室）；2021 年，宁德时代位于宁德的 Z 基地被世界经济论坛评选为"全球灯塔工厂"；2023 年，动力电池产品全球市占率连续 7 年保持全球第一，储能电池产品全球市占率连续 3 年保持全球第一，位于德国埃尔福特市的"欧洲第一工厂"正式投产，位于匈牙利的"欧洲第二工厂"开始建设；2023 年，发布"零碳战略"目标，承诺在 2025 年达成核心运营碳中和、2035 年达成价值链碳中和，发布了能量密度达 500Wh/kg 的凝聚态电池，可应用于民用电动载人飞机（焦韧，2024）。

二、宁德时代企业组织架构

宁德时代建立了完善的现代企业管理制度及上市公司内部治理制度，企业组织架构清晰、分工协作机制明确，特别是拥有完善的技术研发管理制度，为技术创新奠定了制度基础。根据宁德时代组织架构图，其董事会下设企业发展战略委员会、质量战略委员会等 7 个委员会，集团总裁下辖市场营销、研发、工程制造、供应链与运营、质量等 5 个中心及集团职能部门，其中，研发中心、工程制造中心都属于大研发范畴，共覆盖 14 个一级部门，占所有一级部门的 10%。

此外，宁德时代研发中心与工程中心的各个部门还与市场营销中心、供应链与运营中心、质量中心各部门紧密分工协作，并通过"项目制"高效推动技术研究开发，即应技术研发项目需求跳开原有组织关系的束缚，从内部各相关部门临时抽调相关人员组成项目组，负责推进技术研发。宁德时代制定了一整套项目管理制度，对项目组的职责、人员构成、汇报机制、保密要求、奖励措施等进行了详细规定，从制度上保障"项目制"顺利运行。根据企业调研数据，宁德时代累计设立的各类研发项目组高达上千个，项目制是对宁德时代现有组织架构的有效补充，对宁德时代推进技术创新有着重要作用。

三、宁德时代主营业务

宁德时代以动力电池和储能电池为主营业务。据韩国调研机构 SNE 统计，2023 年宁德时代动力电池全球市场占有率，连续 7 年全球第一，产品配套全球主要车企，遍及 60 个国家及地区；储能电池在全球市场占有率超 40%，连续 3 年全球第一，产品配套全球主要储能集成商与电力企业，覆盖中国、美国、英国、德国和澳大利亚等主要市场（朱一萌、谢贝妮，2024）。2022 年，宁德时代实现营收 3286 亿元，同比增长 152.1%，其中，动力电池 2365.93 亿元，占比 72%；储能电池 449.8 亿元，占比 13.69%；电池材料及回收 260.32 亿元，占比 7.92%；电池矿产资源及其他业务 209.89 亿元，占比 6.39%（周道洪，2023）。2023 年，宁德时代实现营业收入超过 4000 亿元，同比增长 22.01%，动力电池全球市场占有率 36.8%，储能电池全球市场占有率达 40%，均保持全球第一（高驰，2024）。

同时，宁德时代立足技术领先优势和供应链整合能力，依托新能源电池技术优势，与上下游企业合作布局光储充检智能充电站、电动船舶、电动智慧无人矿山、重卡及乘用车换电等业态，全面推动新能源电池推广应用，加速推进全球电力和交通领域碳减排行动。

四、宁德时代全球布局情况

截至 2023 年，宁德时代总员工数为 11.9 万人，在全球共设立了福建宁德、江苏溧阳、青海西宁、四川宜宾、广东肇庆、上海临港、福建厦门、江西宜春、贵州贵阳、山东济宁、河南洛阳、德国图林根州埃尔福特和匈牙利德布勒森十三大电池生产制造基地，其中宁德基地和宜宾基地被世界经济论坛评选为"全球灯塔工厂"（李一凡、王娜，2024），这是新能源电池行业仅有的两座"灯塔工厂"。同时，宁德时代在国内还与上汽集团、广汽集团、吉利集团、东风汽车、一汽集团等主要汽车企业分别成立了合资公司，联合研发和生产动力电池；在法国、德国、美国、日本、韩国设立了 5 个分公司，并通过动力电池技术对外授权的方式与韩国现代、美国福特等汽车企业合作，让中国技术"走出去"（郭建斌、汪志鸿、龚瑶，2024）。

五、宁德时代获得的社会评价

基于突出的发展业绩，宁德时代曾获得"中国工业大奖""汽车行业科技发明特等奖""中国质量奖"等国内高规格的奖项，并连续 5 年入选"福布斯中国创新力企业 50 强"，以及"财富全球未来 50 强"的榜单企业（余军辉，2023）。2022 年，宁德时代被美国《时代》周刊评为"最具影响力 100 家企业"，在品牌价值评级机构"品牌金融"（Brand Finance）发布的"2023 年全球品牌价值 500 强"企业榜单中位列第 135 位，企业价值为 147 亿美元，在国内汽车行业排名第一（陈静静，2024）。同时，因企业对新能源电池行业发展作出巨大贡献，宁德时代创始人曾毓群 2020 年被美国国家先进技术电池联盟（National Alliance for Advanced Technology Batteries）授予"终身成就奖"，2023 年获诺贝尔可持续发展基金会"可持续发展特别贡献奖"（王怡洁，2024）。

第二节 宁德时代技术创新的过程

宁德时代坚持以创新为本，建立了先进材料、系统结构、极限制造和商业模式四大创新体系，其中前三个与新能源电池技术创新直接相关，第四个商业模式创新则是以推动新能源电池产品市场推广应用为目标，间接驱动技术创新。宁德时代在实践中坚持技术创新，而技术创新也体现在其企业文化之中，如宁德时代的企业使命"创新成就乘客"、核心价值观"修己、达人、奋斗、创新"、愿景"立足中华文明、包容世界文化，打造世界一流创新科技公司，为人类新能源事业做出卓越贡献，为员工谋求精神和物质福祉提供奋斗平台"都体现了"创新"。以下将从宁德时代技术创新的投入、产出和成效三个方面分析宁德时代技术创新的具体过程。

一、宁德时代技术创新投入

（一）研发费用投入

2022 年，宁德时代研发费用为 155.1 亿元，同比增长 101.66%；2023 年 1~9 月，宁德时代研发费用 148.76 亿元，接近 2022 年全年研发费用金额（李春仪，2024）。从图 7-1 可以看出，2015 年以来，宁德时代均保持着较高强度的研发投入，研发经费投入强度（研发费用占营业收入的比重）基本维持在 5% 以上。2015 年 1 月至 2023 年 9 月宁德时代累计投入研发费用达 495.95 亿元，占累计主营业务收入的 5.39%，明显高于国内其他同行研发经费平均投入强度 3.78%；也大幅高于 2022 年我国制造业研发经费平均投入强度 1.55% 和高技术制造业研发经费平均投入强度 2.91%（周民良，2024）。

（二）研发人员投入

宁德时代非常重视研发人才的引进和培养。2015 年，宁德时代研发人员只有 1302 名，占其总人数的 16.28%；自 2015 年以来，宁德时代持续引进研发人员，研发人员数量逐年攀升，截至 2022 年底，宁德时代共有研发人员 16322 人，其中博士 264 人、硕士 2852 人，研发人员占其集团总员工数的 13.73%。同时，基于图 7-2 来看，截至 2023 年 6 月，宁德时代研发人员数量已攀升至 17988 人，占其集团总员工数的 15.39%，说明该企业非常重视研发工作。此外，宁德时代研发人员以工学、理学为主，专业分布较为广泛，包括数学、物理学、化学、统计学、力学、动力工程及工程热物理、材料科学与工程、机械工程、电子科学与技术、软件工程、信息与通信工程、电气工程、计算机科学与技术等主要学科，主要围绕新能源电池材料、系统结构、智能制造三大领域开展技术研发（汤壮、高燕，2023）。

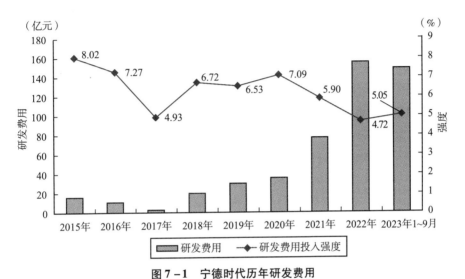

图7-1 宁德时代历年研发费用

资料来源：根据调研资料整理。

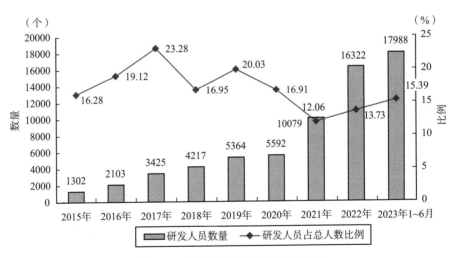

图7-2 宁德时代历年研发人员数量

资料来源：根据调研资料整理。

（三）研发平台建设

依托强大的研发队伍，宁德时代建立了若干高水平的研发平台，包括宁德时代研究院、电化学储能技术国家工程研究中心、中国福建能源器件科学与技术创新实验室（21C 创新实验室）、福建省锂离子电池企业重点实验室、福建省院士专家工作站、博士后科研工作站等，并与清华大学、北京航空航天大学、中国科学院物理所、上海交通大学等国内外 100 多个高校和科研院所开展技术创新合作（肖雅淇，2022）。不同的研发平台有不同的职能侧重，其中重点的几个研发平台简要介绍如下：

（1）宁德时代研究院。宁德时代研究院是宁德时代自主设立的研究平台，拥有新能源电池材料、结构、测试验证等完整的研发体系，主要配合宁德时代市场前端的产品应用开发，负责推动客户需求产品技术量产落地。

（2）电化学储能技术国家工程研究中心。电化学储能技术国家工程研究中心由国家发展和改革委批复成立，以国家和行业战略需求为出发点，主动组织、参与产业关键共性技术开发，为行业提供技术开发及成果工程化的试验、验证环境，核心任务是聚焦动力电池领域存在里程焦虑、安全焦虑、寿命焦虑、回收利用体系不健全等突出问题，承担国家和行业下达的科研开发及工程化研究任务，并将形成的成果向行业转移和扩散。

（3）中国福建能源器件科学与技术创新实验室（21C 创新实验室）。21C 创新实验室是福建省人民政府批复设立的省级创新实验室，由宁德时代出资 40%、福建省政府和宁德市政府分别出资 30%，聚焦新能源电池基础研究和前沿技术研究，重点推进钠离子电池、锂金属电池、固态电池、钙钛矿太阳能电池等先进体系新能源电池研发和技术储备（黄贝拉，2023）。

二、宁德时代技术创新过程控制

（一）技术创新内部过程控制

宁德时代建立了较为完善的技术研发流程和相应的内部控制措施，以保障其研发平台顺利运转，将研发投入转化为技术成果，持续推动新能源电池产品技术创新。宁德时代技术研发流程主要分为概念、计划、开发、验证和发布五个阶段。技术研发立项以宁德时代企业战略规划、客户需求、市场调研等为依据，根据项目类型由指定项目经理，项目经理根据企业规划及最新市场需求，确定项目初步构思，牵头企业内部各部门代表完成立项报告。宁德时代项目决策委员会对项目进行立项决策评审并下达《项目任务书》，明确研发产品的性能参数、开发周期、预算、人力等内容。项目实行项目经理负责制，由项目经理组建项目团队，分配项目工作任务，拟订出研发计划，并定期检查实际进度；项目团队将根据项目计划，进行需求评审、方案评审样品决策及量产评审；项目完成时，项目团队根据结项要求对项目的有形资产和无形资产进行清算，项目经理对项目进行综合评估并向集团层面进行总结报告。

为管理研发项目进度，协调支持项目团队推进项目研发，宁德时代专门设立了职能部门——综合管理部，全面负责研发项目的立项、实施、风险管理、效益评估等，并制定了一系列研发项目管理制度，对研发过程各参与人的职责、奖惩机制、研发成果管理等进行了详细规定。

（二）产业链协同技术创新过程控制

除了自身的技术创新投入和过程控制之外，宁德时代还利用其在组织、技术、资金、人才等方面的优势，牵引上游产业链企业协同开展技术创新，合力推动新能源电池产业技术创新。宁德时代对上游产业链技术协同创新的过程控制主要包括建立主导能力、输出技术创新方向、提供技术创新投入支持等方面。

1. 建立产业链协同创新主导能力

针对企业的供应链管理，宁德时代制定了《供应商管理程序》《采购管理程序》《供应商月度绩效管理制度》《供应商红黄牌预警制度》等一系列相关管理制度，并通过供应商关系管理系统（SRM）、数字化绩效管理平台（DPM）、先期产品质量策划系统（E-APQP）、质量集成管理系统（QIMS）、生产资源管理系统（ERP）等数字化平台，对供应链企业的生产经营、产品品质、质量管理、研发能力、履约能力、安全保密等进行常态化的系统评价和监督考核，全面动态掌握供应链企业情况，并对供应链企业进行分级管理（李艳艳，2024）。在此基础上，宁德时代依托完善的内部组织架构和公司治理流程，以研发中心和工程制造中心为核心，以供应链与运营管理中心、质量中心及有关职能部门作为技术支撑，由综合管理部牵头协调企业内部企业策划部、财经部等职能部门为研发提供各类资源保障（见图7－3），形成推动产业链协同创新的组织能力，为主导产业链协同创新奠定基础。

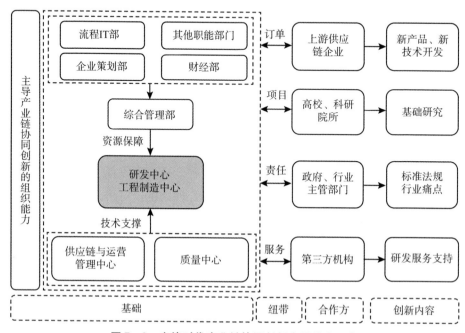

图7－3 宁德时代产业链协同创新主导能力示意
资料来源：根据调研资料整理。

宁德时代基于产业链协同创新的组织能力，以不同的纽带牵引不同类型的产业链合作方，从而建立推动产业链协同创新的主导能力和地位。对上游供应链企业，宁德时代以订单为纽带，主导推动新产品、新技术开发；对高校、科研院所，宁德时代以科研项目为纽带，合作推进基础研究；对政府、行业主管部门，则以产业发展责任为纽带，推动相关标准法规建设和完善，引导产业链企业解决行业痛点问题；对各类第三方机构，宁德时代则以技术服务为纽带，促进第三方机构提升研发服务支持能力。

2. 输出全产业链技术攻关方向

作为全球新能源电池领军企业，宁德时代构建了完善的研发创新体系，聚焦先进材料、系统结构、极限制造、商业模式四大创新。基于对新能源电池全方位的深度技术研究，宁德时代掌握了新能源电池全产业链技术攻关方向，为产业链企业协同开展技术创新提供清晰指引。对确定的技术方向，宁德时代则牵头上游供应链企业联合开展技术攻关。宁德时代曾制定了新能源电池全产业链技术攻关方案，以高比能、高安全电池攻关为例，从电池单体、电池系统、制造工艺、智能产线4个方面共梳理了28个重点技术攻关方向，有效指引新能源电池产业技术创新（刘贞洁，2023）。此外，在固态电池研发、电池回收等后端业务方面，宁德时代也梳理了相应的重点技术攻关方向，为企业的可持续性发展确立了目标与方向。

3. 提供技术创新投入支持

技术创新存在一定的风险，大量研发投入未必能够换来有价值的技术成果。为降低上游产业链企业技术创新风险，调动上游产业链企业协同开展技术创新的积极性，宁德时代从研发资金、研发人才、技术服务、订单倾斜等方面提供全方位的支持，解决上游产业链企业研发投入不足、研发意愿弱等技术创新痛点问题，协同推进行业技术创新。

（1）研发资金支持。

宁德时代主要通过两种方式为上游产业链企业提供研发资金支持：

一是战略投资入股。宁德时代战略投资入股上游产业链企业，不仅解决了其技术创新资金的问题，也获得了相应的资本收益回报，实现互利共赢。截至目前，宁德时代战略投资入股的上下游产业链核心企业超50家，覆盖正极、负极、电解液、隔膜、设备、电子元器件等上游领域，部分企业参见表7-1。

表7-1　　　　　　　　宁德时代战略投资入股的企业

序号	产业链领域	企业名称	主要业务/产品	入股比例（%）
1	正极	邦普循环	三元前驱体、锂电池回收	64.8
2	正极	湖南裕能	磷酸铁锂	10.54
3	正极	龙蟠科技	磷酸铁锂	9.57
4	正极	江西升华	磷酸铁锂	20
5	负极	广东凯金	石墨	3.53
6	负极	尚太科技	石墨	2.2

序号	产业链领域	企业名称	主要业务/产品	入股比例（%）
7	隔离膜	中材锂膜	隔离膜	3.84
8	隔离膜	厚生新材料	隔离膜	3.5
9	电解液	时代思康	新型锂盐	66
10	电解液	无锡东恒	导电剂	1.5
11	设备	先导智能	生产设备	7.29
12	设备	安脉盛智能	生产设备	4.28
13	电子元器件	天科合达	半导体	4.98

资料来源：根据调研资料整理。

二是通过供应链金融间接提供资金支持。宁德时代专门组建了供应链金融团队，牵头商业银行等金融机构及金融技术服务企业，为上游供应链企业提供供应链金融服务，支持供应链企业提高资金周转效率，降低资金使用成本，具体方式包括商业承兑汇票、反向保理和"时代融单"三种。据统计，2020～2023年商业承兑汇票、反向保理和"时代融单"三种业务累计发生额超过800亿元，覆盖上游供应链企业超350家（何锦玲、张茂林、倪李澜，2023）。

（2）研发人员和技术支持。

为推动与上游产业链企业的协同创新，同样依托"项目制"的方式，从内部研发中心、工程制造中心、质量中心、供应链与运营中心及综合管理部等职能部门，宁德时代抽调技术骨干组成项目组，长期入驻上游产业链企业联合开展技术攻关，定期汇报项目研发进度。除了选派技术人员给予指导之外，宁德时代还为上游产业链企业提供有力的技术支持。在项目研发初期，宁德时代基于其强大的模拟仿真计算能力，为项目输出具体技术参数；在项目研发中后期，宁德时代依托其全球最大的锂电池产品测试验证中心（该测试验证中心通过了中国合格评定国家认可委员会的认证，可以独立出具第三方技术报告），以及广泛的技术合作单位，为技术合作项目提供全面测试验证服务。

（3）订单倾斜支持。

宁德时代对协同开展技术创新的上游产业链企业给予订单倾斜支持，以订单为牵引，调动上游产业链企业协同创新的积极性。宁德时代通过两种方式向上游产业链企业倾斜订单：一是签订长期保供协议，比如，宁德时代与鼎胜新材公司签订协议，承诺2021年11月~2025年12月之间至少采购铝箔51.2万吨；二是成立合资公司，合作生产新产品，新产品优先供应宁德时代，例如，与恩捷股份、德方纳米、湖北宜化等企业都分别成立了合资公司（见表7-2）。

表7-2　　　　宁德时代对上游供应链企业的订单倾斜支持举例

序号	企业名称	主要业产品	支持方式
1	鼎胜新材	铝箔	2021年11月1日~2025年12月31日，至少采购铝箔51.2万吨
2	永太科技	六氟磷酸锂等	2021年7月31日~2026年12月31日，至少采购六氟磷酸锂24150吨、双氟磺酰亚胺锂3550吨、碳酸亚乙烯酯200吨/月
3	先导智能	设备	2021年2月25日~2024年2月24日，按不低于电芯生产核心设备（包括涂布、卷绕、化成等）新投资额50%的额度优先采购
4	恩捷股份	隔离膜	合资建厂，宁德时代持股49%，规划生产湿法隔膜16亿平方米、干法隔膜20亿平方米
5	德方纳米	磷酸铁锂	合资建厂，宁德时代持股40%，规划生产10万吨磷酸铁锂
6	湖北宜化	磷酸铁等	合资建厂，宁德时代持股65%，规划生产磷酸铁、硫酸镍、磷酸等产品
7	中科电气	石墨	合资建厂，宁德时代持股35%，规划生产10万吨石墨负极材料
8	嘉元科技	铜箔	合资建厂，宁德时代持股20%，规划生产10万吨高性能电解铜箔

资料来源：根据调研资料整理。

三、宁德时代技术创新产出

宁德时代基于高强度的研发投入及相对完善的技术创新过程控制，有效地将技术创新投入转化为技术创新产出，主要体现在专利和专有技术、承担国家项目、制定行业标准等方面。

（一）专利和专有技术产出

专利和专有技术（或称为"技术秘密"，英文为 knowhow）是技术创新最直接的成果产出。企业根据技术的可得性、研发难度、技术壁垒等考量，可以将技术创新成果固化为专利或专有技术。固化为专利的好处是可以获取专利权，但相应也向社会公开了发明创造的具体内容，容易被他人学习、模仿和改进。因此，并非所有的技术创新成果都适合固化为专利，有些则更适合固化为专有技术，由企业内部自主掌握使用。无论是专利还是专有技术，宁德时代都有丰硕的成果，覆盖电池材料、结构、系统、装置、工艺、电子电气等领域。从年度专利申请数量看，2015 年宁德时代专利申请数量仅为 226 个，而后基本保持逐年上升趋势，2022 年专利申请数量达 2543 个（见图 7-4）。同时，截至 2023 年 6 月，宁德时代共拥有 6800 多项境内专利及 1400 多项境外专利，正在申请的境内和境外专利合计超 13000 项；此外，从专有技术数量看，宁德时代自 2015 年开始，每年的新专有技术数量多达几千个，且保持不断上升的趋势，为企业自身的可持续性发展奠定了良好的基础（胡颖，2024）。

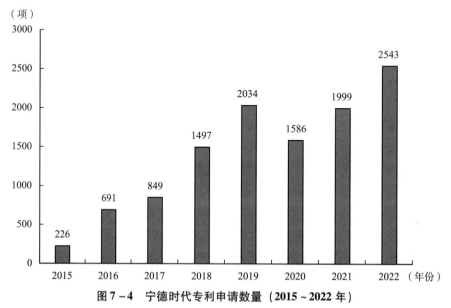

图 7-4 宁德时代专利申请数量（2015~2022 年）

资料来源：根据中国专利公告网、宁德时代网站数据的资料整理。

（二）承担国家级技术研发项目

截至 2023 年末，宁德时代累计参与国家级技术研发项目（含研发平台建设）共 45 项（龙筱晔，2024），其中牵头、承担的技术研发项目为 12 项，包括动力与储能锂电池技术集成国家地方联合工程研究中心和国家工程研究中心 2 个国家级的平台建设项目，以及"十二五""十三五""十四五"期间的国家重点研发任务 10 个（见表 7－3）。在企业相关人员的共同努力下，宁德时代所牵头与承担的这些国家级技术研发项目已成功结项，获得了政府部门和行业内专家的高度认可。

表 7－3　　　　宁德时代主导承担的国家级研发项目清单

序号	项目（课题）名称	立项机构	项目起止时间
1	动力与储能锂电池技术集成国家地方联合工程研究中心	国家发展改革委	2017～2018 年
2	国家工程研究中心	国家发展改革委	2018～2020 年
3	"十二五"新能源汽车产业技术创新工程——锂离子动力电池产业化技术	财政部、工信部、科技部	2013 年 1 月～2015 年 12 月
4	2015 年智能制造专项－锂离子动力电池数字化车间建设	工信部、财政部	2013 年 12 月～2017 年 12 月
5	高安全长寿命锂离子动力电池智能工厂建设	工信部	2017～2019 年
6	2016 年国家重点研发计划－智能电网技术与装备专项－100MWh 级新型锂电池规模储能技术开发及应用	工信部	2016 年 7 月～2020 年 6 月
7	2016 年国家重点研发计划－新能源汽车试点专项－新一代锂离子动力电池产业化技术开发	科技部	2016 年 7 月～2021 年 6 月
8	科技助力经济 2020 重点专项《光储充检智能微网系统研发与系统应用》	工信部	2020 年 7 月～2022 年 6 月
9	动力电池与底盘及控制系统一体式高度集成关键技术	工信部	2021 年 7 月～2023 年 6 月
10	1.1 吉瓦时级锂离子电池储能系统技术	科技部	2021 年 12 月～2024 年 11 月

序号	项目（课题）名称	立项机构	项目起止时间
11	无钴动力电池及梯次应用技术	科技部	2022 年 12 月 ~ 2025 年 11 月
12	动力电池组多机器人柔性集成制造系统及应用示范	科技部	2022 年 11 月 ~ 2025 年 10 月

资料来源：根据调研资料整理。

（三）参与制定标准

截至 2023 年 12 月底，宁德时代累计参与制定 126 项新能源电池有关的国际标准、国家标准、地方标准、行业标准和团体标准，其中主导起草 11项，覆盖车用动力电池、船舶用动力电池、电化学储能电站、动力电池回收利用、锂离子电池工厂设计等领域（见表 7 - 4）。参与新能源电池有关的国内外标准制定不仅是宁德时代技术创新的成果产出，也是我国新能源电池产业技术创新的成果产出。

表 7 - 4　　　　　　　　宁德时代主导起草的相关标准

序号	标准类型	标准号	标准名称	归口单位
1	行业标准	QC/T 1201.2—2023	纯电动商用车车载换电系统互换性　第 2 部分：换电冷却接口	全国汽车标准化技术委员会
2	行业标准	QC/T 1201.4—2023	纯电动商用车车载换电系统互换性　第 4 部分：换电电池系统	全国汽车标准化技术委员会
3	地方标准	DB35/T 2110—2023	在用电动汽车动力电池系统性能评估规范	福建省工业和信息化厅
4	国际标准	SAE J3220—2023	锂离子电池单体性能测试	美国汽车工程师协会（SAE）
5	团体标准	T/CANSI 26—2022	电动船舶用锂离子动力蓄电池包电性能试验方法	中国船舶工业行业协会标准化分会
6	行业标准	SJ/T 11795—2022	锂离子电池电极材料中磁性异物含量测试方法	全国半导体设备和材料标准化技术委员会（SAC/TC203）

续表

序号	标准类型	标准号	标准名称	归口单位
7	国家推荐标准	GB/T 34015.3—2021	车用动力电池回收利用 梯次利用 第3部分：梯次利用要求	全国汽车标准化技术委员会
8	团体标准	T/CGCC 52—2021	动力电池行业售后服务要求	中国商业联合会
9	国家强制标准	GB 38031—2020	电动汽车用动力蓄电池安全要求	工信部
10	国家推荐标准	GB/T 38698.1—2020	车用动力电池回收利用 管理规范 第1部分：包装运输	全国汽车标准化技术委员会
11	国际标准	UN GTR No. 20	电动汽车安全全球技术法规	WP29

资料来源：根据调研资料整理。

第三节　宁德时代技术创新的成效

根据第一章第一节对新能源电池产业技术创新的内涵解析，以下从创造新的产品、采用新的生产方法、开辟新的市场、获得新的供应商、形成新的组织形式等五个方面对宁德时代技术创新成效进行总结分析。

一、制造新的产品

基于与上游供应链企业的协同创新，宁德时代生产的新能源电池产品技术不断迭代升级、推陈出新。在新能源电池电芯层级，宁德时代通过材料创新和内部结构优化设计，不断提升产品安全性、能量密度、循环寿命、功率密度、低温性能等核心指标，在磷酸铁锂电池、三元锂电池技术路线之外，还发布了第一代钠离子电池、M3P磷酸锰铁锂电池、凝聚态电池等全新的技术路线，并研发储备全固态电池、金属锂电池、锂空气电池、钙钛矿太阳能电池等前沿技术开发。在新能源电池系统层级，宁德时代通过结构和系统创新，在动力电池领域相继推出了 CTP1.0（Cell To Pack，电芯直接集成电池包）、AB 电池、CTP2.0、CTP3.0－麒麟电池、神行超充电池、CTC（Cell To Chassis，电芯底盘一体化）等行业领先的新技术，不断推动新能源汽车续航里程的提升，也在储能系统领域推出了 ENER C、ENER ONE、零辅源光储融合等新技术，推动了储能系统由 MWh 级向 GWh 级迈进，加速了储能系统的规模化应用（见表 7－5）。

表 7－5　　　　　　　　　宁德时代近年发布的新产品举例

产品类型	产品名称	发布年份	主要技术创新点
动力电池	811 高镍三元电池	2019	电芯能量密度可提高到 330Wh/kg
	第一代钠离子电池	2021	成本、低温性能优于锂离子电池
	M3P 磷酸锰铁锂电池	2022	电芯能量密度最高可达 230Wh/kg，高于磷酸铁锂电池。
	凝聚态电池	2023	电芯能量密度达 500Wh/kg，安全性高，可用在电动飞机上
	CTP1.0	2019	系统能量密度达 180Wh/kg
	AB 电池	2021	一个系统可兼用两种不同类型的电池
	CTP2.0	2021	系统能量密度达 200Wh/kg，不起火、安全性高，续航里程可达 700 公里
	CTP3.0－麒麟电池	2023	体积利用率全球最高（达到 72%），系统能量密度可达 250Wh/kg，可实现 1000 公里续航，15 分钟可充电 80%
	神行超充电池	2023	全球首款 4C 磷酸铁锂电池，充电 10 分钟，续航 400 公里
	CTC	2023	电池与底盘一体化，系统能量密度比 CTP3.0 更高
储能电池	ENER C	2022	全球首个运输一体化的标准 20 尺集装箱式液冷储能系统，可实现 20 年的安全可靠运行
	ENER ONE	2022	循环寿命超 12000 次，可适应－30℃~55℃外部环境
	零辅源光储融合	2023	摆脱了传统储能解决方案对冷却系统及其辅助电源的依赖，充放电效率提升 10%

资料来源：根据调研资料整理。

二、采用新的生产方法

跟随着我国工业化和智能制造发展过程，我国新能源电池的生产制造技术经历了从半自动化到自动化，再到智能化的演变过程。作为行业领军企业，宁德时代在生产制造技术创新方面投入了大量资源，携手上游装备、通信、信息技术等企业，持续推动生产技术迭代升级。2011～2023 年，宁德时代电池生产线总共迭代升级了 8 次，单线生产效率由最初的 5ppm 以下提高到了 60ppm（即每秒可生产 1 个电芯），生产效率提高 12 倍以上；同时，产品品质、一致性、优良率等核心指标随着生产线的迭代升级持续提升（孙一凡，2024）。宁德时代总部生产基地和四川宜宾生产基地分别于 2021 年和 2022 年被达沃斯世界经济论坛评为"灯塔工厂"，这是全球新能源电池领域独有的 2 家"灯塔工厂"（祝麒，2024）。"灯塔工厂"被誉为"世界上最先进的工厂"，生产制造过程深度应用自动化、工业物联网、数字化、大数据分析、5G 等先进制造技术，是工业 4.0 技术应用的最佳实践工厂，代表着全球制造业领域智能制造和数字化的最高水平（李雪灵、刘源，2023）。

面对新能源电池"极高的质量要求，极复杂的工艺流程，极快的生产速度"三大挑战，宁德时代"灯塔工厂"运用了人工智能（artificial intelligence）、大数据（big data）、云计算（cloud computing）、数字孪生（digital twin）、边缘计算（edge computing）、射频技术（radio frequency）等智能制造相关技术，建立了极限制造体系架构，打造了以智能制造平台为核心、多平台多系统深度交互的工业化和信息化融合生态平台，支撑了生产制造目标的实现。宁德时代"灯塔工厂"生产制造过程共有 6800 多个质量控制点，不仅拥有每秒生产 1 个电池的超高生产效率，同时电池缺陷率只有十亿分之一，远低于一般制造业百万分之一的缺陷率水平（王家宝、蒋铭霖、盛洁，2022）。

三、开辟新的市场

宁德时代自成立以来，其新能源电池产品不断开辟新的应用市场，整体市场规模持续扩大。例如，在 2014～2016 年，宁德时代的新能源电池产品主要应用在电动客车和电动乘用车领域，且电动客车占据了主导地位；2017年，企业的动力电池在电动卡车市场中的应用明显增加；2018年开始，企业的乘用车动力电池使用量首次超过商用车，之后占比逐步扩大，成为最主要的应用市场；自2019年开始，企业的储能电池出货量明显增加，已呈现储能、新能源卡车、新能源客车等多领域发力的变化趋势（王松雨，2023）。此外，宁德时代的新能源电池产品除了应用在新能源客车、乘用车、卡车及储能之外，近年来又与新能源上下游产业链企业合作，不断拓展产品在电动船舶、电动工程机械、电动飞机、家用储能、乘用车换电、重卡换电、汽车快充、电力辅助等领域的使用和服务合作，持续开辟新的市场。

四、获得新的供应商

新能源电池技术日新月异、产品快速迭代升级，为保障核心原材料、新材料和新零部件供应，宁德时代一方面加大对上游核心矿产资源布局，另一方面持续引进在技术和成本方面兼具竞争优势的供应商，以保证供应链优势。上游核心矿产资源方面，宁德时代主要投资布局了锂、镍、钴等资源；其中，锂矿资源主要包括江西宜春锂云母、四川斯诺威锂矿、玻利维亚盐湖等，以及参股宜宾市天宜锂业在全球布局的其他锂矿资源；镍矿和钴矿资源主要通过控股子公司广东邦普循环科技有限公司、控股孙公司宁波邦普时代新能源有限公司等主体在印度尼西亚等地布局，以及通过与洛阳钼业深度股权合作（见表7-6），依托洛阳钼业在能源金属方面的布局优势，间接布局印度尼西亚华越钴镍、刚果（金）TFM和KFM铜钴矿、玻利维亚CBC集团等。据长江证券测算，宁德时代投资布局的锂、镍、钴矿产资源至少可以保障625GWh的锂电池产能（陆彦辉，2023）。

引进新的供应商方面，主要体现在宁德时代供应商数量的增加及动态更新上。2015年之前宁德时代供应商数量在700家以内，2019年首次超过1000家，2020年超过1200家，2022年则进一步达到了2900多家（王莳，2023）。企业的供应商数量呈现稳步增长态势，也说明宁德时代在引进和培育行业新的供应商方面有着显著成效。

表7-6 宁德时代在锂、镍、钴等资源的布局情况

资源	项目主体	参与方式	矿产资源量	最大保障锂电池产能（GWh）
锂	宜春时代矿业	控股	年产碳酸锂28万~30万吨	461
	四川斯诺威	控股	年产碳酸锂4.4万吨	68
	天宜锂业	参股	每年碳酸锂包销权约9万吨	400
	玻利维亚CBC	控股	年产碳酸锂5万吨	77
	合计			1006
镍	印度尼西亚蓝天金属	并表	年产3.6万吨金属镍	75
	普勤时代	并表	21.6万吨金属镍	528
	青美邦	参股	年产7.3万吨金属镍（保供量按10%的权益计算）	15
	印度尼西亚华越钴镍	间接参股	年产6万吨金属镍（保供量按5.9%的权益计算）	7
	合计			625
钴	刚果（金）TFM	间接参股	最大年产3.7万吨金属钴	610
	刚果（金）KFM	间接参股	年产3万吨金属钴	495
	合计			1105

资料来源：根据调研资料整理。

五、形成新的组织形式

建立研发联盟、技术中心等行业组织形式，有利于推动产业技术共享、知识交流和协同创新，是宁德时代引领技术创新的体现，也是其发挥产业链龙头作用，带动整个产业链协同创新的重要举措。在宁德时代推动和参与下，我国新能源电池产业产生了若干新的组织形式，如北京国家新能源汽车技术创新中心有限公司、电化学储能技术国家工程中心、中关村储能产业技术联盟（见表7-7）等，这些行业创新平台对推动我国新能源电池产业技术交流、协同创新等发挥了很大作用。

表7-7   我国新能源电池产业重点创新平台

序号	名称	简要介绍
1	北京国家新能源汽车技术创新中心有限公司（国创中心）	2017年由科技部批准设立，由北京汽车集团、宁德时代、中国电子科技集团等牵头组建，以打造世界新能源汽车技术创新策源地为总体目标，以突破行业共性关键瓶颈技术和增强技术创新成果转化效能为核心任务，以"共商、共建、共治、共享、共用"为运行机制，通过资源凝聚整合培育创新链，通过开放协同合作打通产业链，建设"创新型、平台型、开放型、伙伴型"的技术创新和应用转化平台，形成国家创新体系的重要支柱和中坚力量
2	电化学储能技术国家工程研究中心	2018年国家发展改革委批复成立，由宁德时代牵头，联合高等院校、科研院所和产业链上下游企业，共同组建电化学储能技术国家工程研究中心。核心任务是聚焦动力电池领域存在的里程焦虑、安全焦虑、寿命焦虑、回收利用体系不健全等突出问题，重点开展高能量与高功率密度电池、超短快充电池、高寿命电池、电池管理系统精算、超强环境适应性电池包设计、电池梯次利用与循环再生、电池安全性与耐久性评估等产业链关键核心技术开发和工程化，推动先进储能技术、工艺、产品和装备研制和转移转化，创制行业技术标准和规范，培养动力电池领域技术创新人才和管理团队，构建全产业链协同发展的创新网络，不断提升动力电池领域产业技术进步和核心竞争力，推动我国动力电池产业持续健康发展
3	中关村储能产业技术联盟	2010年创立，是中国第一个专注于储能领域的非营利性行业社团组织，致力于通过参与政府政策的制定和储能技术的应用推广，促进产业的健康有序可持续发展。储能联盟聚集了优秀的储能技术厂商、新能源产业公司、电力系统以及相关领域的科研院所和高校，覆盖储能全产业链各参与方，共有国内、国际400余家成员单位。储能联盟在支持政府主管部门研究制定中国储能产业发展战略、倡导产业发展模式、确定中远期产业发展重点方向、整合产业力量推动建立产业机制等工作中，发挥着举足轻重的先锋作用

资料来源：根据调研资料整理。

以电化学储能技术国家工程研究中心为例，国家发展改革委明确要求该中心要坚持以国家和行业战略需求为出发点，主动组织、参与产业关键共性技术开发，为行业提供技术开发及成果工程化的试验、验证环境，承担国家和行业下达的科研开发及工程化研究任务，并将形成的成果向行业转移和扩散。国家发展改革委对电化学储能技术国家工程研究中心制定了明确的协同创新目标，要求到2020年，新能源电池要实现300Wh/kg能量密度、15分钟快充、30年超长循环寿命等核心技术产业化应用，且对外授权专利超过300

件，向行业及社会提供专项测试服务 10 万次，形成 3 项以上国家或行业技术标准草案，智能制造设备国产化率达到 95% 以上等；到 2027 年，要建成具有国际影响力的技术创新平台（周凡宇、曾晋珏、王学斌，2024）。目前，电化学储能技术国家工程研究中心已经顺利完成了相应节点的技术创新目标考核，推动新能源电池产业协同创新成效显著。

第四节　宁德时代技术创新的经验启示

宁德时代在推动其自身技术创新的同时，也带动了大量上游供应链的企业技术创新工作，并借助行业创新平台，通过知识和技术溢出效应推动着我国新能源电池产业技术创新。应当说，当前我国新能源电池产业所取得的技术创新成效与宁德时代等龙头企业的引领作用密不可分。因此，宁德时代的技术创新经验具有很强的借鉴意义，对我国推动技术创新、构建现代化产业体系具有深刻启示。

一、坚持走高水平科技自立自强之路

我国新能源汽车产业的不断发展，与国内新能源电池产业的技术不断创新和进步密不可分。我国新能源电池产业技术创新经历了从模仿创新、集成创新到自主创新的赶超过程，特别是新能源电池隔离膜、生产核心设备等技术追赶效应尤为明显，后来居上实现反超，依靠的是长期高强度投入自主研发，是坚定不移地走高水平科技自立自强之路的生动体现。只有高水平的科技自立自强，才能从根本上保障国家产业和经济安全。当然，走高水平科技自立自强之路必须正确处理好独立自主与对外开放的辩证统一关系。一方面，要认识到独立自主绝不是自我封闭，而是要保持对外开放，学习汲取国外先进技术成果为我所有；另一方面，也要认识到核心技术是"国之重器"，关键核心技术永远要不来、买不来、讨不来，必须坚持自主创新，才能实现高水平科技自立自强。

二、以链主为核心构建产业链协同创新生态

链主企业一般是指在整个产业链中占据优势地位，对产业链具有重要引领和带动作用的企业，此类企业拥有很强的资源整合能力，对产业链有较强的影响力和控制力，承担着产业链组织者和价值分配者的角色（马建堂，2021）。因此，产业链协同技术创新必须牢牢抓住链主企业这个"牛鼻子"。从宁德时代主导的产业链协同创新过程可以看出，宁德时代是我国新能源电池产业名副其实的链主企业，其主导着新能源电池全产业链技术攻关方向，为上游产业链企业技术创新指出明确方向，在与上游产业链企业协同开展技术攻关的同时，还通过给予研发资金、人员、技术、订单等支持上游产业链企业技术创新。我国新能源电池产业之所以能够取得显著的发展成效，与链主企业宁德时代主导的上下游产业链协同创新密不可分。当前，全球产业链呈现明显的区域化和内链化重构趋势，以链主企业为核心，构建产业链协同创新生态和价值链治理结构，有助于我国提升产业链韧性、安全水平和国际竞争力，融入并推动构建新发展格局。具体而言，以链主企业为核心构建产业链协同创新生态具有以下显著意义：第一，链主企业是带领产业链实现技术自主可控的"头雁"，可以牵头产业链开展关键核心技术攻关，补齐我国产业链"卡脖子"短板，增强产业链韧性；第二，链主企业是引领我国产业链融入新发展格局的"架构者"，依托其市场地位和产业链资源整合能力，可深化产业链分工合作，促进产业链协同有序发展；第三，链主企业是推动产业链持续升级的"助推器"，通过产业规模和技术优势，可抢占全球技术标准话语权，提升产业链整体国际竞争力（吉迎东、赵铭、赵文，2024）。

三、突出社会企业创新的主体地位

企业是创新的主体，是推动技术创新的生力军。从宁德时代主导的产业链协同创新过程可以看出，上下游产业链企业是技术创新的主要参与者和贡献者，全链条合力持续推动着我国新能源电池产业技术创新。在技术创新过程中，宁德时代及上游产业链企业不仅是投入者和实施者，其中相当一部分企业还承担了国家重点研发项目，参与国家科技创新顶层设计和宏观政策制

定，也是决策者的一部分。这种机制安排，让市场底层应用与政策顶层设计有效衔接，避免了科技与产业相脱节，真正突出了企业的创新主体地位，让企业充分发挥创新主体作用。在科技创新中，高等院校和科研院所的侧重点在基础研究，而企业的侧重点则是面向市场需求的应用研究，二者的目标和任务差异较大，在科技创新政策顶层设计中应该有所兼顾。但长期以来，企业在我国科技创新顶层设计和宏观决策中的参与度明显偏低，没有真正突出企业创新的主体地位，导致企业创新受到抑制，甚至出现科技与产业相脱节的现象。

当前，新一轮科技革命和产业变革快速演进，科学技术和经济社会发展加速融合，科技成果转化明显提速，提高企业在顶层设计和宏观决策部署中的参与度势在必行；同时，企业作为我国技术创新的主力军，完全有能力与高等院校、科研机构等一起为国家产业顶层设计和宏观决策建言献策。因此，突出企业的创新主体地位，充分发挥企业创新的主体作用，有利于加快构建以链主企业为牵引、高校和科研院所为支撑、各创新主体紧密协作的创新体系，促进科技成果转化和共性技术攻关，为我国深入实施创新驱动发展战略、建设创新型国家，实现科技自立自强提供强有力的支撑。

四、发挥高端制造业技术创新的核心力量

制造业是国民经济的主体，而高端制造业是制造业中最具技术含量、附加值和竞争力的产业，具有劳动效率高、资本和知识密集、产业带动能力强等特征，是我国推进新型工业化的核心力量，对我国加快转变经济发展方式，由制造大国迈向制造强国尤为关键（唐萍萍、任保平，2024）。高端制造业也是自主创新难度最大的领域，往往涉及诸多共性技术问题，需要持续高强度协同开展技术创新。从宁德时代的技术创新过程可以看出，宁德时代在新能源电池产品核心原材料、零部件、生产制造设备等领域均有大量研发投入，带领上游产业链企业广泛推动行业共性技术难点攻关，并牵头成立了行业研发平台，通过制定技术标准、共享知识和技术成果，有力推动我国取得新能源电池全产业链技术进步，逐步实现全球领先。宁德时代主导的产业链协同创新过程充分证明高端制造业是推动技术创新的核心力量，必须重视并充分发挥高端制造业对我国自主技术创新和推进现代化产业体系建设的重要战略意义。

第八章

推进中国新能源电池产业创新发展的建议

第一节　政府层面的宏观政策建议

一、坚定中国特色自主创新道路的指导思想

中国特色自主创新道路立足于中国实际，以马克思主义科技创新思想为指导。作为《国家创新驱动发展战略纲要》的一项战略要求，中国特色自主创新道路发展还要以国家创新驱动发展战略为依托，实施与贯彻《国家创新驱动发展战略纲要》规定的战略任务及政策措施（盛明科、罗娟，2018）。同时，自主创新作为技术范畴还应体现其经济与社会效益的双重属性。

（一）以马克思主义理论创新思想为指导

中国特色自主创新道路根植于中国科技创新

发展实践，离不开马克思主义科技创新思想的指导。马克思主义科技创新思想蕴含丰富的自主创新理念，关于科学技术是生产力、制度创新对科技创新的促进作用，以及人才、市场需求、职业创新者、文化等因素对科技创新的影响等论述为中国特色自主创新道路的选择与推进提供了理论基石与科学指导（马佰莲，2020）。其中，关于科技创新作用的论述，对我国认识与把握创新规律、增强自主创新能力引领经济高质量发展具有重要启发意义；关于科技创新体制机制、制度体系建设作用的论述，有助于我国不断清晰地认知科技体制改革与制度创新的必要性，形成激励与保障自主创新的制度环境，并通过体系化建设形成保障合力；关于科技创新发展中对人才资源、文化建设以及科技人本主义取向的重视，为促进科技自主创新提供了强大的智力支撑、崇尚创新的文化氛围以及正确的价值引领，有助于激发主体的创新意识与创新积极性，充分集聚自主创新必需的人力物力财力资源，运用自主创新成果为人类造福，在全社会形成创新共识。马克思主义关于科技创新的多维度与全方位思考，既为中国特色自主创新道路的发展指明了正确方向，又为实现科技自主创新发展提供了更为广阔的视域。

（二）以国家创新驱动发展战略为依托

作为推进自主创新的顶层设计与纲领性文件，《国家创新驱动发展战略纲要》对创新发展的战略目标、主要原则、战略布局、保障措施等作出了相关规定，将提升自主创新能力、优化创新环境、健全国家创新体系等作为具体战略目标，按照"双轮驱动、构建一个体系、推动六大转变"进行创新布局，将强化原始创新与推动技术体系创新、壮大创新主体、建设高水平人才队伍、激发全社会创造活力等内容纳入八大战略措施（王广生，2022）。实施创新驱动发展战略最根本的就是增强自主创新能力，而增强自主创新能力，最重要的就是走中国特色自主创新道路，因此，中国特色自主创新道路发展应紧密结合我国经济与科技发展实际，以《国家创新驱动发展战略纲要》为指导，以建设国家创新体系为依托（杨骞、陈晓英、田震，2022）。例如，按照战略纲要关于创新发展的基本要求，从改革创新治理体系以形成多元参与及协同高效的治理主体格局、增加多元化创新投入渠道、健全保护创新的法治环境、培育开放公平的市场环境、营造崇尚创新的文化环境等方面加大自主创新的保障力度，构建包括制度、主体、资源、文化等四个维度的自主创新发展目标体系，不断增强自主创新能力符合创新型国家建设的要求，发挥自主创新对提高社会生产力和综合国力的战略支撑作用。

（三）以兼顾经济发展与民生改善为宗旨

自主创新作为科学技术变革的重要表现形式，具有引领经济发展与促进民生改善的双重属性，在发展过程中既要发挥创新成果的经济效益属性，又要注重发挥创新成果的社会效益属性。一方面，由于科学技术的生产力属性，自主创新作为其变革的主要形式，是不断解放和发展生产力的过程，是引领经济高质量发展的首要动力。国家通过深化科技体制改革不断优化创新制度安排、强化产学研协同创新、提升创新资源投入绩效、培育有利于自主创新的文化环境等措施使一切创造源泉充分涌流，提高了科技对经济的促进率，发展了科技生产力的作用，从而创造了巨大经济价值与效益。另一方面，自主创新的最终目的是造福于民，社会主义制度下自主创新的宗旨在于满足人们日益增长的美好生活需要，促使自主创新的成果惠及于民。例如，通过大力倡导创新文化，发挥创新文化的社会属性，以培育创新意识与创新价值理念为基本点，不断增加全社会对中国传统文化与社会主义先进文化中创新基因的认同感与归属感，形成创新自觉，增强创新自信，达成创新共识，实现创新文化建设的社会效益，将人民群众的利益作为自主创新的出发点与落脚点。总之，只有充分发挥自主创新引领经济高质量发展与改善民生的双重效益，才能更好地服务于世界科技强国建设的总目标。

二、秉承中国特色自主创新的基本原则

鉴于中国特色自主创新道路具有的整体性、创新性、开放性等特征，中国特色自主创新道路发展必须坚持政府统筹与市场导向结合、整体推进与重点突出协调、自主研发与开放合作并存的原则。

（一）政府统筹与市场导向相结合

促进政府与市场的有机结合，协同创新主体与整合创新资源，是中国特色自主创新道路发展坚持的重要原则。在自主创新发展过程中，单纯的依赖政府或市场作用都具有明显局限性。例如，完全的市场调节存在"失灵"与

"信息不对称"现象，实践中由于市场规律与科技创新规律的内在差异，使得那些在市场条件下能够快速转化为商品的科技成果备受关注，而投资大、风险高、周期长的基础研究领域则处于边缘化状态，基础研究作为自主创新的原始供给，对其弱化及忽视必然不利于自主创新能力的提升。而完全的政府主导与计划管制容易导致创新主体形成较强的依赖性，竞争意识削弱，丧失自主创新积极动力。因此，应统筹好中国特色自主创新道路发展中的政府职能与市场作用。一方面，发挥市场在创新资源配置中的决定性作用。市场的自由竞争与需求导向是自主创新的重要动力，建立市场导向机制解决创新成果的研发、资金投入、利益分配等问题，可以有效对接创新目标与市场需求，促进科技与经济的紧密结合（黄彦震、侯瑞，2019）。同时，应坚持市场导向，完善以企业为主体的技术创新体系，破除创新主体间的市场机制壁垒，按照市场规律以低成本、高效率、准目标的方式找到创新的最佳路径，打通产学研协同创新渠道，以市场手段充分激励各类资本、人才、信息、技术等资源，形成有利于自主创新的良好市场环境。另一方面，发挥政府对自主创新的统筹协调作用。政府不宜直接干预自主创新活动，而应主要通过国家战略制定和政策措施引导，激励主体协同创新，优化创新资源配置结构，对涉及国防安全与重大民生、技术领域重点规划与布局，有效集中人力、物力、财力等创新资源，提升自主创新的整体效能。同时针对公共性、战略性产业的市场失灵问题，政府注重发挥在产业共性知识供给、基础设施建设、创新体系构建、创新人才培养等方面的统筹协调作用（魏婕、安同良，2020）。总之，唯有协调发挥政府作用与市场作用，将宏观统筹与市场导向结合，才能充分实现创新资源的有效整合与创新主体的协同融合，形成自主创新的强大合力。

（二）整体推进与重点突出相协调

从整体上看，中国特色自主创新道路是一项系统工程，是由诸多要素共同作用的综合体系。创新制度、创新主体、创新资源、创新文化等各要素之间相互配合，共同作用于道路发展的整体过程，发挥独特的功能与作用。目前我国面临自主创新转型的现实挑战，由于发达国家不断加强关键技术的垄断与封锁，技术引进的后发优势与溢出效应愈发有限，我国自主创新能力特别是原始创新能力不强，导致关键领域核心技术受制于人，成为我国科技发展的"阿喀琉斯之踵"。近年中美贸易争端更是表明我国关键技术自主创新能力有待增强,如何在重点领域与关键领域加强战略部署从而加快自主创新发展成为科技领域亟待解决的问题。因此,中国特色自主创新道路的发展首先应做好整体规划,从系统论的视角将自主创新的制度保障、主体支撑、资源投入、文化建设等内容作为整体加以推进,并通过战略视野驱动各要素纵向提升与横向整合,保障多元创新主体在制度与文化环境中,在整合多种创新资源的基础上实现有机联合与协同演化,为经济高质量发展与科技强国建设提供新动能(张永旺、宋林、祁全,2019)。其次,做好重点产业与重点发展领域的部署,实施非对称性赶超措施,在关键性与"卡脖子"技术上进行重点突破。为抢占未来科技发展的制高点,国家应从战略布局方面厘清重点,坚持有所为有所不为的指导方针,对重点产业与关键领域的自主创新进行重点政策引导与资金支持。例如,加强对关系到发展全局问题的基础研究,为原始创新夯实源头积累;建设支撑高水平创新与前沿技术创新的基础设施与平台,为协同创新提供实践载体;制定出台新兴知识产权与人工智能产业等重点领域的相关立法,为新兴产业的发展提供法律保护与规制。唯有坚持以上整体推进与重点突出协调统一的原则,才能在整合自主创新各驱动要素的基础上,既发挥制度保障优化、创新主体协同、创新资源投入、创新文化培育对自主创新发展的整体驱动作用,又发挥关键技术领域基础研究、自主知识产权保护等对支撑自主创新发展的重点关键性作用。

(三)自主研发与开放创新相并存

中国特色自主创新道路的发展必须处理好自主发展与对外开放的关系,在开放创新的基础上实现自主研发、自主可控,从根本上扭转科技受制于人的被动局面。从宏观层面看,必须处理好自力更生与对外开放的关系。国家在坚持自力更生的同时通过对外开放与其他国家进行物质流、信息流、信息流的交换,从而不断增强自身的自我调控与发展能力。具体而言,一方面,我国要在激烈的国际竞争中占据优势必须把握创新发展中的主动权,不断提高自主创新能力,在关系国防、民生及产业安全的战略性、基础性、关键性领域加强核心技术攻关,加大具有自主知识产权的关键技术与前沿技术自主研发,重视基础研究与应用研究,强化原始创新的源头供给。另一方面,重视自主创新的对外开放与合作,在利用国内外两种资源的基础上突破传统组织边界，整合内外部创新资源与创新需求，在更高的起点上推进自主创新。同时积极融入与参与全球创新治理体系，既解决中国创新发展实践中的具体问题，又为全球科技创新治理贡献中国方案与中国智慧。在微观层面上看，自主创新发展必须处理好创新主体间自主研发与开放式创新的关系。传统的创新模式是企业自行研发，通过创意选择、内部研发试验后将创新成果投向市场，整个过程较为封闭独立，政府、大学与科研机构的参与程度较低。而在开放式创新模式下，企业通过吸收内外部创新资源，及时向市场反馈自身实际需求，积极寻求产学研创新合作，注重知识、信息、利益、组织一体协同，发挥不同创新主体的功能优势形成有效开放式创新合作网络，形成自主创新的强大合力。综上，无论对国家还是企业来说，唯有实现自主研发与开放创新的统一，才能在充分利用内外部创新资源的基础上，为自主创新提供强大的驱动力。

三、完善中国特色新能源产业创新体制

（一）树立以创新为驱动的发展理念

当今，信息科技、生物科技、新材料技术、新能源技术等行业、领域的技术在突飞猛进，发展速度"一日千里"，不同学科之间相互融合、广泛渗透，我国的科技发展面临着前所未有的发展机遇与挑战。同时，世界新一轮科技革命蓄势待发，众多国家均在积极加强创新战略部署，有的国家已将创新上升到国家战略，如美国实施"再工业化"战略、德国提出"工业5.0"战略，均将创新放在重要的位置；也有的国家将创新上升到战略核心指导思想，贯穿于整个工业化发展体系。相比于西方科技强国，我国科技基础研究较为薄弱，科技创新力量相对不足，在新能源、绿色电力、储能等领域也不例外，科技创新水平存在较大不足，要想在短时间内赶超世界创新大国也存在较大难度。因此，针对新能源电池产业技术创新体制而言，需要将创新放在发展全局的核心位置，才能发挥我国集中力量干大事的特点，方能紧跟世界创新发展大势，最终引领世界创新科技的发展潮流。

（二）健全有利于创新的政府管理体制

体制优化与创新的实质，是调整不适应创新发展的生产关系，破除科技创新发展的制度束缚，最大限度地释放创新工作的活力。科学、合理的管理政策能为技术创新营造良好的制度环境，而在深化科技体制改革过程中，政府在科技创新管理方面会产生重要影响，因此，需要健全有利于科技创新的政府管理体制，实现从科技管理向科技治理的转变。

一是政府管理职能应向法治完善和服务工作转变，减少政府部门对微观层面科技创新活动的干预。比如，针对新能源电池产业技术发展，政府管理部门应遵循科技创新规律，建立以市场为导向、以企业为主体的科技创新体制，加快科技创新成果的转化与应用。

二是制定与优化科技创新相关法律法规与政策。针对新能源电池产业，不断优化科技创新的财政金融、知识产权、成果转化等相关政策，实现科技创新资金多元化、知识产权保护的严格化，为技术创新提供良好的外部环境和共性产业平台。例如，出台科技创新鼓励型政策，增强主体的参与意识和创新意识，鼓励自主创新行为；健全引导型创新政策，以加大创新人才与知识源头的政策供给；优化产业结构转型发展政策，以完善产业创新链条；强化科技创新相关的不同种类政策与法律效力的相互协调和呼应，促进科技创新政策体系不断完善。

三是保障科技政策的连续性、科学性，合理进行评估。传统科技体制过分强调技术的实用性，极易导致创新周期长、回报慢的基础型研究被边缘化，甚至出现急功近利的现象。一方面要注意政策的连续性与可操作性，以解决科技政策中的"碎片化""短期化"等问题；另一方面，应注重转变科技体制改革中急功近利的思想，通过对科技政策的有效评估、提高政策制定标准、加强政策制定过程的公众参与等措施，以提高政策的科学性与适用性。

（三）优化以需求为导向的创新市场机制

马克思认为，科技革新来源于资本家对剩余价值的最大化追求，而科技创新的目的在于获得行业或产业领域里的超额利润，市场机制可通过发挥经济激励与杠杆调节等功能自发地促进科学技术的不断创新，从而获得相应的经济回报（陈凡，2023）。基于上述观点，为了促进新能源电池产业技术可持续性创新，应健全和优化以需求为导向的创新市场机制。

其一，在市场经济条件下，由于科技创新能带来高额收益，企业往往会主动从事自主创新行为，通过技术的不断革新和产品的不断升级，以维持核心竞争力优势，因此，必须以企业和市场为核心，明确企业的创新主体地位，不断健全技术创新市场导向机制，充分调动企业的积极性主动性。

其二，市场往往通过价格机制引导创新成果的供给。例如，新能源电池产品价格的变化会促使相关企业寻找替代性资源或技术以降低创新成本，提升科技创新的效率，不断催生新的创新成果。市场的需求和发展能为自主创新提供正确需求导向，对此，创新市场机制的完善和调整，应充分考虑到市场发展的需求和开放性，形成由市场决定技术创新项目和经费分配、评价成果的机制。

（四）构建与优化产业技术创新体系

产业技术创新体系通常是以推进某产业或行业领域的科技创新为目的，多个部门、机构、组织及多种因素共同组成的一个复杂系统，它是以政府为引导、科研院所和高校参与、社会企业为创新主体而构建的科技创新体系，是国家创新体系中的重要组成部分，具有鲜明的行业特点。推动国家创新体系建设是实现国家创新驱动发展战略的重要举措，也是国家经济发展中科技体制改革的重要组成环节。与美国、英国、德国等发达国家的新能源电池产业科技创新体系相比，我国还存在一定的差距，因此，要从当前我国新能源电池产业的发展现状出发，通过建设有利于科技创新的法规体系、制定鼓励技术创新的研发政策、扩充新能源电池产业投融资模式、规范新能源电池产业市场环境等，积极探索科技创新的新模式，创建促进新能源电池产业技术创新的外部环境，形成产业技术创新发展的新优势。

（五）营造良好的科技创新宏观政策环境

新能源电池产业属于知识密集型产业，也是一个政策性较强的产业，涉及的政策法规多而复杂，营造一个良好的宏观政策环境是促进新能源电池产业科技自主创新的重要保障。尽管我国已经出台了一些关于新能源电池科技创新的法律、法规或政策，但仍存在法规的级别不高、可操作性不强、实施效果不理想等诸多问题。因此，应不断优化新能源电池产业的科技创新法律法规和政策，涵盖产业的研发、生产、销售、使用等各个环节，为新能源电池产业技术创新提供良好的宏观政策环境。例如，结合我国现阶段的国情，修订完善专利制度和相关法规，强化知识产权保护力度，加大打击破坏知识产权的违法行为，切实调动新能源电池企业科技创新的积极性，努力形成"创新—知识产权—利润"的良性循环。针对我国目前的技术转移相关法规存在可操作性不强、激励程度不明显等问题，制定和完善技术转移和科技成果转化的相关法律法规，提升科技成果转化和市场应用的效率。

第二节　产业层面的发展政策建议

一、建构"产学研用"协同创新体系

（一）明确协同创新主体的定位与功能

新能源电池产业技术创新作为一项系统工程，其持续推进离不开政府机构、科研院所、社会企业等多元创新主体的协同，因此，为了形成技术创新的合力，应明确不同创新主体的功能定位，发挥各自的功能优势，深化产学研协同创新。

1. 强化社会企业科技创新的主体功能

社会企业是科技创新体系中最重要的主体之一，是提供创新资源、推动创新系统良性运行的关键。针对新能源电池产业而言，技术创新在微观层面的本质是企业创新，因此，推进新能源电池产业技术创新，充分发挥企业技术创新的主体功能，能起到基础性作用。一方面，发挥企业在创新决策、资金投入、创新实施中的主体作用。新能源电池产业的创新规划、政策与标准制定、计划实施应充分吸纳企业参与，鼓励企业加大自主研发投入，引导有条件的企业牵头实施产业领域的重大创新项目。此外，号召企业与其他创新主体共建协同创新组织模式，打造创新共生界面，最终形成以企业为主体、以市场为导向的产学研协同创新体系。另一方面，发挥企业在创新知识吸收、技术成果转化中的主体作用。技术创新成果的应用和推广，最终要落实到社会企业层面，因此，应鼓励企业不断提升自身的技术成果转化与吸收能力，加快自主创新与技术转移的进程，进而起到推动产业发展的积极作用。

2. 发挥科研院所的科技创新主体功能

科研院所通常是对实施科学研究的院所机构的统称，科研院所不仅是知识创新的重要力量，也是技术创新的"主力军"，是科技第一生产力的"承载者"和"开拓者"。充分发挥科研院所的创新活力，激发其在科技创新中的引领作用，是落实"科教兴国"战略的重要保障。当前，随着"双碳"目标的实施和新能源行业的快速发展，新能源领域的技术更新换代较快，这对相关科研院所的创新活力也提出了新的要求，因此，应充分发挥科研院所的创新主体作用，为新能源产业技术创新贡献研发优势。针对如何发挥科研院所的创新活力和引领作用，科研院所需克服以往"重行政管理""轻成果转化"的考核模式弊端，基于新能源行业发展需求，将科技研发工作与产业转型升级相结合，开展以应用为导向的技术研发，破解制约新能源电池产业发展的关键技术，实现与政府部门、社会企业、服务机构等其他创新主体的有效协同，打造新能源电池产业技术创新的主体合力。

3. 发挥政府对科技创新的引导与服务功能

多主体协同科技创新，离不开政府的引导、组织和服务，针对新能源电池产业技术协同创新，政府部门应积极发挥其引导与协调服务的主体作用，既不能"越位"，也不能"失位"，为多元主体协同创新营造良好的政策与法治环境。

首先，政府部门可通过政策引导、资金扶持、项目供给等措施促进科研院所、高等院校、社会企业、服务机构等创新主体协同完成科技创新。例如，政府部门可出台协同创新年度规划，增加协同创新的经费比重，推动技术研发与新能源电池产业的有机融合，分层级、按计划引导多元主体协同完成创新目标，为新能源电池产业技术创新创造良好的政策环境。

其次，政府部门可通过优化自身服务职能为协同创新提供引导。针对新能源电池产业技术创新，相关政府部门应积极引导科研院所、高等院校、社会企业、服务机构等创新主体形成"协同发展"的理念与共识，构建灵活管理、风险共担、资源共享的协同创新模式，推动知识、信息、技术、人才等资源打破主体功能边界，实现多边流动，形成新时代有机结合、优势互补的"创新共同体"。

最后，政府部门可充分发挥服务职能的作用，搭建"产学研"主体协同创新平台。针对新能源电池产业技术协同创新，政府管理部门可通过人工智能、大数据、云计算等互联网技术打造多元化的信息平台和技术共享平台，牵头组建以新能源电池企业为"技术载体"，高等院校、科研院所、服务机构等共同参与的创新联盟与研发中心，建构开放式创新生态系统，促使创新资源汇聚集中到最亟须领域，实现多元主体参与的协同创新。

4. 发挥中介服务机构对科技创新的纽带联结功能

社会中介服务组织，对连接"产学研用"的创新主体协同起到重要纽带与桥梁作用。因此，为了促进新能源电池产业技术协同创新，需充分发挥社会中介服务机构的纽带与联结作用。首先，优化中介服务体系，充分发挥协同创新主体的联结纽带作用。当前，我国新能源产业领域的创新中介服务机构存在发展缓慢和专业化程度偏低等现实问题，可参考国外的管理经验和实践模式，在相关政府部门的引导下动员各方社会力量设立或参与中介服务组织，助力"产学研"协同创新。其次，充分发挥政府科技服务部门的职能，保障多主体协同创新。新能源电池产业技术创新对相关技术性、专业性要求较高，涉及新能源知识产权保护、技术指标评估、技术合同履行等环节。为确保多主体协同创新工作的有序进行，应充分发挥政策调研中心、科技研发中心、技术推广管理等政府部门的职能，增加协同创新的服务渠道，优化信息交流机制，为新能源电池产业创新与发展开展科技咨询、科技评估等提供服务。最后，强化中介服务人员的素质培训，提升其专业服务能力。目前，部分创新中介服务机构的从业人员存在素质参差不齐、专业性化不足等问题，对此，应强化创新中介服务人员的素质培训。比如，相关政府科技服务部门可有针对性地制定专业培养方案，投入必要的培训经费，采用线上、线下培训相结合的方式，在新能源产业科技服务方法与技能、技术发展前沿趋势、技术创新风险评估、市场管理法规、职业道德等方面对从业人员强化培训，提升社会中介服务从业人员的服务水平。

（二）健全协同创新主体的利益分配机制

在多主体协同创新中，不合理的利益分配方式，会给创新主体各方带来潜在的道德风险，也会制约多方协同创新的积极性。因此，为促进新能源电池产业技术协同创新，应健全和优化相关利益分配机制，化解多主体协同创新中利益分配的潜在冲突，让创新主体各方风险共担、利益共享、互惠互利。

1. 健全协同创新主体的利益融合机制，规避主体利益潜在冲突

首先，多元创新主体应秉承融合互动、共谋发展的协同合作理念，发扬互利互惠的合作精神，寻求各主体利益的交汇点和融合点，构建协同创新利益融合新格局，实现多方利益的共赢、多赢。其次，优化多元主体之间的创新信息共享与交流机制。良好的信息共享与交流机制是实现协同创新的重要保障，因此，应根据新能源电池产业的特点积极打造多元主体创新的信息共享与交流平台，破除组织之间的信息交流的限制与壁垒，为多方互利合作和利益融合创造良好条件。最后，建构并完善多元主体之间的创新利益协商、利益保障机制，切实保障协同创新主体的共同利益。基于多元主体的创新利益协商和保障机制，可分阶段解决协同创新中的利益纠纷问题。例如，在创新合作的初期，通过创新利益协商机制中的创新成果申报、审批、分配等规则，可保障协同创新利益出现纠纷时做到有据可依；在创新合作的实施阶段，通过创新利益协商机制，可搭建由各方主体共同参与的委员会，通过座谈协商的方式协调利益分配，避免出现分歧；在创新合作的后期，应完善利益保障机制，对协同创新的各个环节进行跟踪评估和及时纠偏，并对违反协同规则的行为实行惩罚，以保障创新主体共同利益的实现。

2. 健全协同创新的知识产权分配与共享机制，明确创新成果利益分配

知识产权是多主体协同创新成果和利益的集中体现，因此，应明确新能源电池产业的知识产权在创造、管理、运用、保护等环节的权利、义务与责任的归属，兼顾创新主体各方的利益，以激发创新主体各方的积极性。

第一，依据公平原则建构知识产权分配机制。基于知识产权本身的复杂性特点，多主体协同创新中知识产权利益分配通常存在内容模糊、操作性不强等问题，导致知识产权利益纠纷时有出现，影响着协同创新效果。因此，针对新能源电池产业技术创新问题，应加强知识产权分配管理，在知识产权成果申报、评估、保密、管理等环节制定详尽的利益分配方案，以出资比例、技术投入、风险承担等因素为衡量指标，确定多元主体的权益占有份额，实现利益公平分配。

第二，依据效益原则完善知识产权共享机制。多主体协同开展创新工作，作为创新的知识产权人，应注意共享知识成果的运用，更不能随意垄断或限

制知识产权，有必要建立知识产权共享的确权机制。建议以参与者的贡献度为主导，明确协同创新主体的知识共享权利，能兼顾知识产权的经济效益与学术价值，可以平衡创新主体利益追求过程中的矛盾，对实现知识产权成果利益最大化起到一定保障作用。

（三）提升协同创新成果转化效率

加快创新成果转化，是"产学研用"协同创新体系中最重要、最关键的环节。当前，无论是创新成果质量，还是市场转化率，我国离发达国家仍有一定差距，究其原因，主要是因为缺乏完善而配套的市场机制与平台，制约了创新成果的实施与转化效果。因此，需要健全创新成果转化机制与平台，提升协同创新成果的转化率，促进科技创新与经济发展的紧密结合。

1. 健全科技创新成果转化的市场导向机制

创新活动的开展，通常是以市场需求为基础，而企业作为市场和行业发展的主体，能较快地接触和了解市场的前沿动态和信息，因此，企业应及时捕捉市场或行业领域的前沿信息，并分享给管理部门、高等院校、科研院所等创新主体，及时地提出企业发展中技术、成果、创新等方面的需求，促使其他创新主体聚焦高质量的技术创新与知识成果分享，不断增强知识创新能力，实现创新成果的规模化与产业化。此外，在以市场发展为导向的创新成果转化过程中，协同创新主体也应积极探索研发机构与市场经济对接的新途径，丰富创新成果转化的形式和路径，打造技术研发、成果孵化、成果转化、产业化等完整创新链条，实现成果研发与市场应用的有机结合。

2. 建构与完善科技创新成果转化平台

创新成果转化平台，主要指政府部门、社会企业、科研院所、高等院校等为实现创新而成立的组织模式。目前，我国一些技术成果转化平台已取得诸如"载人航天工程""嫦娥工程""高铁工程"等重大技术的突破，但仍有部分创新平台建设还存在制度不完善、管理模式混乱、协同创新动力不足等问题，致使创新成果质量和转化率不高。

因此，一方面，应不断加强科技创新成果转化平台的管理与服务。在政府管理部门的组织下，针对科技创新信息交流服务，打造企业、科研院所、高等院校集中式参与、广泛交流的平台，优化主体信息不对称与松散合作等局面。同时，创新主体可积极探索"产学研"协同创新的组织模式，例如，针对新能源电池产业发展，管理机构、社会企业、科研院所、高校等主体成立"新兴技术孵化器""科技创新加速器"等战略联盟，打造多元化协同合作模式，整合新能源科技创新资源，形成协同创新合力，推动科技创新成果与市场主体迅速对接以实现产业化，为创新成果转化提供实践载体。另一方面，充分利用人工智能、大数据等互联网信息技术，建立健全技术创新成果交易和转化的线上平台，立足科技创新成果挖掘、转移对接、推介与交易、知识技术共享、合作项目筛选等领域，与线下创新服务相结合，提高创新平台的运转效率，推动创新成果产业化。例如，借助创新成果平台提供的市场化需求数据，打通与高等院校、科研院所的研究通道，克服创新成果转化的盲目性，实现社会企业的优势与劣势对接。

二、优化技术创新的组织体系

（一）优化外部环境，壮大创新主体

创新是引领发展的第一动力，新能源电池为可再生能源的一种，具有比较高的可持续性和环保性，能够缓解能源危机带来的压力，也是新能源汽车的重要支柱。创新也是新能源电池产业发展的永恒主题，近年来，我国新能源电池产业发展较快，创新型、科技型的新能源电池企业所占比重不断增加，电池技术创新也取得较大成绩，与此同时，国内外的压力仍不容小觑。因此，当前形势下，为了给企业营造良好的外部发展环境，我国政府相关管理部门应出台利于科技创新的鼓励政策。

1. 强化企业创新的主体地位

企业是技术创新的主力军，是创新的主体，必须大力推动新能源电池企业的技术创新，拓展企业的研发力量和核心竞争产品，突出重点领域和特色产品，加速科研成果向市场转化，推动企业持续发展壮大。相比于西方国家，我国新能源电池企业数量众多，彼此之间的产品差异性不大，行业的集中度低，企业处于低水平的竞争中，存在盲目投资和重复建设现象，其结果是整个新能源电池产业产能严重过剩，企业往往靠低价拼杀获取利润，企业生存遭遇严重危机。对此，政府相关部门应加强对新能源电池产业的发展引导，

让企业在发展过程中转变大而全、小而全的经营理念，较大规模企业要向旗舰企业规模发展，成为行业创造价值的主体，小企业则要走"专、精、特、新"之路。

2. 不断优化企业外部环境

良好的营商环境是促进企业健康成长的"沃土"，更是推动产业持续发展的重要引擎。对此，进一步转变政府职能、创新工作举措，不断优化营商环境，鼓励新能源电池企业大力开展技术研发创新，促进我国新能源电池产业的发展，提高我国新能源电池企业的国际竞争力。一是坚持改革创新激发创新活力。针对创新项目审批，最大限度精简办理环节、节省审批时间、提高审批效率，全力保障项目快落地、快开工、快见效，深化政务服务需求侧改革，让企业办事更加高效便捷，不断提升企业的获得感和满意度。二是优化法治服务水平。法治是最好的营商环境，更是企业经营管理和科技创新的坚实保障。相关管理部门应着力提升依法行政能力和法治服务水平，出台新能源电池产业的专项法规，从立法层面上，给企业吃下"定心丸"，让企业安心经营、放心发展，为推动新能源电池产业科技创新健康发展提供坚实政策支撑。三是不断优化服务，提升效力。为更好地保障企业持续发展和不断创新，需优化管理服务，及时有效化解企业发展过程中遇到的困难问题。比如，创新服务方面，政府管理部门可针对新能源电池产业，成立创新创业共同体、储能电池技术中心，打造产教融合共同体，搭建电池科研平台，有效统筹外部高校、研发机构等创新资源，为新能源电池企业提供多渠道创新服务。再比如，构建专业化服务平台，对企业的诉求及时办理、按责转办、限时办结，真正让企业感受到政府服务的力度和速度，营造"尊商重商"的氛围。

（二）优化产业结构，促进企业集约发展

1. 积极调整产业组织结构

针对新能源电池科技创新，积极推进不同行业之间、不同领域之间企业的兼并重组，支持新能源电池企业和流通企业之间的强强联合，形成上下游一体的集团化企业，充分发挥龙头企业的带动作用，联合和辐射周边相关企业组建产业联盟，有效整合业务流程，强化新产品研发和销售，促进企业组织结构调整，充分发挥龙头企业的技术优势和中小企业机制灵活的特点，实

现优势互补、互惠互利，解决我国新能源电池企业存在的小、散、乱问题，提升新能源电池产业的整体素质。

2. 推动区域协调发展

要综合考虑我国不同地域的特点，充分发挥好东部、中部和西部区域的要素资源优势，全面协调东部、中部、西部共同发展。我国东部沿海地区资金、技术、人才等优势明显，可以发展一些技术含量较高的项目，如成立新能源电池国际研发中心、新能源电池总部基地、固态电池技术中心等，中西部劳动力资源比较丰富，可因地制宜承接东部地区转移的产业，建成新能源电池生产和加工基地。西部地区地广人稀，自然资源丰富，可构建规模化原材料生产加工和供给基地。

3. 促进产业集聚化发展

积极推动新能源电池产业发展壮大，促进新能源电池产业的规模化、集约化和园区化，引导新能源电池产业相关企业集聚化发展，创建产业集聚区。政府要积极引导优势企业在不同的地域，结合各自特点形成产业聚集区。比如，在西藏、青海等地区，可以开展规模化、规范化锂矿资源开采，打造新能源电池的原材料供应基地；在四川宜宾、江苏溧阳、福建宁德等地区，着重打造新能源电池技术创新研发基地，发挥技术创新的带动和影响作用，以推动新能源产业的可持续性发展。

（三）规划科技项目工程，实现重点跨越

1. 提升产业基础能力，优化电池相关技术

在长寿命的动力电池、燃料电池系统、高性能电解质、正负极活性材料等方面，基础化研究一直是我国的短板，针对新能源电池产业技术的发展，要不断加强基础研究。例如，开展模块化动力电池和燃料电池系统技术研究，突破氢燃料电池等汽车应用支撑技术瓶颈；开展正负极材料、电解液、隔膜、膜电极等关键核心技术研究，加强高强度、轻量化、高安全、低成本、长寿命的动力电池和燃料电池系统短板技术研究，加快电池技术研发。

2. 扶持龙头企业，实现固态电池技术突破

固态电池被认为是新一代电池的发展趋势，相关部门可将固态电池纳入国家重点领域或关键行业的研发体系中，在众多产业走向中高端的道路上，龙头企业的带动作用越来越突出，尤其是那些在液态电池领域具备丰富研发

和工程制造经验的大企业，往往具备固态电池技术创新和商业化的能力。一方面，针对高优先级的固态电池技术研发和工程化制造工艺，政府管理部门可集中各方优势力量，着力攻克关键核心技术。另一方面，针对低优先级固态电池产品制造和产业化发展，出台相关扶持政策，调整和改善新能源电池产业发展结构，为固态电池科技创新营造良好环境。此外，针对固态电池技术创新，也可以借助国家重点基础研究发展计划、高新技术研究发展计划、产学研发展计划等方式，加强固态电池核心技术攻关和产业化培育布局。

3. 优化电池回收产业政策，建设高效循环利用体系

依托新能源汽车的可持续发展，实行生产者延伸责任制，加强新能源电池溯源管理平台建设，实现新能源电池全生命周期溯源。支持梯次利用报废的新能源电池，对轻度报废的动力电池进行分级、降级再利用，对严重报废的新能源电池进行可再生利用，对重度报废的动力电池进行拆解、原材料回收，实现废旧动力电池"物尽其用"。优化新能源产业链条，使绿色环保的环节更加完整，让"节能降碳"的目的真正贯彻到底，助力新能源电池产业完成"从绿色到绿色"的生产闭环。

三、完善技术创新的投融资体系

新能源电池科技的发展，离不开资金的支持，也需要完善的投融资体系。长期以来，针对产业科技创新的投融资体系比较狭窄，不利于新能源电池企业的做大做强，新形势下，应该结合市场经济发展的需要，不断完善新能源电池产业技术创新的投融资体系，具体做法包括以下方面：

（一）解放思想，开创投融资新局面

当前，新能源电池产业已成为世界重点关注的新兴产业，并在以新能源汽车电池产业这一代表性产业实践中取得了突出成就，成为引领全球经济发展的重要增长极。2020年，在国务院办公厅印发的《新能源汽车产业发展规划（2021—2035年）》中明确提出"到2025年实现新能源汽车新车销售量达到汽车销售总量的25%左右，保证到2035年国内全面完成公共领域用车电动化"这一中国未来新能源汽车的发展目标。在未来很长一段时间内，新能源电池产业会成为我国重点支持的一个发展领域，而推动新能源电池产业技

术创新将会成为"双碳"目标下能源转型发展的新理念和新要求,这也为我们制定新能源电池产业技术创新投融资体系政策提供了保障。因此,有必要积极探索由政府、企业、银行、信贷、风险基金、外资等组成的多元化投资机制,进一步拓宽融资途径,形成新能源电池产业科技创新投融资的新局面。

(二)完善财政、基金专项资助制度

在当今社会,政府对科技创新活动直接给予财政资助已十分普遍,如美国政府针对新能源技术的创新研发,每年给予一定金额的资助,这些资助主要用于开展对新能源产业前沿的基础性研究和原创性研究的支持,由于基础研究和原创研究往往具有较高的风险,因此,一般由政府部门予以资助和承担。我国政府也不例外,针对新能源产业的发展,曾通过重大资金专项、各种支持基金、政府财政补贴等多种方式对其科技创新活动予以支持。大力发展新能源汽车是实现节能减排的重要手段,而动力电池作为新能源汽车能量存储与转换装置的基础,是新能源汽车的"核心零部件",其技术发展水平直接关乎汽车产业电动化转型的进程,目前动力电池技术也面临高续航里程、高能量密度、配套芯片、固态电池等领域的创新与突破问题。因此,针对新能源电池产业技术创新而言,仍需要政府给予政策层面的扶持与财政补贴,有必要进一步完善国家财政、重大专项和基金的资助制度,支持新能源电池产业持续性发展。

(三)鼓励相关企业加大创新投入

目前,国内仍有部分新能源电池企业对相关科技创新重视程度不够,也不愿意在新产品研发和技术创新等方面投入资金,据统计,我国新能源电池产业近几年的技术研发平均投入只占其主营收入的5%左右,而美国、日本、韩国等发达国家新能源电池企业的研发投入可达到20%左右,国内新能源电池企业技术创新研发投入相对不足的做法,也是制约我国新能源电池产业发展的一个重要原因(陈宇科、童欣,2024)。针对企业对相关领域科技创新积极性不高的问题,相关部门要加强引导,鼓励新能源电池企业发挥其创新主体作用,加大对芯片、电解质、电极材料等领域的技术创新投入,建构或完善以企业为中心的科技创新体系。同时,政府部门也要从政策上给予支持,比如,建立研发基金制度,推出科技创新与成果推广补贴等,调动企业科技创新的积极性，从而推动企业开展稳定的科技创新研发工作。

（四）激发社会多元化资金投入

新能源电池产业技术的创新，需要激发社会多元化资金的投入，尤其是在互联网金融不断发展的背景下，要不断激励以天使投资、风险投资、私募股权投资等为代表的社会资金投入到新能源技术的创新发展中。首先，国内目前已有相对成熟的市场融资途径，比如，新三板、创业板等，当新能源电池企业成长到一定规模时，可通过新三板挂牌或创业板上市，借助于股权交易、定向增发等多种方式募集资金，进行科技创新和后续企业发展。其次，中小型电池企业在技术创新和发展中更需要金融投资的支持，相关部门可鼓励和发展小额贷、社区银行等业务，推动以天使投资、风险投资、私募股权投资为代表的创投发展，为中小企业创新、创业提供便利的融资渠道。此外，新能源电池产业技术创新与发展，可以综合运用各种创新政策、创新融资、创新财税减免等手段，鼓励和引导社会的风险投资基金投向新能源电池产业技术创新领域。

四、健全技术创新人才发展机制

创新人才是自主创新能力形成的核心要素，为自主创新发展提供有力的智力资源支撑，也在坚持中国特色自主创新道路的发展过程中具有不可替代的作用。近年来，我国新能源产业在加快发展，也培育了大量的专业技术人才和科研人才，但在人才培养结构和质量上仍存在一些突出的问题：一是我国培养新能源科技创新人才的主力机构仍局限于高等院校，且高校的人才培养体系与社会企业所需要的创新实践往往存在脱节的现象，创新型人才的培养质量不高；二是在引领世界核心科技的部分行业中高层次人才不足，像新能源电池产业中的电芯、固态电池、电池材料、电解液等领域，高层次的研发人才存在较大缺口。这些新能源电池产业人才结构与发展需要之间的矛盾的问题，有必要在调整人才政策，从吸引人才、留住人才、培养人才等方面健全创新人才发展机制。

（一）优化创新教育制度，培养高质量创新人才

基于马克思主义科技创新理论的观点，培养高质量创新人才，应不断完善与健全创新教育制度，提升创新普及教育、专业教育和职业教育的质量与水平，多方力量协同参与创新教育，为我国自主创新提供充足的智力资源（白春礼，2019）。

1. 发挥多方联动作用，开展创新普及教育

创新普及教育对普及科学技术知识、加快科学知识传播、提高公众科技知识认知、增强全社会的创新意识与创新能力具有重要作用，应整合、动员多方主体，针对不同群体的心理特点与学习能力，采用丰富、灵活及多元化形式及内容进行科学技术知识的普及。例如，针对大学生与职业人员，应通过强化科技创新普及宣传及教育的管理制度，开展关于自主创新的信息理论与实践，宣传创新发展的最新前沿态势，增强其"崇尚创新""诚信守法"观念，形成尊重创新成果保护与重视创新成果应用的价值引领。针对从事自主创新的专业技术人员，应加强专业技术知识、知识产权知识的培训与科技伦理道德宣传，增强专业能力的同时增强社会责任感，不断提高自身创新素养。

2. 政府、高校、企业等多方协同优化创新专业教育

针对人才理论与实践脱节的现实问题，应建立起以学校为主体，行业组织和企业广泛参与的人才培养体系，加强校企合作，形成学校教育与产业相结合的人才培养方式。与新能源电池产业与前沿技术产业发展紧密结合，适时调整高校的专业与学科设置，整合交叉学科领域的教学资源，实现专业优势互补与合力发挥，形成学术型人才与应用型人才合理分布的人才培养结构。依据人才培养规律，围绕人才培养的各个环节发挥政府、企业、社会的联动效应，通过联合培养、双导师制、现代学徒制、共建创新实践训练中心、定岗实习、委托定向等途径实现多主体协同培养，提升理论与实践复合型创新人才的培养力度，输送具备创新素养、满足新能源产业需求的一流劳动力，扩大创新人才的战略储备。

3. 优化创新职业教育，扩大职业教育对象与规模

职业教育在培养实践应用型技能方面扮演着重要角色，而我国职业教育的对象与方式不够宽泛多元，效果发挥不明显，尚有较大提升空间。因此，一方面，进一步拓展职业教育对象，让受教育者充分涵盖企业管理者、专业

技术人员、生产线工人等人员，助力中小型企业的生产创新与产品升级；另一方面，在培训方式上，应以市场需求为导向，建立多元主体的职业培训管理模式。充分发挥政府、行业企业、职业院校、培训机构、社会力量的协同作用，围绕新能源汽车、新型储能技术、人工智能信息技术、新型工业化等职业技能人才紧缺领域展开培训。同时，政府部门注意发挥带头、监督和评估职能，完善职业教育培训的质量评价体系，引进第三方机构开展职业教育质量评估，通过职业技能等级证书颁发、结业标准制定等形式等提高职业教育的水平与效果。

4. 发挥资源共享优势，实践产业学院创新教育模式

新能源电池企业若要在行业领域保持一定的市场竞争力，需要大量高层次研发人才给予支撑，而作为社会共生单元的高等院校面对新能源产业创新型人才需求量增加的现状，也需要积极探索更契合的人才培养方式。产业学院作为产业界与教育界融合的产物，是以现代产业集群或特定产业、行业发展的需求为导向，以助推产业转型升级、产业技术创新为牵引，通过对政府部门、行业组织、社会企业、高等院校等多主体资源和要素进行整合，突破创新主体间的壁垒，协同培养人才的教育机构。针对目前新能源产业发展对高层次人才需求的现状，政府部门、新能源行业组织、新能源电池企业、高等院校等主体可以协同合作共建产业学院，秉承资源共享、合作共赢的目标，发挥各自的优势并进行深度合作，释放行业、企业、高校等主体之间的人才、资本、智力、信息、技术、管理等创新要素活力，共同协作，培养新能源电池产业发展所需要的人才。

（二）健全高端创新人才的引进机制

1. 优化人才引进政策，用制度保障人才

扩大人才引进，最重要的是做好人才评价工作，树立正确的用人导向与标准。应通过健全创新人才分类评价体系优化创新人才管理，以能力、贡献及质量为导向对研究型人才、应用型人才及管理服务人才实行差异化评价。例如，注重对研究型创新人才的长期有效性评价，结合基础研究风险高、周期长、难度大的特征，分阶段引入同行评议及专家小组评议机制，避免评价短期化的功利主义导向；对实践型创新人才的考核则主要以成果产业化利润、技术研发标准、创新系数指标等作为标准；对管理服务型创新人才的评价则

主要以创新服务质量、技术交易数额、创新文化建设、基础设施供给度为依据。通过差异化的创新中国特色自主创新道路研究人才评价体系，用好人才指挥棒，激发人才创新潜能。

2. 提高创新人员激励强度，用待遇留住人才

针对紧缺人才行业及前沿技术领域，可通过技术移民、放宽在华工作限制条件、丰厚的奖励与社会保障、公民待遇等吸引优秀海外创新人才，发挥国际人才红利加快我国自主创新发展。实行基本工资加科研绩效、股权、期权、个人所得税优惠等中长期激励机制，将薪酬向作出突出科研业绩、高利润成果应用的创新人员倾斜，尤其是加大人才的资助与奖励力度。以知识价值及成果利益为导向，完善创新人员的薪酬待遇体系和收入长效增长机制，注重精神奖励与生活条件改善，通过全方位、高水平的薪酬激励与人才服务保障留住人才，激发创新积极性。

3. 营造良好的自主创新氛围，用环境吸引人才

构建自主创新创业的容错机制及科技金融等创新创业生态，降低创新创业风险，形成崇尚创新、宽容失败的文化氛围，吸引更多的高端创新人才。通过加强知识产权保护完善营商环境，引导创新人才及其他市场主体有序参与自主创新。

4. 建立全球高端人才的需求预测与搜寻机制，用机制发现人才

根据前沿创新发展最新态势，组织人才需求预测专家委员会，运用大数据平台及人工智能分析工具预测未来高端人才需求种类。探索多元化人才信息服务机制，运用数据库、信息平台、成果匹配工具评估人才资质与特定职位的契合度，实现人才与市场、产业的快速匹配。以人才引进的知识产权评估为例，人才引进中通过知识产权信息的分析与服务，以人才贡献与掌握的自主知识产权数量与质量评估其整体的创新能力与水平，并分析人才掌握技术的知识产权风险与技术伦理风险，实现人才的高效安全匹配。

五、防范与规避国际市场不利因素的影响

我国新能源电池产业发展和技术创新过程中，也会面临国外政策和国际市场发展中一些不利因素的影响，主要表现三个方面。一是欧盟国家推出了《欧盟电池和废电池法规》，规定"电池护照"需要记录90多个强制性数据，

国内新能源电池企业在全生命周期碳足迹计算方面没有任何积累，面临着数据标准不统一、国际互认机制未建立等现实困难，制约着我国新能源电池产品出口到欧洲国家（张纯、江婷婷、王蒙，2024）。二是美国针对我国新能源电池产品及相关上游原材料出口采取了加征关税的措施，而针对日本和韩国企业新能源电池产品出口美国几乎是零关税，这严重削弱了我国新能源电池产品在美国市场的价格竞争力。三是新能源电池产业技术创新中也面临着国外"卡脖子"技术的影响，例如，电池技术创新实验中所使用的高精度扫描电镜、投射电镜、检测仪器、研发设计软件等，生产设备所使用的芯片、高精度传感器、高端电容电阻等，以及运营管理中所使用的操作系统、数据库管理系统等，也要面临国外的"卡脖子"，一旦遭遇国外的"断供"，在研发端将会影响我国新能源电池的技术创新效率。

当新能源电池产业科技的竞争进入世界各国博弈的维度，国家政策就会成为推动产业发展、科技创新和维持产业优势不可或缺的重要举措，我国新能源电池产业也迫切需要更多的政策支持。一方面，美国等西方国家所出台的打压和限制新能源汽车和电池领域的政策，涵盖了矿产开发、关键材料、电池组件、高端设备等全产业链，国内外的博弈已进入了全产业链竞争的阶段，面对这种情况，主管部门需要进一步构建和优化电池产业相关技术创新体系，强化关键材料、电池组件、高端设备等领域的基础研究，大力发展国产替代，降低"卡脖子"技术的影响。另一方面，针对西方国家"碳壁垒""技术壁垒"等限制，也要更多统筹、考虑新能源电池全产业链的竞争优势，基于更长远的视角，向尖端的电池产业科技领域发起冲击，探索中国特色自主创新道路，完善新能源电池产业自主创新体制，优化新能源电池产业自主创新的机制，持续性推动我国新能源电池产业的自主创新发展。

第三节　企业层面的微观政策建议

一、强化企业技术创新路径决策能力

企业是进行新能源电池产业技术创新的主体之一，只有企业真正确定自身的决策主体地位，才能起到推动产业技术创新进步和产业升级发展的作用。作为技术创新路径决策的主体，我国新能源电池企业在进行创新决策时应从产业发展趋势出发，不能逾越产业发展的总体框架范围；同时，企业还要从自身的能力出发，确定企业自身在产业中的位置，居安思危，不断强化技术创新路径的决策能力。

其一，遵循新能源电池产业技术创新路径的演化趋势。企业在技术创新路径决策时，应从新能源电池产业和经济发展阶段出发，依据产业技术创新路径演化现状与趋势，保证决策的正确性和合理性。例如，当新能源电池产业处于生命周期的形成期或成长期时，其受市场变动的影响较大，产业倾向于选择市场导向型技术创新路径，此时的新能源企业，应结合产业整体的决策倾向，选择市场导向型技术创新路径；而当新能源电池产业市场增长不明显，处于产业生命周期成熟期时，产业倾向于选择成本导向型技术创新路径，此时的新能源电池企业应当根据市场的稳定需求开展技术创新活动，选择成本导向型技术创新路径，以占领市场、降低成本、提高收益为发展目标。

其二，基于企业定位进行技术创新路径决策。新能源电池企业在技术创新路径决策时，还需要结合自身所处的创新主体角色、在市场中的占有率以及技术创新能力等进行科学规划。具体说，在行业领域处于"领先者"地位的企业，可采取市场导向型技术创新路径；在行业领域中处于"跟随者"的大部分企业，可以知识资源的积累为决策影响要素，采取知识资源导向型的技术创新路径；而对于行业领域新进入的企业而言，则应根据企业未来发展的目标角色进行选择。除了参考企业在行业中的定位之外，新能源电池企业的市场占有率、技术创新能力、自身发展能力等也对其技术创新路径的决策产生重要影响，像那些技术创新能力强、市场占有率高的企业，则选择市场导向型、知识资源导向型技术创新路径。

其三，确保企业技术创新路径决策的连续性。新能源电池产业的发展离不开相关技术的不断创新，对于企业而言，应从技术创新连续性的视角出发，建构完善的、循环式的技术创新路径决策体系，确保企业技术创新工作能够根据经济环境、市场发展等的变化而变化。首先，企业可定期分析新能源电池产业市场路径与主导技术发展的趋势，并据此修正企业技术创新决策的方向；其次，企业需要定期地分析自身的营运管理能力、经济实力、技术创新投入产出等情况，明晰企业的技术创新能力，从而科学地调整技术创新的路径与方案；最后，企业需要及时关注国内外市场竞争对手的技术创新路径与发展趋势，及时调整与应对。

二、构建并完善企业创新知识体系

从企业的角度看，完善的"知识产权"管理制度和创新知识体系，有利于提升技术创新能力，更好地开展技术创新、产品研发和经营管理等工作。

一是建构企业创新知识体系。企业知识体系的构建通常是以产业集群知识资源为基础，新能源电池企业也是如此，尤其是那些中小型的新能源电池企业，自身有限的知识资源不能完全满足技术创新与企业发展的需求，企业在建构知识体系时，需要将产业"知识产权池"与企业内部知识资源进行整合和归类，形成企业技术创新所需的知识体系。对于大型新能源电池企业来说，其技术在行业市场中具有较大优势，并且知识资源积累量达到了产业需求标准，该类企业应不断加大技术创新的投入，创造更多的知识资源以充实其创新知识体系。

二是完善企业知识体系管理。企业构建创新知识体系后，并不能直接运用于技术创新路径与决策中，而是需要经过管理与完善，形成系统化的知识体系后，才能为企业的技术创新路径指明方向。一方面，企业应保障知识的完备性与有效性。例如，企业需确认知识体系中"拥有"的技术专利等知识产权是否能应用到技术创新和产品生产过程中，对于不能使用的要及时从知识体系中剔除，对于有限制条件的要在知识体系中进行备案与标注。另一方面，针对创新知识体系的管理，企业需要制定相应制度，随时掌握企业内知识产权的产生、使用与消失的情况，及时将知识体系的变动信息提供给管理者或决策人员。

三是不断优化知识体系相关管理制度。新能源电池企业可定期对知识体系中的技术进行识别与评估，将过时的电池技术相关知识资源进行独立储存或排除在知识体系之外。此外，当知识体系中的主导技术发生变化时，企业也应进行新知识资源的获取与筛选，不断优化知识体系，使其与企业技术创新路径演化相适应。基于知识体系管理制度的优化，不断排除过时知识资源和补充新的知识资源，以实现知识体系的不断更新换代，进而促进企业技术创新路径的优化。

三、建构与完善企业创新生态系统

创新生态系统可以理解为一个以企业为主体，政府部门、高等院校、科研机构、金融组织等机构为系统要素的复杂网络结构，具有整体性和动态性特征，通过各个组织机构之间的协作，深入整合人力、技术、信息、资本等创新要素，实现创新因子或要素的有效汇聚，为创新生态系统中各组织带来互惠共赢，实现各个主体组织的可持续发展（屈晓婷、罗雨薇、卿三吉，2023）。创新生态系统各主体分别扮演着不同的角色，例如，政府部门作为制度创新的主体，在宏观方面能有效发挥其政策引导、宏观调控、财政支持、服务保障等功能；社会企业是技术创新的实施主体，在创新生态系统中处于核心位置；高等院校和科研机构作为"原始创新"的主体，不仅是知识、技术、人才的供应者，也是创新生态系统中人才流、技术流的源泉；服务机构、金融组织等可看作是创新服务的主体，旨在提供社会化、专业化的技术咨询服务以推动创新知识的传播和科技成果转化，以及提供资金支持以保障创新生态系统所需要的基础和物质保障。

对于企业而言，建构与完善其创新生态系统，可遵循四个原则：一是多方主体合作的时限应立足于长远规划；二是合作方应当具备高度的相互信任；三是各方合作伙伴应具备一定的核心能力，并且这种能力在相当长的一段时间内是可持续的；四是合作伙伴之间不管是上下游关系、配套产品关系还是同行业内竞争关系，合作方必须在技术上能够兼容和契合，并且能产生一定的协同效应。

构建一个合理、适度、柔性、可持续的创新生态系统，能对企业的技术创新、不断成长和持续性发展起到积极的作用，为此，企业可采取以下三个方面的措施：一是强化多元合作，打造开放式创新生态系统。开放式创新生态系统的核心是社会企业与外部合作伙伴之间的开放式合作，对此，企业需要建立一个开放的平台，吸引相关各方组织共同参与创新生态系统，汇集与整合人力、技术、信息和资本等创新要素，跨越技术与信息壁垒，开展多元化合作，实现互惠共赢。二是利用数字化技术赋能协同创新。数字化技术在打造开放式创新生态系统中能起到积极的作用，企业可借助大数据、云计算、物联网、人工智能等数字化技术，整合企业与外部合作伙伴之间的各种要素和资源，提升生态系统中的协同创新效率。此外，在创新生态系统建构和多方合作中，可充分利用社区的语言、技术、网站等资源，发挥数字技术赋能作用，营造一个鼓励创新和合作的环境。三是建立互动、互信的创新知识交流机制。新技术、新产品的研发，通常会遇到若干问题，这些问题的解决过程中，往往需要合作各方在技术架构、技术细节、开发进度、资源投入等各方面进行互动交流。因此，在生态系统建构过程中，也有必要建立互动、互信和深层的知识交流机制。此外，为了构建一个良性的创新生态系统，知识产权的保护必不可少，多方主体可协同打击盗版、剽窃等侵权行为，以保护创新生态系统。

四、弘扬与培育企业家创新精神

企业是行业技术创新的重要主体，而企业家在推进企业创新活动中起着重要的作用。如何激活企业家的创新精神，激发其个体创造力以不断探索新的市场和领域，进而推动企业可持续创新与发展，这是亟待解决的新问题。创新精神是企业家精神中非常重要的部分，也是企业家提升企业竞争力和做好经营管理的关键。

影响企业家创新精神高低的因素通常有多元文化经历、风险偏好、社会网络关系、市场机会识别、动态创新等，这些因素也会对企业创新投入产生一定影响（见图8-1）。例如，拥有多元文化经历，能让企业家形成多元化的思维结构和广阔的管理视野，能第一时间获取最前沿、最有价值的市场动态信息，有利于开拓新的创新项目，促进企业创新投入和发展；拥有多元文化经历的企业家往往具备较强抵抗风险的能力，善于识别信息和新的业务，敢于推动企业创新。企业家若拥有广泛的社会网络关系和丰富的社会资源，则有利于融合各方面资源，针对新项目、新产品提高创新投资的效率，动态地开展企业技术创新（郝盼盼、白茹，2022）。

弘扬和培育企业家的创新精神，能进一步提升企业家的创新能力，也能推动企业不断创新。除了科学合理地制定金融、财税、知识产权保护等方面的相关政策之外，还需从优化社会舆论环境、社会文化环境，以及提升企业家创新意识和创新能力、拓展企业家国际视野等方面着手，综合多种措施，让企业家乐于创新、勇于创新和敢于创新。

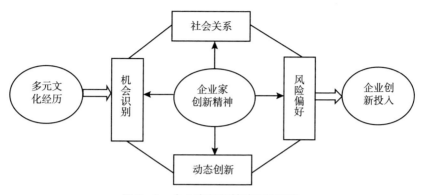

图 8 - 1 企业家创新精神影响因素

一是打造良好的社会舆论环境，激励企业家创新。加强对企业家创新故事的宣传，同时监督抄袭、侵权等不良行为，在企业家群体中营造创新光荣的良好社会舆论氛围，弘扬创新精神，激励企业家开展创新。

二是不断涵养社会文化环境，支持企业家创新。创新是对行业发展前沿或未知领域的探索，从创新设想提出、创新实践到最终创新项目经营的成功，企业家要不断克服很多困难和障碍，也会面临失败和风险。因此，我们需要营造宽容创新失败的氛围，积极培育"容忍试错"、"宽容失败"、扶持失败者再次创新创业的社会文化环境，不断支持企业家创新。

三是不断提升企业家的创新意识和创新能力。企业家的创新意识和创新能力在直接决定和影响着企业的创新意识和创新能力，企业家如果具备较强的创新意识和创新能力，往往有利于创新发展的实践探索、组织实施。因此，可通过各类相关的教育资源和教育组织机构，对企业家进行创新意识和创新能力的培养，提升他们的创新能力。

四是不断拓展企业家的国际视野。当前，世界各国越来越注重创新，也在不断加大研发投入，力争占领创新高地，给各领域的企业生存与发展带来了机遇和挑战。企业家只有立足国内、放眼全球，不断拓展国际视野，才能更好地把握国际市场动向和需求特点。因此，企业家在创新活动中，需要不断拓展国际视野，提高把握国际规则和开拓国际市场的能力，提升防范国际市场风险的能力，带动企业在国际市场中实现更好的创新与发展。

第九章

研究结论

推动新能源电池产业技术创新，大力发展新能源电池产业是加快建设新型能源体系的题中应有之义，有利于减少对传统化石能源的依赖、有利于提升能源利用效率、有利于应对全球气候变化、有利于推动经济高质量发展。在此背景下，围绕新能源电池产业技术创新展开研究，对加快建设新时代能源电力强国、促进"双碳"目标的达成、助力经济高质量发展具有重大理论与现实意义。

经过十多年的发展，我国新能源电池行业取得了长足进步，产品技术、市场占有率逐步实现全球领先，技术创新取得显著成效，实现了从"跟跑"到"并跑"再到"领跑"的跨越。但应该清醒地看到，我国新能源电池产业技术创新仍然面临诸多问题和挑战，例如，产业安全稳定存在不利因素、市场对技术创新的牵引作用面临挑战、技术标准法规亟待完善、共性"卡脖子"技术有待突破、新能源人才供给急需优化等，这些问题的存在，在一定程度上影响着我国新能源电池产业技术创新和发展。

本书选取中国新能源电池产业龙头企业宁德

时代新能源科技股份有限公司作为典型案例进行分析，系统梳理了宁德时代的技术创新过程，总结了其在新能源电池产业技术创新方面的成效与实践经验，也得出了有益的启示，例如，坚持走高水平科技自立自强之路、以"链主"为核心构建产业链协同创新生态、突出社会企业创新的主体地位、发挥高端制造业技术创新的核心力量等，这些启示为探索如何推进中国新能源电池产业技术创新提供了参考。

本书从我国新能源电池产业技术创新问题出发，以马克思主义技术创新理论、技术创新理论、制度创新理论、产业协同创新理论、创新生态系统理论等为基础，提出了推进中国新能源电池产业技术创新发展的若干对策建议，如坚定中国特色自主创新道路的指导思想、秉承中国特色自主创新的基本原则、完善中国特色新能源产业创新体制、建构"产学研用"协同创新体系、优化技术创新的组织体系、完善技术创新的投融资体系、健全技术创新人才发展机制、防范与规避国际市场不利因素的影响、强化企业技术创新路径决策能力、构建并完善企业创新知识体系、建构与完善企业创新生态系统、弘扬与培育企业家创新精神，等等。

参考文献

[1] 安索夫．新公司战略 [M]．成都：西南财经大学出版社，2009.

[2] 白春礼．中国科学院 70 年：国家战略科技力量建设与发展的思考．中国科学院院刊，2019（10）：1089 – 109.

[3] 白静．规划引领，推动可再生能源高质量跃升发展：九部门联合印发《"十四五"可再生能源发展规划》[J]．中国科技产业，2022（8）：26 – 27.

[4] 班恒，欧阳彬宇．国家创新体系研究综述 [J]．未来与发展，2023，47（8）.

[5] 班恒，欧阳彬宇．基于两阶段网络 DEA 模型的国家创新绩效测度与对策建议 [J]．科技与金融，2023（7）：68 – 74.

[6] 彼得·德鲁克．卓有成效的管理者 [M]．北京：机械工业出版社，2023.

[7] 毕淑荣，薛晓芳，王缙玉．区块链赋能下产学研协同创新意愿研究 [J]．技术与创新管理，2024，45（2）：141 – 150.

[8] 曹威伟．结构、路径与优势：中国化马克思主义理论创新的话语考察 [J]．理论导刊，2023（1）：59 – 66.

[9] 曹怡昕．论 301 条款 WTO 合规性分析的困境：以 301 条款与争端解决机制互动为视角 [J]．东南大学学报（哲学社会科学版），2023，25（S2）：89 – 95.

[10] 陈凡．中国马克思主义科技观百年历程的哲学审视 [J]．哲学研究，

2023（8）：27-33.

［11］陈飞，孔祥栋，孙跃东．锂离子电池制造工艺仿真技术进展［J］．汽车工程，2023，45（9）：1516-1529，1542.

［12］陈海彬．日本国家科技情报治理研究［J］．情报资料工作，2022，43（4）：92-102.

［13］陈吉清，等．政策影响下的动力电池产业发展现状与趋势［J］．科技管理研究，2019，39（9）：148-157.

［14］陈婕．政府支持、企业R&D投入与技术创新绩效关系研究［J］．预测，2021，40（2）：40-46.

［15］陈锦其．创新策源能力、关键使能技术与经济高质量发展［J］．财经论丛，2023（10）：16-24.

［16］陈劲，朱子钦，杨硕．全面创新：制度视角的概念、框架与政策启示［J］．创新科技，2023，23（10）：1-12.

［17］陈静静．基于平衡计分卡的宁德时代绩效分析［J］．商场现代化，2024（7）：168-170.

［18］陈庆文．新型储能产业环境影响及能源消费分析［J］．机电信息，2023（22）：1-6.

［19］陈蕊，王宏伟．技术市场发展与制造业企业绿色技术创新：基于企业生命周期的视角［J］．企业经济，2023，42（11）：136-148.

［20］陈文玲．现代流通的形态变革与理论重构［J］．人民论坛·学术前沿，2022（7）：78-101.

［21］陈晓斌，冯雅萱．政府研发支出是否有利于撬动中小企业创新绩效：基于工业行业企业面板数据的非线性门槛效应检验［J］．统计研究，2023，40（10）：57-68.

［22］陈瑶，周颖．长三角新能源汽车产业技术创新效率及影响因素探究［J］．现代管理科学，2020（1）：30-32.

［23］陈宇科，童欣．废旧动力电池回收现状研究：一个文献综述［J］．现代商贸工业，2024，45（7）：97-99.

［24］陈元志，卜玉敏．关键核心技术研发和产业化的研究现状、热点和趋势：基于文献计量和质性分析的方法［J］．创新科技，2024，24（1）：8-21.

[25] 陈元志，陈劲，吉超．中国不同类型企业技术创新效率的趋势与比较 [J]．科研管理，2018，39（5）：1 - 10．

[26] 陈正其．熊彼特创新思想的当代价值 [J]．经济论坛，2023（2）：38 - 45．

[27] 成长城．电能计量设备用电池制造及性能检测：评《电能计量设备用电池检测技术》[J]．电池，2023，53（2）：237 - 238．

[28] 成金华，左芝鲤，詹成．中国锂资源综合风险动态演变及预警研究 [J]．自然资源学报，2024，39（3）：528 - 546．

[29] 戴慧．新能源汽车补贴政策效果回顾及未来调整建议 [J]．价格理论与实践，2021（9）：28 - 30，50．

[30] 戴仲葭，杜泽学，郑金玉．正极材料：锂离子电池技术的核心所在 [J]．中国石化，2023（10）：44 - 48．

[31] 道格拉斯·诺思．西方世界的兴起 [M]．北京：华夏出版社，1999．

[32] 邓浩宇，梁朗．技术创新、股权集中度与市值管理绩效关系研究：来自创业板的实证证据 [J]．经营与管理，2022（6）：20 - 27．

[33] 丁绒，罗军．内生的力量：技术型创业者与企业创新 [J]．云南财经大学学报，2022，38（6）：71 - 91．

[34] 董玉辉．新能源电池企业发展战略研究 [D]．天津：天津大学，2016．

[35] 杜先进，等．面向竞争的区域技术创新效率动态评价 [J]．科技管理研究，2019，35（12）：44 - 49．

[36] 范柏余，孙昱晗，马伊晨．欧盟《电池与废电池法规》对我国电池和汽车产业影响及应对措施分析 [J]．中国汽车，2023（12）：26 - 30．

[37] 范德成，谷晓梅．高技术产业技术创新效率关键影响因素分析：基于 DEA-Malmquist 和 BMA 方法的实证研究 [J]．科研管理，2022，43（1）：70 - 78．

[38] 范斗南．国家创新系统的构建方法：从三重螺旋模型到四重螺旋模型 [J]．商展经济，2023（17）：30 - 33．

[39] 费艳颖，凌莉．构建高效的国家创新生态系统 [J]．人民论坛，2019（18）：62 - 63．

[40] 冯小川，梁海剑，李浠平．税收优惠政策绩效管理的域外经验与启示 [J]．税务研究，2022（11）：94 - 100．

[41] 高驰.宁德时代再发力:与特斯拉联手开发超快充电池,授权模式推动海外布局 [J].汽车与配件,2024(7):44-45.

[42] 高丹.新阶段下新能源汽车产业的发展现状研究 [J].营销界,2019(51):148-149.

[43] 高勇,李秀森.技术内生化将技术创新纳入主流经济学的理论尝试 [J].商业时代,2014(15):25-26.

[44] 格林.动力电芯市场下行,电池供应商将更关注成本 [J].汽车与配件,2024(4):34-35.

[45] 龚春忠,李涛,张永.基于等效续航能力的电池能量密度价值评估 [J].汽车科技,202102):28-32.

[46] 龚姣.我国新能源动力电池企业技术创新效率评价及影响因素研究 [D].昆明:云南财经大学,2022.

[47] 郭建斌,汪志鸿,龚瑶.重大项目谋划案例:宁德锂电新能源产业基地 [J].中国投资(中英文),2024(Z2):43-45.

[48] 郭韬,丁小洲,任雪娇.制度环境、商业模式与创新绩效的关系研究:基于系统动力学的仿真分析 [J].管理评论,2019,31(9):193-206.

[49] 郭铁成.从科技投入产出看2022—2023年中国创新发展 [J].国家治理,2024(5):46-52.

[50] 郭玉晶,朱雅玲,张映芹.股权结构与上市公司技术创新效率研究:基于三阶段DEA与Tobit模型 [J].技术经济,2020,39(7):128-139.

[51] 郭苑,等.韩国动力电池产业技术发展分析及启示 [J].电源技术,2020,44(4):621-623.

[52] 韩金起.现代性视域下的熊彼特创新理论及其当代意义 [J].沈阳大学学报(社会科学版),2021,23(2):161-166.

[53] 韩前广,罗伯特·特纳.彼得·曼斯菲尔德(1933—2017) [J].世界科学,2017(6):63-64.

[54] 韩俞侃.动力电池回收再利用企业的价值评估研究:以格林美股份有限公司为例 [J].中国市场,2024(10):76-79.

[55] 韩震,赵宇恒,赵莉."卡脖子"技术形成路径与破解策略选择:基于

芯片产业的案例研究 [J]. 科技进步与对策, 2023, 40 (24): 82 - 91.

[56] 郝盼盼, 白茹. 民营企业家多元文化经历、企业家创新精神与企业创新投入. 软科学, 2022, 36 (12): 81 - 88.

[57] 郝维健, 郑天雷, 支云峰. 车用动力电池循环寿命测试工况的研究与展望 [J]. 汽车实用技术, 2023, 48 (18): 188 - 193.

[58] 何彩云, 王及斐. 新制度学派及其对中国经济发展的借鉴和启示 [J]. 石河子大学学报 (哲学社会科学版), 2019, 33 (5): 43 - 49.

[59] 何锦玲, 张茂林, 倪李澜. 普惠金融视角下供应链金融实践与思考: 以福建宁德普惠金融改革试验区为例 [J]. 福建金融, 2023 (3): 27 - 30.

[60] 何田, 胡笑寒. 工业企业技术创新效率: 区域差异与对策建议: 基于我国30个省份的数据检验 [J]. 生态经济, 2018, 34 (10): 109 - 113, 148.

[61] 何兴, 马海硕, 韩策. 镍钴锰三元正极材料的湿法回收工艺优化研究 [J]. 时代汽车, 2024 (7): 118 - 120.

[62] 何郁冰, 张思. 技术创新持续性对企业绩效的影响研究 [J]. 科研管理, 2017, 38 (9): 1 - 11.

[63] 贺林, 石琴. 动力电池 [M]. 北京: 机械工业出版社, 2021: 1 - 5.

[64] 赫荣亮, 郭灵康, 李雨浓. 由《全球百强榜》变化解读我国汽车零部件产业发展 [J]. 中国工业和信息化, 2023 (11): 80 - 82.

[65] 洪朝伟, 杨超. 美国《通胀削减法案》对全球清洁能源产业格局的影响 [J]. 中国能源, 2023, 45 (11): 82 - 93.

[66] 侯俊华, 黄家欣. 基于超效率 DEA-CCR 模型财政专项扶贫资金绩效评价研究: 以江西省抚州市为例 [J]. 东华理工大学学报 (社会科学版), 2022, 41 (1): 27 - 32.

[67] 胡王云. 《巴黎协定》下全球气候治理的俱乐部模式及其功能和风险 [J]. 太平洋学报, 2023, 31 (2): 27 - 41.

[68] 胡颖. 用实证说话! 宁德时代天恒储能系统发布 [J]. 电气应用, 2024, 43 (4): 8 - 9.

[69] 黄贝拉. 宁德时代和比亚迪的电池江湖 [J]. 经贸实践, 2023 (8): 29 - 31.

[70] 黄晨. 弗里曼"国家创新体系"对创新型国家建设的启示 [J]. 学理论, 2019 (7)：55-56, 70.

[71] 黄浩权, 戴天仕, 沈军. 人工智能发展、干中学效应与技能溢价：基于内生技术进步模型的分析 [J]. 中国工业经济. 2024 (2)：99-117.

[72] 黄彦震, 侯瑞. 高质量发展下"创新困境"的机制创新 [J]. 经济体制改革, 2019 (6)：185-190.

[73] 吉迎东, 赵铭, 赵文. 基于扎根理论的产业链链主企业生态主导力评价：一个量表开发 [J]. 科技进步与对策, 2024, 41 (6)：86-96.

[74] 纪尧, 周圆, 樊凯欣. 中国研发创新的影响因素以及技术提升效果：基于内生增长 DSGE 模型的分析 [J]. 经济问题探索, 2021 (11)：1-14.

[75] 季亚星. 供应链视角下新能源汽车企业成本管理研究 [J]. 商业观察, 2023, 9 (29)：47-50.

[76] 贾淑品, 伍奕桐. 数字时代长三角科技创新一体化发展支撑体系研究 [J]. 常熟理工学院学报, 2023, 37 (3) 102-109.

[77] 贾振全. 战略柔性视角的技术创新对企业绩效影响研究 [J]. 技术经济与管理研究, 2021 (6)：3-7.

[78] 焦韧. 宁德时代 ESG 实践影响企业价值路径分析 [J]. 中小企业管理与科技, 2024 (2)：118-120.

[79] 金炜博, 等. 新能源汽车产业技术创新效率及影响因素研究 [J]. 山东工商学院学报, 2023, 37 (3)：99-108, 122.

[80] 卡莱斯·朱马. 创新进化史：600 年人类科技革新的激烈挑战及未来启示 [M]. 广州：广东人民出版社, 2019.

[81] 孔詠炜, 谢家平, 陈启楠. 基于 DEA-Tobit 两阶段模型的我国物流企业运营绩效研究 [J]. 上海管理科学, 2024, 46 (2)：74-80.

[82] 况新亮, 刘垂祥, 熊朋. 锂离子电池产业分析及市场展望 [J]. 无机盐工业, 2022, 54 (8)：12-19, 32.

[83] 兰凤崇, 等. 基于专利分析的锂离子动力电池产业发展趋势 [J]. 科技管理研究, 2019, 39 (12)：144-150.

[84] 兰斯·戴维斯, 道格拉斯·诺思. 制度变迁与美国经济增长 [M]. 上海：格致出版社, 2019.

[85] 雷丛丛. 论党的二十大报告关于发展全过程人民民主的部署 [J]. 中共郑州市委党校学报, 2024 (1): 17-22.

[86] 黎冲森. 不宜将汽车行业判定为产能过剩行业 [J]. 汽车纵横, 2023 (6): 56-58.

[87] 黎帅, 李秋爽, 朱恩旭. 电动汽车动力电池关键技术的应用研究 [J]. 现代制造技术与装备, 2024, 60 (1): 70-72, 79.

[88] 黎寅慧, 乔国通, 许晨. 基于三阶段 DEA 模型的安徽省农业生产效率探析 [J]. 河北环境工程学院学报, 2024, 34 (2): 54-61.

[89] 李春仪. 基于哈佛框架下宁德时代的财务分析 [J]. 现代商贸工业, 2024, 45 (8): 151-152, 173.

[90] 李国栋, 罗瑞琦, 张鸿. 推广政策对新能源汽车需求的影响: 基于城市和车型销量数据的研究 [J]. 上海对外经贸大学学报, 2019, 26 (2): 49-58.

[91] 李将军, 韩圣玥, 秦颖. 营商环境对企业技术创新效率影响的实证: 以高端装备制造业为例 [J]. 统计与决策, 2023, 39 (9): 163-168.

[92] 李金城, 王林辉. 工业智能化会引发新索洛悖论吗?: 来自城市层面的经验证据 [J]. 东南大学学报 (哲学社会科学版), 2023, 25 (6): 66-76.

[93] 李珺, 战建华. 中国新能源汽车产业的政策变迁与政策工具选择 [J]. 中国人口资源与环境, 2017 (10): 198-208.

[94] 李九斤, 叶楠, 葛松. 基于价值链的新能源公司成本管理分析与优化研究: 以宁德时代为例 [J]. 航空财会, 2024, 6 (1): 4-10.

[95] 李俊久, 姜美旭. 全球价值链嵌入、技术创新来源与企业全要素生产率 [J]. 武汉大学学报 (哲学社会科学版), 2023, 76 (5): 136-149.

[96] 李岚春, 等. 欧美电池供应链竞争布局及对我国的影响与对策 [J]. 科技管理研究, 2023, 43 (11): 102-108.

[97] 李理想. 美国可否动用 301 条款解决他国汇率问题? [J]. 国际经济法学刊, 2022 (4): 111-124.

[98] 李丽平, 刘金淼. 从《通胀削减法案》看美国环境与气候政策趋势 [J]. 环境经济, 2023 (9): 58-63.

[99] 李林泰, 孙强, 崔巍. 中国企业对印度尼西亚镍资源直接投资效果评价研究 [J]. 价格理论与实践, 2023 (3): 180 – 185, 207.

[100] 李琳. 动力电池产业如何高质量发展? [J]. 汽车观察, 2023 (4): 76 – 78.

[101] 李妙然. 中国新能源汽车产业扶持政策效应 [D]. 北京: 中国社会科学院大学, 2020.

[102] 李明, 等. 新型储能政策分析与建议 [J]. 储能科学与技术, 2023 (6): 2022 – 2031.

[103] 李牧南, 吴泽宇, 张璇. 高技术企业研发效率与信息技术投入效率的关系 [J]. 科技管理研究, 2022, 42 (6): 89 – 96.

[104] 李茜, 王昊, 葛鹏. 中国新能源汽车发展历程回顾及未来展望 [J]. 汽车实用技术, 2020 (9): 285 – 288.

[105] 李琼慧, 王彩霞, 张静, 宁娜. 适用于电网的先进大容量储能技术发展路线图 [J]. 储能科学与技术, 2017 (1): 141 – 146.

[106] 李睿祥. 锂电池供应链风险分析 [J]. 中国储运, 2024 (1): 202 – 203.

[107] 李松龄. 增强市场微观主体活力的理论逻辑与制度创新 [J]. 江汉论坛, 2022 (4): 23 – 30.

[108] 李万君, 龚璇, 李艳军. 种子企业技术创新投入产出分析: 政府支持下异质组织创新绩效的考察 [J]. 当代经济管理, 2022, 44 (7): 40 – 48.

[109] 李相俊, 官亦标, 胡娟. 我国储能示范工程领域十年 (2012—2022) 回顾 [J]. 储能科学与技术, 2022, 11 (9): 2702 – 2712.

[110] 李晓华. 技术推动、需求拉动与未来产业的选择 [J]. 经济纵横, 2022 (11): 45 – 54.

[111] 李晓翼, 李青. 新能源汽车上市公司投资效率评价研究: 基于 DEA 和 Malmquist 指数模型 [J]. 湖南工业大学学报 (社会科学版), 2024, 29 (2): 58 – 65.

[112] 李雪灵, 刘源. 制造业数字化转型的悖论治理: 基于我国"灯塔工厂"企业的案例研究 [J]. 研究与发展管理, 2023, 35 (6): 1 – 18.

[113] 李艳艳. 成为"新链主"新质生产力需要新链主 [J]. 中国企业家,

2024 (3): 6 - 18.

[114] 李晔. 新能源产业矿产资源安全保障分析 [J]. 化学工业, 2021 (4): 6 - 12.

[115] 李一凡, 王娜. 2023 年汽车及零部件企业相关排名情况分析 [J]. 汽车与配件, 2024 (8): 49 - 53.

[116] 李煜华, 荣爽, 胡兴宾. 基于系统动力学的汽车产业技术创新能力影响因素研究 [J]. 工业技术经济, 2017, 36 (2): 50 - 56.

[117] 李子彪, 孙可远, 刘爽. 人力资本特征如何影响企业创新绩效?: 基于创新合作的调节 [J]. 科技管理研究, 2020, 40 (6): 22 - 31.

[118] 梁立新. 国家风光储输示范工程 [J]. 红水河, 2019, 38 (1): 2 - 3.

[119] 梁锐. 动力电池低碳化发展的挑战与对策 [J]. 电源技术, 2023, 47 (4): 417 - 420.

[120] 林大祥. 道格拉斯·诺思国家理论研究综述 [J]. 社会科学动态, 2018 (9): 55 - 61.

[121] 林虹, 曹开颜. 2018 年我国锂离子电池市场现状与发展趋势 [J]. 电池工业, 2019, 23 (4): 216 - 223.

[122] 林彰焱, 欧科学, 靳家晞. 锂电池生产设备涂布机烘箱设计 [J]. 电源技术, 2024, 48 (1): 107 - 112.

[123] 刘北平, 刘玲丽, 袁文哲. 双重政策下汽车动力电池再制造闭环供应链决策与协调 [J]. 物流技术, 2023, 42 (12): 135 - 144.

[124] 刘彬骁, 王田月, 李柯. 基于 DEA-BCC 模型的广西高校科研绩效评价实证分析 [J]. 广西职业师范学院学报, 2023, 35 (4): 89 - 96.

[125] 刘凤朝, 王元地, 孙沛竹. 企业技术创新决策主体: 内涵、特征及影响因素 [J]. 创新科技, 2023, 23 (10): 28 - 36.

[126] 刘凤朝, 张娜, 赵良仕. 东北三省高技术制造产业创新效率评价研究: 基于两阶段网络 DEA 模型的分析 [J]. 管理评论, 2020, 32 (4): 90 - 103.

[127] 刘和旺, 郑世林, 王宇锋. 所有制类型、技术创新与企业绩效 [J]. 中国软科学, 2015 (3): 28 - 40.

[128] 刘佳. 马克思主义政治经济学对中国经济改革的引领: 评《技术进步与市场扩大——基于马克思主义政治经济学》[J]. 国际经济合作,

2024（1）：95 - 96.

[129] 刘丽，杨迪. 刚果（金）湿法铜、钴冶炼项目成效显著 [J]. 有色金属设计，2023，50（4）：2 - 3.

[130] 刘庆丰. 新能源汽车电池技术及发展趋势 [J]. 农机使用与维修，2023（9）：61 - 63.

[131] 刘庆乐，谌文杰. 地级市政府战略管理分析框架创新研究：五力模型的嫁接 [J]. 未来与发展，2019，43（3）：13 - 18.

[132] 刘沙沙，蒲金芳，张蚌蚌. 基于动态网络二阶段 DEA 模型的洞庭湖区耕地利用效率研究 [J]. 中国农业大学学报，2022，27（12）：257 - 269.

[133] 刘文婷. 我国锂电产业发展新特征及安全问题研究 [J]. 智能网联汽车，2022（6）：86 - 92.

[134] 刘兴江. 中国锂电池技术与产业发展 20 年 [J]. 电源技术，2018（12）：1769 - 1773.

[135] 刘彦龙. 中国锂离子电池产业发展现状及市场发展趋势 [J]. 电源技术，2019，43（2）：181 - 187.

[136] 刘云. 熊彼特的"社会主义"究竟是什么主义？ [J]. 经济论坛，2021（5）：16 - 22.

[137] 刘贞洁. 锂电池企业纵向一体化战略的动因、路径及效果研究：以宁德时代为例 [D]. 上海：上海财经大学，2023.

[138] 刘征汇，赖熹姬. 政府与市场的关系及其角色定位：基于亚当·斯密《国富论》的文本研究 [J]. 企业改革与管理，2021（22）：19 - 21.

[139] 刘志广，史旭斌. "熊彼特 - 阿罗之争"对我国深化反垄断认识的启示：由当前平台经济反垄断引发的思考 [J]. 上海市经济管理干部学院学报，2022，20（2）：26 - 33.

[140] 刘志迎，朱清钰. 创新认知：西方经典创新理论发展历程 [J]. 科学学研究，2022，40（9）：1678 - 1690.

[141] 柳玉梅，陈灵芝，孙玉涛. 国家创新治理体系：发展水平、关键要素及适应性：一项中国与 OECD 国家的比较 [J]. 科学学研究，2024，42（3）：660 - 672.

[142] 龙斧，薛菲. 新古典经济学对中国的影响和国家、社会发展特征对经

济学的决定：中国本土经济学构建的辨析与思考之二［J］．政治经济学研究，2022（4）：31 – 46.

［143］龙筱晔．新能源动力电池配组技术专利分析［J］．专用汽车，2024（5）：61 – 64.

［144］楼旭明，徐聪聪．智能制造企业技术创新效率及其影响因素研究［J］．科技管理研究，2020，40（4）：1 – 7.

［145］卢志平，刘婷，李武军．新能源汽车供应链电池合作研发投入决策研究［J］．广西职业技术学院学报，2023，16（2）：1 – 10.

［146］鲁植雄．新能源汽车［M］．南京：江苏凤凰科学技术出版社，2019：16 – 17.

［147］陆彦辉．宁德时代发行绿色中期票据的股价效应研究［J］．现代营销（下旬刊），2023（7）：26 – 28.

［148］鹿娜．科技创新、研发投入、企业规模与企业技术体制［J］．中国市场，2023（34）：126 – 129.

［149］罗泰晔．制造业数字创新生态系统共生机制研究［D］．广州：华南理工大学，2022.

［150］马佰莲．试论中国马克思主义科学技术思想体系的理论创新［J］．马克思主义理论学科研究，2020（1）：34 – 45.

［151］马建堂．提升产业基础能力和产业链现代化水平研究［M］．北京：中国发展出版社，2021：132 – 136.

［152］马静，江依义，沈旻．锂离子电池储能产业发展现状与对策建议［J］．浙江化工，2022（12）：17 – 23.

［153］马艺翔，岳利媛．新型储能行业运行情况及发展趋势分析［J］．中国国情国力，2024（1）：8 – 12.

［154］马勇，陈品德，秦龙威．锂离子电池材料钛酸锂的研究进展［J］．电源技术，2024，48（1）：26 – 31.

［155］孟霏，鲁志国，高粼彤．中国战略性新兴产业技术创新效率时空演化及驱动因素分析［J］．统计与决策，2023，39（16）：91 – 95.

［156］孟丽美．经济周期、股权集中度与商誉减值［J］．商场现代化，2024（1）：115 – 117.

［157］倪一宁，孟宁，马野青．区域潜在比较优势、创新激励政策与企业创

新 [J]. 经济科学, 2024 (2): 28 – 51.

[158] 牛东旗, 李晶, 黄瑾. 基于超效率 – 网络 DEA 模型的产学研共生网络效率评价研究 [J]. 湖北师范大学学报 (哲学社会科学版), 2023, 43 (3): 1 – 8.

[159] 潘冬晓, 吴杨. 美国科技创新制度安排的历史演进及经验启示: 基于国家创新系统理论的视角 [J]. 北京工业大学学报 (社会科学版), 2019, 19 (3): 87 – 93.

[160] 裴开兵. 研发人力资本配置与技术创新: 异质教育层次视角 [J]. 科技进步与对策, 2021, 38 (14): 11 – 20.

[161] 彭树远. 基于专利价值的长三角城市技术创新能力研究 [D]. 北京: 中国矿业大学 (北京), 2021.

[162] 彭泗清, 高原, 王锐. 中国专精特新制造企业国际化路径探究: 基于安索夫矩阵的多案例研究 [J]. 华东师范大学学报 (哲学社会科学版), 2023, 55 (5): 154 – 169.

[163] 乔晓楠, 李欣. 异质性资本与技术变迁: 反思罗默定理的理论缺陷 [J]. 世界经济, 2021, 44 (11): 3 – 26.

[164] 秦婧英. 2023 年全球电动汽车展望报告解读与启示 [J]. 智能网联汽车, 2023 (3): 56 – 59.

[165] 秦甄, 谢璐华, 郭娟娟. 政府创新偏好、企业家精神与省域创新效率: 基于门槛效应的经验解释 [J]. 华东经济管理, 2021, 35 (12): 63 – 71.

[166] 邱华良. 新能源电池产业现状发展及对策 [J]. 汽车纵横, 2021 (8): 36 – 39.

[167] 邱新华. "熊彼特创新理论" 对中国创新发展的启示 [J]. 对外经贸, 2020 (7): 106 – 108, 121.

[168] 邱振涛, 曹逸风, 李志明. 标准化推动新材料产业发展研究 [J]. 标准科学, 2022 (S1): 38 – 41, 48.

[169] 屈晓婷, 罗雨薇, 卿三吉. 我国创新生态系统研究热点与演进路径. 中国高校科技, 2023 (10): 41 – 45.

[170] 饶子和. 从 "973 计划" 到国家新型基础研究支持体系 [J]. 中国基础科学, 2017, 19 (4): 17 – 18.

[171] 任娅斐. "卷王"宁德时代，强制躺平 [J]. 中国企业家，2023 (9)：57-63，56.

[172] 阮艺亮. 我国新能源汽车起火事故分析与对策 [J]. 汽车工业研究，2019 (3)：31-35.

[173] 尚妤. 商业模式创新与制度变革：合法性导向下的制度创业过程研究 [J]. 中国科技论坛，2020 (6)：161-167.

[174] 盛明科，罗娟. 中印科技创新战略与政策比较研究：以印度STI和中国《国家创新驱动发展战略纲要》为例 [J]. 科技进步与对策，2018，35 (18)：127-134.

[175] 施雄天，等. 我国高新技术产业创新效率测度及时空演化分析 [J]. 技术与创新管理，2023，44 (5)：541-551.

[176] 史冬梅，王晶. 中国、日本、韩国电池技术和产业发展战略态势分析 [J]. 储能科学与技术，2023，12 (2)：615-628.

[177] 舒强，王艺帆，梁元. 我国电动汽车动力电池安全标准现状及展望 [J]. 汽车工程，2022 (11)：1706-1715.

[178] 宋紫峰. 中国新能源汽车产业发展的回顾与展望 [J]. 新经济导刊，2019 (3)：22-25.

[179] 苏屹，等. 新能源企业技术创新效率及收敛性研究 [J]. 科技进步与对策，2022，39 (17)：72-82.

[180] 眭川. 东部地区高校科研投入产出绩效评价：基于DEA-BCC和Malmquist模型的分析 [J]. 厦门理工学院学报，2023，31 (6)：75-83.

[181] 孙洪哲，魏岚，贾冀南. 服装制造业绿色创新微观驱动机制和优化路径：基于熊彼特创新理论和GSCM战略的分析 [J]. 管理工程师，2023，28 (4)：20-26.

[182] 孙梁，韦森. 重温熊彼特的创新驱动经济周期理论 [J]. 济南大学学报（社会科学版），2020，30 (4)：5-21.

[183] 孙伟卿，王思成，刘宇宸. 支撑新型电力系统的储能技术综述与政策解读 [J]. 自动化仪表，2022 (12)：1-6.

[184] 孙研，李涛. 我国高新技术产业创新效率测算 [J]. 统计与决策，2020，36 (16)：115-118.

[185] 孙一凡. 零碳电池争霸战 [J]. 能源, 2024 (2): 26 - 33.

[186] 谭静, 张伟. 上游垄断型市场结构对下游企业技术创新的影响和机制分析 [J]. 产经评论, 2022, 13 (4): 19 - 34.

[187] 汤壮, 高燕. 政府补贴对宁德时代创新能力的影响 [J]. 武汉轻工大学学报, 2023, 42 (1): 76 - 80, 119.

[188] 唐萍萍, 任保平. 数字经济赋能新型工业化的推进机制与实践路径 [J]. 上海商学院学报, 2024, 25 (2): 3 - 17.

[189] 田浩国, 杨令. 基于 DEA-Malmquist 指数的泰州市高新技术产业创新效率研究 [J]. 科技创业月刊, 2021, 34 (9): 77 - 80.

[190] 田秀娟, 李睿. 数字技术赋能实体经济转型发展: 基于熊彼特内生增长理论的分析框架 [J]. 管理世界, 2022, 38 (5): 56 - 74.

[191] 屠新泉, 曾瑞. 美国清洁能源补贴政策新动向、影响及应对策略: 基于美国《通胀削减法案》的分析 [J]. 浙江学刊, 2024 (1): 137 - 143.

[192] 万钢. 解读电动汽车发展新阶段的焦点问题 [J]. 汽车纵横, 2017 (7): 18 - 20.

[193] 汪蓉, 等. 动力锂电池运输合规要求解析 [J]. 上海包装, 2024 (3): 27 - 30.

[194] 王长刚, 罗卫东. 创新、企业家精神与资本主义的兴衰: 作为社会思想家的熊彼特 [J]. 浙江大学学报 (人文社会科学版), 2021, 51 (2): 83 - 94.

[195] 王传福. 新能源汽车将形成中国市场的主导地位 [J]. 高科技与产业化, 2024, 30 (3): 18 - 19.

[196] 王春元. 台湾地区创新税收优惠政策的变迁、效应及启示 [J]. 台湾研究, 2019 (4): 86 - 94.

[197] 王广生. 以创新驱动发展战略推动经济高质量发展 [J]. 中国井冈山干部学院学报, 2022, 15 (5)

[198] 王家宝, 蒋铭霁, 盛洁. 从制造到智造: 宁德时代的数字化转型之路 [J]. 清华管理评论, 2022 (9): 122 - 129.

[199] 王萍. 超 4 倍! 宁德时代 ESG 报告扩容真相 [J]. 经理人, 2023 (4): 32 - 35.

[200] 王翘楚，孙鑫，郝瀚. 锂的城市矿产利用：前景、挑战及政策建议 [J]. 科技导报，2020，38 (15)：6 - 15.

[201] 王瑞. 基于新古典经济学的经济发展策略 [J]. 财经界，2022 (8)：17 - 19.

[202] 王松雨. 宁德时代价值评估 [J]. 合作经济与科技，2023 (7)：108 - 110.

[203] 王曦，杨俊峰. 我国动力电池产业发展与特征分析 [J]. 智能网联汽车，2022 (3)：62 - 65.

[204] 王相宇. 基于锂电池技术演化的新能源汽车产业技术整合创新问题研究 [J]. 中国集体经济，2022 (3)：163 - 164.

[205] 王小敏. 超级独角兽："宁德时代"的发展分析 [J]. 能源与环境，2019 (5)：89 - 91.

[206] 王笑瑢. 索洛经济增长模型理论概述 [J]. 商场现代化，2016 (22)：254 - 255.

[207] 王学军，等. 锂离子电池储能系统安全与标准研究进展 [J]. 浙江化工，2023 (10)：8 - 15.

[208] 王怡洁. 全国政协委员曾毓群：头部民营企业的目标，是建设世界一流企业 [J]. 中国企业家，2024 (4)：80 - 81.

[209] 王怡靓. 诺思制度变迁理论对国家治理的启示 [J]. 金融经济，2018 (14)：144 - 145.

[210] 王永辉，邵林. 科技金融资源配置效率区域差异研究：基于 BCC 模型和 CCR 模型 [J]. 时代金融，2022 (12)：59 - 62.

[211] 王增栩，李金惠. 基于全过程创新生态链的广东科技体制机制改革路径研究 [J]. 科技创新发展战略研究，2023，7 (5)：25 - 33.

[212] 王震坡，袁昌贵，李晓宇. 新能源汽车动力电池安全管理技术挑战与发展趋势分析 [J]. 汽车工程，2020 (12)：1606 - 1620.

[213] 韦国，蒋红梅，韦克定. 中国新能源汽车产业发展的影响因素和对策建议装备 [J]. 制造技术，2023 (12)：136 - 139.

[214] 魏江桥，王安建，马哲. 锂资源全球治理体系历史演变、现实困境与中国参与策略 [J]. 科技导报，2024，42 (5)：81 - 91.

[215] 魏婕，安同良. 面向高质量发展的中国创新驱动 [J]. 中国科技论坛，

2020（1）：33-40.

［216］魏岚.动力电池驱动新能源汽车持续向前［J］.智能网联汽车，2024
（2）：20-23.

［217］魏强，杨晓明.新能源汽车动力电池性能测试台研究与开发［J］.时代
汽车，2024（6）：132-134.

［218］魏宇琪，杨敏，梁樑.大数据环境下加性网络DEA模型求解方法：基
于两阶段模型视角［J］.系统工程理论与实践，2023，43（11）：3294-
3308.

［219］温宏炎，匡中付，丁铭奕.锂离子动力电池市场分析及技术进展［J］.
电池工业，2020，24（6）：326-329，334.

［220］吴迪，邓柯军，黎昶.车用锂离子电池工况循环寿命试验研究［J］.
低碳世界，2022，12（11）：181-183.

［221］吴菲菲，等.产业技术链视角下我国动力电池产业问题分析与对策研
究［J］.科技进步与对策，2017，34（2）：58-63.

［222］吴雪斌，王恩慈，范松.基于层次分析法对北上广新能源汽车推广政
策的比较［J］.上海大学学报（自然科学版），2017，23（6）：973-
984.

［223］吴艳霞，陈步宇，姜锟.基于罗默模型的经济增长内在动力演变研
究：以陕西省为例［J］.未来与发展，2020，44（12）：88-94.

［224］吴泽林.全球动力电池竞争及其影响［J］.现代国际关系，2024
（3）：5-24，133.

［225］武志.对索洛模型数理逻辑与方法论的批判［J］.马克思主义研究，
2019（1）：68-79.

［226］夏三保，高翔.高碳负极铅酸动力电池的深循环寿命研究［J］.时代
汽车，2021（21）：153-154.

［227］向先迪，刘甜甜.基于SBM模型和Tobit模型的资源型城市绿色发展
效率与影响因素研究：以陕西省为例［J］.中国矿业，2024，33
（3）：34-42.

［228］萧知根.高效储能电池与系统应用产业现状分析［J］.科技中国，
2018（4）：53-60.

［229］肖成伟，汪继强.电动汽车动力电池产业的发展［J］.科技导报，

2016，34（6）：74－83.

[230] 肖美丹，张文娟，田志强．基于两阶段 DEA 和灰关联的 31 个省份技术创新效率评价 [J]．中国科技资源导刊，2020，52（5）：78－88.

[231] 肖雅淇．宁德时代研发费用加计扣除政策效用分析 [J]．现代商业，2022（21）：175－177.

[232] 谢聪，王强．中国新能源产业技术创新能力时空格局演变及影响因素分析 [J]．地理研究，2022，41（1）：130－148.

[233] 谢丹丹，祖林．日本企业"真正的竞争力"是眼睛看不见的"深层竞争力" [J]．中外管理，2020（1）：118－121.

[234] 谢乐琼，王莉，胡坚耀．锂离子动力电池产业技术发展概述 [J]．新材料产业，2019（1）：38－44.

[235] 解学梅，赵杨．区域技术创新效率研究：基于上海的实证 [J]．中国科技论坛，2018（5）：74－78.

[236] 邢佳韵，等．我国锂及其下游动力电池产业链发展探讨 [J]．中国工程科学，2022，24（3）：10－19.

[237] 熊彼特．经济发展理论 [M]．北京：中国画报出版社，2012.

[238] 熊彼特．资本主义、社会主义与民主 [M]．南京：江苏人民出版社，2017.

[239] 徐亮．后理论的谱系、创新与本色 [J]．广州大学学报（社会科学版），2019，18（1）：5－14.

[240] 徐松．中国医药产业技术创新研究 [D]．武汉：武汉大学，2017.

[241] 徐文洪，等．锂离子动力电池产业技术发展态势分析及对策 [J]．地域研究与开发，2016，35（6）：31－36.

[242] 徐则荣，屈凯．历史上的五次经济长波：基于熊彼特经济周期理论 [J]．华南师范大学学报（社会科学版），2021（1）：49－59.

[243] 许守平，胡娟，汪奂伶．电化学储能技术标准体系研究 [J]．智能电网，2016（9）：868－874.

[244] 许晓冬，秦续天，刘金晶．新发展格局下我国区域绿色技术创新能力评价研究 [J]．价格理论与实践，2022（3）：165－168.

[245] 许艳丽，蔡璇．基于网络 DEA 模型的"双高计划"院校产教融合建设成效评价研究 [J]．现代教育管理，2023（2）：82－93.

[246] 薛晓珊，方虹，杨昭．新能源汽车推广政策对企业技术创新的影响研究：基于 PSM-DID 方法 [J]．科学学与科学技术管理，2021，42（5）：63 - 84.

[247] 薛媛媛，陈清晨．新能源汽车电池类型现状及发展趋势研究 [J]．时代汽车，2023（19）：106 - 108.

[248] 燕安．政治经济学与西方经济学技术创新理论比较 [J]．合作经济与科技，2018（23）：25 - 27.

[249] 阳杨，田逸飘，郭佳钦．基于三阶段 DEA 模型的高新技术企业创新效率研究 [J]．科技和产业，2021，21（2）：11 - 18.

[250] 杨俊峰，潘寻．"十四五"中国锂动力电池产业关键资源供需分析 [J]．有色金属（冶炼部分），2021（6）：37 - 41，52.

[251] 杨俊峰，王曦．新型储能国际政策和市场分析 [J]．中国有色金属，2023（5）：46 - 47.

[252] 杨骞，陈晓英，田震．新时代中国实施创新驱动发展战略的实践历程与重大成就 [J]．数量经济技术经济研究，2022，39（8）：3 - 21.

[253] 杨续来，袁帅帅，杨文静．锂离子动力电池能量密度特性研究进展 [J]．机械工程学报，2023，59（6）：239 - 254.

[254] 杨艳丽，马红坤，王晓君．发达国家区域性农业科技创新中心的构建经验及对京津冀区域的启示 [J]．中国农业科技导报，2019，21（11）：9 - 16.

[255] 姚凯，李晓琳．基于制度理论的创业企业社会创新实现路径 [J]．管理科学，2022，35（3）：58 - 72.

[256] 姚兰．2022 年新能源汽车销量超过 680 万辆 [J]．汽车纵横，2023（2）：106 - 107.

[257] 姚兰．2023 年 9 月新能源汽车产销同创历史新高 [J]．汽车纵横，2023（11）：106 - 107.

[258] 易文．基于波特五力模型的企业竞争战略研究：以新疆长城计算机系统有限公司为例 [J]．中国集体经济，2022（15）：28 - 30.

[259] 应雯棋．能源互联网：趋势与关键技术 [J]．国际融资，2020（2）：30 - 32.

[260] 于健，赵鸿渝，吴慧媚．锂电池电解液技术现状及发展趋势 [J]．科技

创新与应用, 2023, 13 (28): 1 - 5.

[261] 于杰. 节能与新能源汽车技术路线图正式发布 [J]. 汽车纵横, 2016 (11): 82 - 85.

[262] 余军辉. 新能源企业的股权激励效果分析: 以宁德时代为例 [J]. 山东纺织经济, 2023, 40 (3): 10 - 14.

[263] 郁济敏. 2023 年锂电池行业发展形势与未来展望 [J]. 电源技术, 2024, 48 (4): 550 - 553.

[264] 袁方成, 王丹. 超越 "诺斯悖论": 从制度性能到治理效能: 以宅改为研究对象 [J]. 广西师范大学学报 (哲学社会科学版), 2021, 57 (1): 67 - 81.

[265] 岳文侠, 杜家凤. 中国曼斯菲尔德学术百年述评 [J]. 石河子大学学报 (哲学社会科学版), 2024, 38 (2): 111 - 118.

[266] 岳振廷. 新能源电池, 快速发展中的喜与忧 [J]. 企业观察家, 2021 (1): 88 - 89.

[267] 臧金环, 李春玲. 《新能源汽车产业发展规划 (2021—2035 年)》 调整解读 [J]. 汽车工艺师, 2021 (Z1): 32 - 34.

[268] 曾鸣. 基于节能评审阶段锂电池生产项目能源消费和碳排放研究 [J]. 现代工业经济和信息化, 2023, 13 (11): 160 - 163.

[269] 曾世宏, 钟纯, 刘迎娣. 数字化技术吸收会减少服务就业吗: 基于新兴古典经济学分工理论的分析 [J]. 经济学报, 2022, 9 (3): 158 - 187.

[270] 曾涛清. 六氟磷酸锂晶体生产工艺分析与优化 [J]. 化学工程与装备, 2023 (11): 17 - 19, 65.

[271] 张纯, 江婷婷, 王蒙. 面向欧盟《电池和废电池法规》动力电池碳足迹的减排路径与情景 [J]. 电池工业, 2024, 28 (1): 46 - 52.

[272] 张丹宁, 宋雪峰. 新发展格局下中国产业链现代化的理论逻辑与实践路径: 以新能源动力电池产业为例 [J]. 湖南科技大学学报 (社会科学版), 2022, 25 (2): 111 - 121.

[273] 张帆, 李娜. 创新的外部多因素交互作用下企业 R&D 投入激励的影响研究: 基于行业和地区层面面板数据的 PVAR 实证 [J]. 软科学, 2021, 35 (6): 1 - 8.

[274] 张厚明. 我国新能源汽车动力电池产业发展面临的问题与建议 [J]. 科学管理研究, 2018, 36 (6): 58 - 61.

[275] 张德华, 曹洋. 创新生态系统对高技术产业的影响研究 [J]. 现代商业, 2023 (23): 84 - 87.

[276] 张敬文, 王丹. 基于 RS-DEA 模型的新兴产业联盟组合协同创新效率测度研究: 以新能源汽车产业为例 [J]. 金融教育研究, 2020, 33 (6): 3 - 9.

[277] 张雷, 等. 中国储能产业中动力电池梯次利用的商业价值 [J]. 北京理工大学学报 (社会科学版), 2018, 20 (6): 34 - 44.

[278] 张利娟. 新能源汽车渗透率首超 50% 汽车市场迎转折点 [J]. 中国报道, 2024 (5): 76 - 79.

[279] 张琪, 刘张强. 我国锂电池产业发展障碍及应对策略 [J]. 节能与环保, 2023 (6): 10 - 12.

[280] 张琴. 技术背景 CEO、技术创新与企业绩效: 基于民营高科技企业的实证分析 [J]. 经济问题, 2018 (5): 82 - 87.

[281] 张森. 我国储能行业 2021 年发展情况分析及发展趋势展望 [J]. 电气时代, 2022 (6): 22 - 25.

[282] 张省. 创新生态系统理论框架构建与案例研究 [J]. 技术经济与管理研究, 2018 (5): 24 - 28.

[283] 张恬, 杨博, 李海彬. "科技梦" 助推 "中国梦": 记国家风光储输示范工程 [J]. 中国工程咨询, 2020 (2): 36 - 39.

[284] 张宵, 葛玉辉. 研发投入强度、内部控制与企业技术创新效率关系研究 [J]. 中国物价, 2023 (2): 110 - 113.

[285] 张旭, 李星玥. 基于熊彼特创新理论的数字人文服务策略研究 [J]. 图书馆理论与实践, 2023 (6): 85 - 94.

[286] 张雪琳, 贺正楚, 任宇新. 中国区域工业企业技术创新效率研究: 整体创新和阶段创新的视角 [J]. 科学决策, 2022 (10): 1 - 19.

[287] 张艳, 兰晓原, 张梓彬. 关于促进福建省新能源汽车电池回收利用的几点思考 [J]. 中国发展观察, 2024 (1): 86 - 90.

[288] 张燕京. 新能源汽车电池绿色闭环供应链绩效评价研究 [J]. 全国流通经济, 2023 (13): 157 - 160.

[289] 张永旺，宋林，祁全. 逆全球化背景下技术引进向自主创新转变的理论逻辑与现实路径 [J]. 科学管理研究，2019 (2)：108 –111.

[290] 张子睿. 熊彼特创新思想对东北振兴的理论解读 [J]. 学理论，2020 (7)：21 –22.

[291] 赵春雨，刘畅. 数字经济下中小企业开放式创新、动态能力与企业创新绩效提升路径研究 [J]. 科技创新与生产力，2024，45 (3)：84 – 86.

[292] 赵丽维，王粤，王海波. 欧盟电池法规对中国电池产业的影响 [J]. 电池工业，2023，27 (6)：322 –326.

[293] 赵卢雷. 西方技术创新理论的产生及演变历程综述 [J]. 江苏经贸职业技术学院学报，2020 (3)：43 –46.

[294] 赵晞泉，陈伟. 全球钴资源贸易网络演化及其启示 [J]. 资源科学，2024，46 (1)：100 –113.

[295] 珍妮弗·米勒. 变革性创新 [M]. 北京：中信出版社，2019.

[296] 甄文媛. 重新梳理动力电池技术路线与前景 [J]. 汽车纵横，2018 (2)：58 –61.

[297] 郑淑芳，陈小娟，魏富娟. 钴镍金属二次资源回收利用现状及展望 [J]. 化工管理，2020 (7)：107 –108.

[298] 郑霞. 我国高技术企业技术创新能力影响因素研究 [J]. 财经问题研究，2017 (11)：127 –132.

[299] 郑欣. "碳达峰""碳中和"背景下新能源电池出口状况 [J]. 电池，2023 (1)：123 –134.

[300] 郑雪芹. 2024 年 2 月我国动力电池装车量 18.0GWh [J]. 汽车纵横，2024 (4)：114 –115.

[301] 钟涵. 私募股权投资对企业技术创新的影响：以宁德时代为例 [J]. 河北企业，2020 (3)：84 –86.

[302] 周大鹏. 企业家精神与中国经济的熊彼特型增长转型 [J]. 学术月刊，2020，52 (7)：57 –68.

[303] 周道洪. 第二曲线的长成：来自宁德时代的启示 [J]. 上海国资，2023 (8)：16 –17.

[304] 周凡宇，曾晋珏，王学斌. 碳中和目标下电化学储能技术进展及展望

[J]. 动力工程学报, 2024, 44 (3): 396 - 405.

[305] 周民良. 科技经费投入的结构优化与激励约束问题研究 [J]. 中国发展观察, 2024 (4): 93 - 100.

[306] 周蓉. 政府补助下新能源锂电池企业创新绩效研究 [D]. 兰州: 兰州财经大学, 2023.

[307] 周贻, 张伟. 技术创新对企业绩效影响的实证检验 [J]. 统计与决策, 2022, 38 (17): 170 - 174.

[308] 朱一萌, 谢贝妮. 宁德时代的企业管理策略优化与实践研究 [J]. 老字号品牌营销, 2024 (9): 21 - 23.

[309] 祝麒. "灯塔工厂"引领制造业可持续转型 [J]. 中国中小企业, 2024 (1): 16 - 20.

[310] Aad G, et al. Observation of a new particle in the search for the Standard Model Higgs boson with the ATLAS detector at the LHC [J]. Physics Letters B, 2017, 16 (1): 1 - 29.

[311] Aaldering L J, Song C H. Tracing the technological development trajectory in post-lithium-ion battery technologies: a patent-based approach [J]. Journal of Cleaner Production, 2019, 24 (1): 321 - 343.

[312] Ahlgren B, et al. A survey of information-centric networking [J]. Communications Magazine, IEEE, 2017, 50 (7): 26 - 36.

[313] Ali H, Khan H A, Pecht M G. Circular economy of Li Batteries: technologies and trends [J]. Journal of energy storage, 2021, 40: 102 - 108.

[314] Bobba S, Mathieux F, Blengini G A. How will second-use of batteries affect stocks and flows in the EU? A model for traction Li-ion batteries [J]. Resources, Conservation and Recycling, 2019, 14 (5): 279 - 291.

[315] Bresser D, et al. Perspectives of automotive battery R&D in China, Germany, Japan, and the USA [J]. Journal of Power Sources, 2018, 38 (2): 176 - 178.

[316] Cohen W M. Fifty years of empirical studies of innovative activity and performance [J]. Handbook of the Economics of Innovation, 2010 (1): 129 - 213.

[317] Li Y, Qi Z, Liu B. Substitution effect of new-energy vehicle credit program

and corporate average fuel consumption regulation for green-car subsidy [J]. Energy, 2018 (3): 152 – 153.

[318] Li Y, Su Z F, Liu Y. Can strategic flexibility help firms profit from product innovation [J]. Technovation, 2017, 30 (5): 300 – 309.

[319] Mol M J. Does being R&D intensive still discourage outsourcing? Evidence from Dutch manufacturing [J]. Research Policy, 2015, 34 (4): 571 – 582.

[320] Morrison C J. Assessing the productivity of information technology equipment in U. S. manufacturing industries [J]. Review of Economics and Statistics, 2017, 19 (3): 471 – 481.

[321] Nasierowski W, Arcelus F J. On the efficiency of national innovation systems [J]. Socio-Economic Planning Sciences, 2013 (3): 215 – 234.

[322] Placke T, et al. Lithiumion, lithium metal, and alternative rechargeable battery technologies: the odyssey for high energy density [J]. Journal of Solid State Electrochemistry, 2017, 21 (7): 1939 – 1964.

[323] Sick N, Broring S, Figgemeier E. Start-ups as technology life cycle indicator for the early stage of application: an analysis of the battery value chain [J]. Journal of Cleaner Production, 2018, 20 (1): 325 – 333.

[324] Steels L. Evolving grounded communication for robots [J]. Trends in Cognitive Sciences, 2018, 7 (7): 308 – 312.

[325] Sun H, et al. MicroRNA-17 post-transcriptionally regulates polycystic kidney disease-2 gene and promotes cell proliferation [J]. Molecular biology reports, 2018, 37 (6): 2951 – 2958.

[326] Su Z, Xie E, Liu H. Profiting from product innovation: the impact of legal, marking, and technological capabilities in different environmental conditions [J]. Marketing Letters, 2013, 24 (3): 261 – 276.

[327] Veetil V P. Correction to: Schumpeter's business cycle theory and the diversification argument [J]. Evolutionary and Institutional Economics Review, 2021, 18 (1): 1 – 5.

[328] Veugelers R, Cassiman B. Make and buy in innovation strategies: evidence from Belgian manufacturing firms [J]. Research Policy, 2019, 28 (1):

63 – 80.

[329] Wang Y, Sahadeo E, Rubloff G. High-capacity lithium sulfur battery and beyond: a review of metal anode protection layers and perspective of solid-state electrolytes [J]. Journal of Materials Science, 2019, 54 (5): 3671 – 3693.

[330] Watkins A, et al. National innovation systems and the intermediary role of industry associations in building institutional capacities for innovation in developing countries: a critical review of the literature [J]. Research Policy, 2015, 44 (8): 1407 – 1418.

[331] Wralsen B, Prieto-Sandoval V, Mejia-Villa A. Circular business models for lithium-ion batteries: stakeholders, barriers, and drivers [J]. Journal of Cleaner Production, 2021 (8): 317 – 393.

[332] Ziemann S, et al. Modeling the potential impact of lithium recycling from EV batteries on lithium demand: a dynamic MFA approach [J]. Resources, Conservation and Recycling, 2018, 13 (3): 76 – 85.